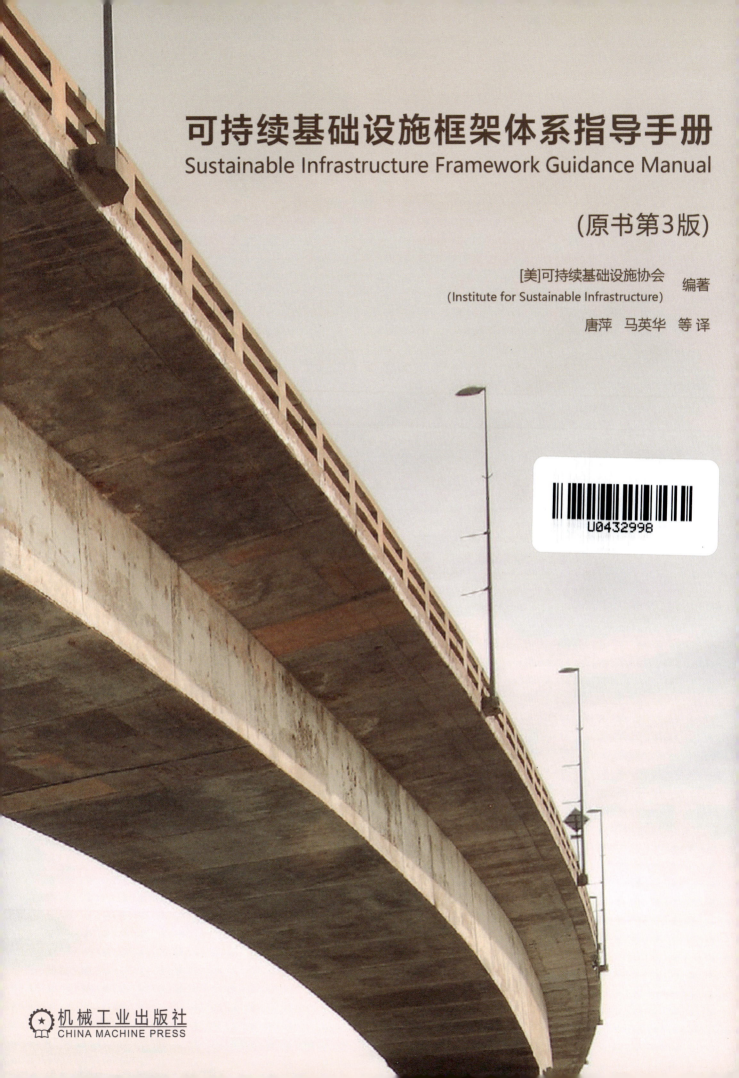

# 可持续基础设施框架体系指导手册

Sustainable Infrastructure Framework Guidance Manual

(原书第3版)

[美]可持续基础设施协会　编著
(Institute for Sustainable Infrastructure)

唐萍　马英华　等译

机械工业出版社
CHINA MACHINE PRESS

本书围绕生活质量、领导力、资源分配、自然界、气候与韧性五大类别，包括涉及人类福祉、流动性、社区、协作、规划、材料、能源、水、经济、生态、排放与韧性等领域的64个可持续发展与韧性评分项，为基础设施的规划、设计、施工、运营乃至全生命周期结束，提供了全面的可持续发展评估体系，以及针对主要问题的分层级解决方案，将帮助广大工程设计咨询人员、项目业主与承包商、企业领导与管理人员、政府主管人员、专业采购人员以及金融机构和有关高等院校等人员，确定项目在多大程度上满足了可持续发展评分项，以及追求更高绩效的挑战。

Envision: Sustainable Infrastructure Framework Guidance Manual

By Institute for Sustainable Infrastructure

Copyright © 2018 by Institute for Sustainable Infrastructure

All rights reserved. No part of this book may be reproduced by any means whatsoever without written permission from the publisher.

This edition is authorized by Institute for Sustainable Infrastructure for sale in China by China Machine Press. in the Chinese mainland (excluding Hong Kong SAR, Macao SAR and Taiwan).

未经出版社书面许可，不得以任何方式复制本书的任何部分。

本书由 Institute for Sustainable Infrastructure 授权机械工业出版社在中国大陆地区（不包括香港、澳门特别行政区及台湾地区）销售。

北京市版权局著作权合同登记　图字：01-2022-3925号。

**图书在版编目（CIP）数据**

可持续基础设施框架体系指导手册：原书第3版 / 美国可持续基础设施协会编著；唐萍等译 .—北京：机械工业出版社，2022.10
书名原文：Envision: Sustainable Infrastructure Framework Guidance Manual
ISBN 978-7-111-71797-3

Ⅰ.①可… Ⅱ.①美…②唐… Ⅲ.①基础设施建设—可持续性发展—手册 Ⅳ.① F294-62

中国版本图书馆 CIP 数据核字（2022）第 200198 号

机械工业出版社（北京市百万庄大街22号　邮政编码100037）
策划编辑：刘志刚　　　责任编辑：何文军
责任校对：潘　蕊　张　薇　责任印制：常天培
北京宝隆世纪印刷有限公司印刷
2023年1月第1版第1次印刷
210mm×285mm・12.25印张・372千字
标准书号：ISBN 978-7-111-71797-3
定价：189.00元

电话服务　　　　　　　　网络服务
客服电话：010-88361066　机　工　官　网：www.cmpbook.com
　　　　　010-88379833　机　工　官　博：weibo.com/cmp1952
　　　　　010-68326294　金　书　网：www.golden-book.com
封底无防伪标均为盗版　　机工教育服务网：www.cmpedu.com

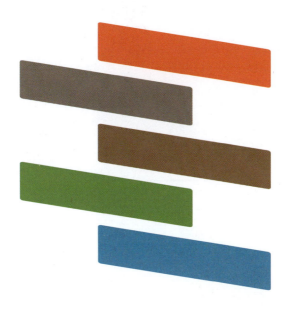

ENVISION

**致谢**

可持续基础设施协会诚挚地感谢ISI理事会、"Envision"审查委员会以及ISI技术委员会和工作组的相关成员,为本指导手册做出的贡献。

**照片提供:**

封面: CC0

13: 从左到右;"Single Turbine" Portland General Electric / CC BY;《Dixon 废水处理设施》: Joe DiGiorgio / Stantec;《废弃物》: Anthony Kane;《堪萨斯城有轨电车》: HDR; Kunia乡村农场;Pixabay CC0

32-33: @Steve Carrell

41: Skanska USA

43: Skanska USA

57: HDR

63: Alexandria Renew Enterprises

77: Surrey市政府

83: Wayne县机场管理局

93: HDR

96-97: Boynton Beach市政府

115: Metro Nashville机场管理局

121: Kunia乡村农场

128-129: HDR

134: HDR

151 顶部: Alliant Energy

151 底部: Kansas市水务局

164-165: Portland General Electric (PGE)

171: HDR

181左和右: HDR

# 译者的话

本书由可持续基础设施协会（Institute for Sustainable Infrastructure，简称 ISI）和哈佛大学设计研究生院"Zofnass 可持续基础设施计划"共同编写，目前已更新至第 3 版。ISI 是一家位于华盛顿特区具有知名学术背景和丰富工程技术实践经验的社团组织，由美国三大工程行业协会——美国工程公司协会 (ACEC，FIDIC 重要成员协会之一)、美国公共工程协会 (APWA)、美国土木工程师协会 (ASCE) 共同创建，并与哈佛大学设计研究生院"Zofnass 可持续基础设施计划"建立了长期的研究合作伙伴关系，特别专注于研究和解决当今世界愈发关注的基础设施可持续发展问题。2012 年 ISI 成功研发出了"Envision"可持续基础设施框架体系（第 1 版），为基础设施的规划、设计、施工、交付和运营乃至全生命周期结束，提供了全面的可持续发展评估体系，以及针对主要问题的分层级解决方案。

经过 10 年快速发展，"Envision"框架体系逐步显现其价值，不仅在北美地区得到了广泛应用，而且也逐步得到了美洲、欧洲和亚洲的数十个国家的认可。数百个基础设施项目已经获得了"Envision"第三方验证，数十个国家的数以千计的专业和管理人员已经获得了"ENV SP"（可持续发展专业人员）证书。应用"Envision"或经过"Envision"验证的基础设施项目，改变了人们对于可持续发展就是增加成本投入的误解。这些项目在实现高质量、可持续发展的同时，也有效降低了项目的建设与运营等成本，获得了更好的投资回报。

ISI 研究的最终目的和"Envision"框架体系主要聚焦于解决基础设施建设中所产生的各类可持续发展问题，推动、引导、鼓励和普及更多的企业和民众更加重视可持续基础设施的发展，有效提高人民的生活质量，致力建设更美好、更包容和更可持续的世界。

希望本书的出版，能对我国从事基础设施建设的广大工程设计咨询人员（如土木工程师、规划师、建筑师、设计师、咨询工程师等）、各类项目业主与承包商、企业领导与管理人员、政府主管人员、专业采购人员以及金融机构和有关高等院校等人员，在应对基础设施固有的可持续发展问题时，提供有益的借鉴与帮助。同时，我们也相信我国的基础设施建设能在借鉴国内外先进经验的基础上取得卓越的可持续发展绩效，为"Envision"框架体系增添新的精彩篇章，并且加快推进在可持续发展领域将中国标准与国际标准实现无缝对接，最终实现全球基础设施建设的可持续发展，即"既满足当代人的需要，又不损害后代人，且满足其需要的能力的发展"。

翻译过程中，我们虽然力求译文准确通畅，尽可能完整表达原文内容，但限于专业知识与语言水平，译文中可能会有不够妥当乃至错误之处，敬请读者指正。

本书由唐萍、马英华、朱平、宋亚东、田丰、刘罗炳、邓冰茹、张雨晨翻译，唐萍、马英华、朱平、宋亚东审校。

# 目录

**译者的话**

**引言**
"Envision"框架体系     12
"Envision"领导者     15
"Envision"设计     17

**Envision**
"Envision"评分项清单     24
评分项图例     26
"Envision"的组成与得分     27
"Envision"分值表     29
第三方验证与奖励     31

**生活质量**
QL1.1 提高社区生活质量     36
QL1.2 加强公共卫生与安全     38
QL1.3 提高施工安全     40
QL1.4 最大限度地减少噪声与振动     42
QL1.5 最大限度地减少光污染     44
QL1.6 最大限度地减少施工影响     46
QL2.1 改善社区流动性与进出通道     48
QL2.2 鼓励可持续交通     50
QL2.3 改善进出通道与道路指引     52
QL3.1 促进公平与社会公正     54
QL3.2 保护历史和文化资源     58
QL3.3 增强景观与地方特色     60
QL3.4 改善公共空间与便利设施     62
QL0.0 创新或超过评分项要求     64

**领导力**
LD1.1 提供有效的领导力与承诺     70
LD1.2 促进协作与团队合作     72
LD1.3 协助利益相关方参与     74
LD1.4 追求副产品协同效应     76
LD2.1 建立可持续发展管理计划     78
LD2.2 可持续社区计划     80
LD2.3 长期监测与维护计划     82
LD2.4 项目生命周期结束计划     84
LD3.1 促进经济繁荣与发展     86
LD3.2 培育当地技能与能力     88
LD3.3 开展项目全生命周期经济评估     90
LD0.0 创新或超过评分项要求     94

**资源分配**
RA1.1 支持可持续采购实践     100
RA1.2 使用回收利用材料     102
RA1.3 减少运营废弃物     104

| | | |
|---|---|---|
| **RA1.4** | 减少施工废弃物 | 106 |
| **RA1.5** | 现场平衡土方 | 108 |
| **RA2.1** | 降低运营能耗 | 110 |
| **RA2.2** | 降低施工能耗 | 112 |
| **RA2.3** | 使用可再生能源 | 114 |
| **RA2.4** | 调试与监测能源系统 | 116 |
| **RA3.1** | 保护水资源 | 118 |
| **RA3.2** | 减少运营用水量 | 120 |
| **RA3.3** | 减少施工用水量 | 122 |
| **RA3.4** | 监测水（供、排）系统 | 124 |
| **RA0.0** | 创新或超过评分项要求 | 126 |

## 🌿 自然界

| | | |
|---|---|---|
| **NW1.1** | 保护具有高生态价值的场地 | 132 |
| **NW1.2** | 提供湿地与地表水缓冲区 | 136 |
| **NW1.3** | 保护基本农田 | 138 |
| **NW1.4** | 保护未开发土地 | 140 |
| **NW2.1** | 开垦棕地 | 142 |
| **NW2.2** | 管理雨水 | 144 |
| **NW2.3** | 减少杀虫剂与肥料的影响 | 146 |
| **NW2.4** | 保护地表与地下水质量 | 148 |
| **NW3.1** | 增强功能栖息地 | 152 |
| **NW3.2** | 增强湿地与地表水功能 | 154 |
| **NW3.3** | 维护洪泛区功能 | 156 |
| **NW3.4** | 控制入侵物种 | 158 |
| **NW3.5** | 保护土壤健康 | 160 |
| **NW0.0** | 创新或超过评分项要求 | 162 |

## 🌐 气候与韧性

| | | |
|---|---|---|
| **CR1.1** | 减少净隐含碳排放 | 168 |
| **CR1.2** | 减少温室气体排放 | 170 |
| **CR1.3** | 减少空气污染物排放 | 172 |
| **CR2.1** | 避免不适宜的项目开发 | 174 |
| **CR2.2** | 评估气候变化的脆弱性 | 176 |
| **CR2.3** | 评估风险与韧性 | 178 |
| **CR2.4** | 建立韧性目标与策略 | 182 |
| **CR2.5** | 最大限度地提高韧性 | 184 |
| **CR2.6** | 增强基础设施一体化 | 186 |
| **CR0.0** | 创新或超过评分项要求 | 188 |

**术语**     190

# 引言

## ENVISION® 的目的

"Envision"的目的是通过帮助业主、规划者、工程师、社区、承包商和其他基础设施利益相关方实施更具成本效益、资源效率和适应性的长期基础设施投资，促进基础设施在可持续绩效与韧性方面取得显著与必要的改进。

"Envision"作为一个框架体系，能够为可持续与韧性基础设施的规划、设计和交付带来系统性的变革，并为此提供必要的指导。"Envision"是一个决策指南，而不是一套规定性的措施。"Envision"为各种类型和规模的基础设施提供了衡量其可持续性的全行业指标，从而帮助用户评估和衡量其项目对整个社会、经济和环境指标的可持续性的贡献程度。而且，"Envision"框架体系认识到这些可持续发展因素在项目的整个生命周期中是可变的。因此，"Envision"可帮助用户优化项目韧性，以应对短期和长期的影响。

从根本上说，"Envision"旨在为基础设施开发提供更多的可持续性选择，支持其取得更高水平的业绩。该框架体系提供了一个灵活的标准和绩效目标体系，以指导决策者和帮助项目团队在规划、设计和施工期间确定可持续发展的方法，这些方法将贯穿项目的运营和维护以及整个生命周期结束阶段。使用"Envision"作为指导工具，业主、社区、设计师、承包商和其他利益相关方能够相互协作，就基础设施的可持续性做出更明智的决策。

社区基础设施开发会受到多个部门和机构的资源限制，每个部门和机构都有不同的工作计划表、议程、授权、预算周期和资金来源。用于建筑物的评级体系和评估工具不是为这种情形设计的，无法充分评估基础设施对社区产生的广泛外部利益和影响。"Envision"则不仅评估单个项目的绩效，而且还评估基础设施项目对其所服务社区的效率以及长期可持续发展的贡献程度。这样，"Envision"不仅会问，"我们做项目的方法正确吗？"而且还要问，"我们做的是正确的项目吗？"

## 背景

"Envision"由哈佛大学设计研究生院"Zofnass可持续基础设施计划"与可持续基础设施协会(ISI)联合开发。ISI是由美国工程公司协会（ACEC）、美国公共工程协会（APWA）和美国土木工程师协会（ASCE）共同创立的非营利性教育和研究组织。

ISI是由参与基础设施规划、设计、施工和维护的机构与个人，组成的一个独特的社团的联合体。自2012年推出第1版"Envision"以来，这个独特的社团通过将"Envision"应用于价值数十亿美元的基础设施项目，不断推动基础设施行业取得重大进展。ISI收集了"Envision"使用过程中获得的经验教训，并将这些关键的经验教训整合到了第3版中。

## 对"ENVISION"的需求

鉴于基础设施在人们日常生活中的重要性,基础设施为个人安全和公共卫生提供了实现基础,影响着社区的经济活力与竞争力。例如,人员流动和货物流通,为人们提供饮用水和处理废弃物,为人们创造享受空间,并使人们能够有效地相互沟通。然而,尽管基础设施可以提供许多利益,对它的需求也显而易见,但是从历史上看,它常常因为被忽视而出现资金短缺,直到其崩溃或服务中断。

几十年的忽视意味着,现在全世界都需要对基础设施进行大规模投资。在北美和欧洲,老化和过时的基础设施需要更换和现代化,而在其他地区,正在开发全新的基础设施系统。与此同时,人口增长与气候变化正在给财政、材料和技术资源带来压力,并强调需要适应一个更可持续和更有韧性的社会。基础设施在应对 21 世纪重要挑战方面处于核心位置,过去的标准和方法将不足以满足未来的需求,需要新的范式。2017 年,联合国秘书长安东尼奥·古特雷斯 (António Guterres) 表示,

> "基础设施投资将至关重要。世界应该采用一个简单的规则:如果大型基础设施项目不是绿色(可持续的),就不应该给它们开绿灯。否则,我们将在未来几十年内陷入窘境。"

但是基础设施开发商,如何知道他们的决策是否有助于可持续发展?他们如何引起人们对更可持续的基础设施需求的关注?他们如何就可持续发展含义的共识进行交流?"Envision"提供了一个一致的、基于共识的框架体系,用于评估基础设施的可持续性和韧性。

"Envision":

- 为可持续基础设施的构成设定标准。
- 激励超越最低要求的更高绩效目标。
- 表彰对可持续发展做出重大贡献的项目;以及
- 为内部和外部的协作与清晰的沟通提供通用语言。

# "Envision" 框架体系

❶ **"Envision" 指导手册**
本框架体系。

❷ **"Envision" 预评估清单**
早期阶段高层次的预评估。

❸ **"Envision" 在线记分单**
详细的在线评估工具和计分器。

❹ **"Envision" 可持续发展专业人员证书**
"Envision" 使用方面的专业培训。

❺ **"Envision" 验证**
独立的第三方项目审核流程。

❻ **"Envision" 奖励**
表彰通过验证的合格项目。

## 什么是 "ENVISION"？

"Envision" 是一个框架体系，包括 64 个可持续性和韧性指标，称为"评分项"，分为五大类别：生活质量、领导力、资源分配、自然界、气候与韧性，涉及人类福祉、流动性、社区、协作、规划、经济、材料、能源、水、选址、保护、生态、排放和韧性等领域。这些指标共同构成了基础设施可持续发展的基础。

64 个评分项中的每一个评分项都蕴含着不同程度的"绩效"，即代表了从较之传统做法略有改进，到保护乃至恢复社区与环境等一系列可能的绩效目标。通过评估 64 个评分项中每个评分项的绩效，项目团队可以确定项目在多大程度上满足了所有的可持续发展指标，以及挑战追求更高的绩效。

借助 "Envision Sustainability Professional（ENV SP）Credential ——Envision"［《可持续发展专业人员（ENV SP）》］证书，"Envision" 认可并关注经过培训而且致力于发展更可持续基础设施的人员。当用作自我评估工具时，"Envision" 可以帮助从业者更好地理解和确认其项目对可持续发展的贡献。通过可持续基础设施协会（ISI）提供的可选流程，"Envision" 还可以用于接受项目评估的第三方验证，促使公众认可在可持续发展方面取得示范性进展的基础设施项目。公共机构、公司和大学共同承诺使用 "Envision"，将会引起人们对开发更可持续基础设施的价值与重要性的必要关注。

更重要的是，"Envision" 是一个共享平台，可以围绕可持续发展的复杂概念和挑战进行有效的协作与沟通。在自我评估或第三方验证中成功使用该框架体系，需要多方协作、团队合作和共同学习。"ENV SP" 证书是一种工具，可以培训不同学科的团队共同使用 "Envision"。"Envision" 对于发展可持续基础设施的方法易于理解，具有促进项目团队协作、组织间合作以及公众参与沟通的功能。

| 能源 | 水 | 废弃物 | 交通运输 | 景观 | 信息 |
|---|---|---|---|---|---|
| 分配 | 处理 | 固体废弃物 | 机场 | 公共场所 | 电信 |
| 水电 | 分配 | 回收利用 | 公路/高速公路 | 公园 | 电缆 |
| 煤 | 收集/存储 | 有害物质 | 自行车道/人行道 | 生态系统服务 | 互联网 |
| 天然气 | 雨水 | 废弃物 | 铁路 | 自然基础设施 | 电话 |
| 风能 | 防洪 | 收集与转运 | 交通枢纽 | 环境修复 | 数据中心 |
| 太阳能 | 养分管理 |  | 港口 |  | 传感器 |
| 生物能 |  |  | 航道 |  |  |

## "ENVISION"是如何工作的？

面对不断变化的不确定性时，很难从广泛的社会、经济和环境因素，来评估解决可持续性与韧性问题所带来的全部效益与影响。"Envision"框架体系提供了一个架构，用户可以借此更加轻松地衡量进展，并在主观与客观标准、定量与定性标准的复杂组合中，明辨可行的权衡取舍。相对于普通的标准，代表可持续发展指标的评级标准，有助于用户确认和找准优先性所在。

最佳的可持续发展解决方案，就是尽可能提前为项目的特殊情况与困难开出处方。"Envision"框架体系的每个可持续发展指标都为用户提出了问题，指导他们在项目乃至整个系统层面进行讨论与决策，从而获得最佳选择。

无论是使用"Envision"对照表、在线记分单、自我评估，还是第三方验证，用户都会发现"Envision"在许多方面对他们都有所帮助：

· 根据一套共同的可持续发展标准，调整内部的评估制度。
· 激励在项目的可持续性上取得更高绩效。
· 通过采购流程确认和表彰致力于可持续发展的组织。
· 引起公众关注具有积极意义和可持续发展成果的基础设施项目。
· 加强机构间和项目团队协作；以及
· 向人们展示善政。

## "ENVISION"在哪里应用？

"Envision"设计成一个完整的可持续发展评级体系，适用于所有类型和规模的公共与私人基础设施。"Envision"的一个关键价值就是其对所有基础设施的普遍适用性。"Envision"适用于所有基础设施部门，可以涵盖从几百万到数十亿美元不等的项目。

"Envision"并非旨在评估以提供人类室内活动空间为主要目的的建筑项目，例如办公室、学校、独栋住宅或多单元公寓，但可以与评级体系结合使用，评估一些类似项目。例如，"Envision"可以适用于评估机场项目，它既是基础设施，又是服务人类室内活动的空间。

"Envision"不仅在美国和加拿大得到了广泛应用，而且也在世界范围内得到了应用。

> **" 'Envision' 的目标是促进物质基础设施可持续绩效与韧性的显著和必要的改进。"**

## 谁使用"ENVISION"？为什么？

"Envision"旨在帮助基础设施的利益相关方实施更具可持续性的项目，可以为各个类别的利益相关方带来利益：从业主和设计团队，到社区和环保团体，再到施工方、监管方和政策决策者。

- 业主、监管方和政策制定者使用"Envision"，为可持续基础设施制定标准并指导采购。RFPs、RFQs、赠送和成本分摊方案都可以参考"Envision"。
- 工程师、建筑师、景观设计师、规划师、运营方和施工方运用"Envision"为项目设定更高的绩效目标，并就实现这些目标进行协作和沟通。
- 所有基础设施的参与方可以使用"Envision"来确认通过"ENV SP"证书培训的人员，以及确认通过第三方验证获奖的高水平项目。
- 社区团体、环保组织和一般公众可以使用"Envision"来学习了解可持续基础设施，积极参与其发展。

任何人都可以使用"Envision"。对专业培训感兴趣的人员可以通过ISI的在线课程与考试成为"ENV SP"。这些专业人员有资格带领团队评估项目或提交第三方验证。

本版指导手册发布时，"Envision"已经应用于美国、加拿大乃至国际上的数百个项目，数百亿美元的基础设施项目获得了第三方验证。数以千计的人员已经获得了"ENV SP"证书，遍布美国各州、加拿大各省和其他40多个国家。"Envision"得到了数百家公司、数十家公共机构和大学的支持和应用。

## 何时使用"ENVISION"？

"Envision"可以而且应该应用于项目的整个生命周期。但是，"Envision"使用越早，贡献的价值就越大。可持续性起始于规划的最初阶段，贯穿项目的整个生命周期，直至其使用寿命结束，但随着项目的推进，变更的有效能力会降低，而变更的成本会增加。认为可持续性比传统做法更昂贵是一种错误的看法，通常是在传统过程结束时添加可持续性"特征"的结果。相反，如果项目在规划初期就能够融入富有效率、灵活应变和互利互惠的可持续原则，那么将比传统项目显著节省成本，甚至可以节约初始的资本投入。

**规划：** 在项目的规划阶段，"Envision"可用于评估社区价值，促进利益相关方参与，就项目的最佳解决方案达成共识，并在明确项目范围、确认项目优先顺序和对比项目替代方案时指导决策。

# "Envision"领导者

洛杉矶市议会和洛杉矶县监事会都通过了采用"Envision"的决议。

根据洛杉矶市城市工程师加里·李·摩尔的说法,"工程局很自豪能够成为'Envision'的早期采用者,它为我们的工程师和建筑师提供了国家认可的标准,在我们丰富多样的城市景观中得到了很好的应用。在我们努力实现将洛杉矶转变为世界上最宜居城市的目标时,'Envision'将为我们提升交付可持续基础设施、开放空间和建设精品项目的能力发挥关键作用。"

2017年,迈阿密戴德县委员会通过了一项采纳"Envision"的决议,"指示县长将'Envision'纳入县里出资建设的基础设施项目的规划、设计、施工和运营……而且制订计划,培训负责民用基础设施项目的县工作人员获得'ENV SP'证书。"

该决议的灵感来自美国佛罗里达州迈阿密戴德县供水与排水部门的开创性工作。

# "Envision"不仅会问,"我们做项目的方法正确吗?"而且还要问,"我们做的是正确的项目吗?"

**设计:** 在项目设计阶段,"Envision"可以指导对设计的全面评估,帮助确认可持续发展方面的更多改进。绩效等级可以产生具有基准效应的相关影响力,鼓励将项目目标扩展到更高的可持续发展水平。如果将"Envision"评级系统的评估方法融入设计过程中,将有助于对整个项目做出具有可持续意识的决策。

**施工:** 项目的施工阶段允许通过发明创新来实现设计。"Envision"在这个阶段可以有效地指导决策,实现可持续设计目的与项目实际交付的一致性。在这个阶段,可持续成果将被评估和记录。对于施工过程和成本的评分所产生的影响力,也将会得到衡量。

**运营和维护:** 在运营和维护期间,重要的是衡量可持续绩效。"Envision"框架体系提供了关键的可持续绩效指标,可以在项目生命周期内对其进行监测。通过这种方式,"Envision"支持评估跨项目生命周期的可持续影响。

**沟通和教育:** "Envision"框架体系提供了一个有组织的系统,用于教育利益相关方和获得其支持。这个系统的"透明性"不仅展示了三重底线的关系,也可以进一步支持宣传可持续项目的成果与奖励。

**创建未来的可持续发展:** "Envision"框架体系中的可持续发展建议可以用于制定当地的设计标准、施工规范和发展战略。采用部分或全部这些最佳实践建议,可在未来几十年促进持久与高绩效地发展基础设施。

## 使用"Envision"的益处

使用"Envision"可以通过多种方式使项目受益,包括:

- 通过提高韧性和防御能力获得长期生存能力。
- 通过管理层和利益相关方协作降低成本。
- 减少对社区和环境的负面影响。
- 通过提高效率节省业主资金时效性的潜力。
- 第三方评级系统的可信度;以及
- 提高公众对决策的信心和参与度。

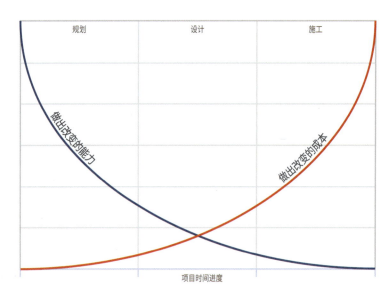

# "Envision" 设计

"Envision"的发展首先基于识别和理解什么是可持续性与可持续发展，以及它们的主要挑战。需要强调的是，孕育可持续发展的社会、环境与经济系统，会因人口增长、气候变化和资源紧缺等因素而不断变化。因此，必须增加韧性和适应性，作为可持续发展的第四个支柱。其次，必须认识到基础设施在成为可持续社会和可持续世界方面的独特作用与贡献。实现可持续社会需要各行各业的贡献，但基础设施必须首先提供"基础"。

基础设施如何实现这一目标？对可持续选项进行系统性优先排序，以更高的绩效目标挑战传统实践，促进创新，投资于教育和知识分享，以推动行业发展并建立公众意识。这些是嵌入"Envision"框架体系的战略和原则，适用于全系列的可持续发展指标：社会福祉、环境管理、经济稳定性和韧性。

## 什么是可持续性和可持续发展？

可持续发展的传统定义取自 1987 年联合国世界环境与发展委员会报告——"布伦特兰报告"，"既满足当代人的需要，又不损害后代人，且满足其需要的能力的发展"。这提出了一个临界点，即我们目前的生活质量不能以牺牲后代为代价来换取。

*"既满足当代人的需要，又不损害后代人，且满足其需要的能力的发展。"*

可持续发展不仅在于维护和保护环境，也在于维护社会自我延续的能力。这两个目标密不可分。

## 基础设施的作用是什么？

高效的基础设施是经济繁荣与增长的基本元素。有效的运输系统可以安全及时地将货物运送到市场、将工作人员运送到工作岗位、将儿童运送到学校以及将家人运送到商店和休闲区；可靠的供水和废水处理系统为工业、农业和民众带来淡水；可靠的电力供应系统使商业和工厂能够畅通无阻地运转，并为全国的家庭带来高质量、便利的生活；广泛的电信网络系统将全球各地的企业与人们联系起来，使对商业至关重要的信息快速流动成为可能。

基础设施应以可承受的成本提供所需的服务，同时保护自然资源和能源。而且，必须不断维护和改进这些服务，以保持在全球市场上的竞争力。然而，今天，基础设施系统的设计、施工和运营对自然资源和生态系统产生了巨大的负面影响。如果任其发展下去，这种对自然资源的过度使用将带来毁灭性的后果。

## 人类发展指数和生态足迹

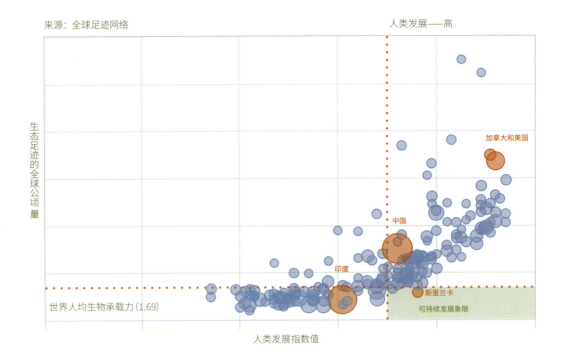

### 有哪些挑战？

大多数发达国家都享有高品质的生活，但却以地球无法承受的速度消耗材料和自然资源。这种做法削弱了后代维持同样生活质量的能力。此外，发展中国家正在寻求改善自身的生活质量，紧随发达国家设定的模式，他们正在为此消耗所需的资源。

人类发展指数是联合国制定的简要衡量生活质量的指标，将预期寿命、教育和国内生产总值作为考虑因素输入其中。这张图反映了现在面临的问题，一方面要保护自然资源和生态系统，另一方面要维持和改善他们的生活质量。在这里，每个国家的生态足迹被绘制为其人类发展指数的函数。圆圈的面积代表人口规模。可持续发展条件体现在横轴与纵轴交叉划分的象限上，横轴表示世界人均生物承载力，纵轴代表高人类发展的阈值。全球国家面临的挑战是如何在不牺牲人们的生活质量的情况下，减少人们的净环境足迹。

向可持续发展象限进行有意义的转变是一个不小的挑战。由此得出合乎逻辑的结论，达到可持续象限涉及对人们的基础设施进行全面变革，用更有效果和更高效率的组件替换旧组件。这个过程将由具有可持续意识的项目业主、设计师和承包商逐步完成，他们交付的基础设施项目，应在多个维度的可持续发展绩效上取得显著改进。这些项目还必须与社区中现有和计划中的基础设施很好地整合。最后，设计师必须考虑环境的变化，交付的工程必定会在变化的环境中运营。

### 变化的运营环境

对于工程师和设计师来说，在不可持续的运营环境中工作的主要后果，将是许多（如果不是大多数）正常项目的设计假设和变量，在项目的设计生命周期内可能会发生显著变化。有关预期运营条件的假设会发生变化，就需要确定新的平均值、方差和可能的极端值（情况）。新变量和现有变量之间的新关系将出现并需要加以考虑。资源需求将推高重要材料和燃料的成本与稀缺性。极端天气事件和非典型天气模式可能会改变运营环境。

除了物理结构外，项目可能需要吸纳"软"工程解决方案，例如新形式的监测和数据收集、应急计划、公共教育和培训。退化的基础设施与人口增长和经济不景气的叠加，对传统思维提出了严峻挑战。评级体系认识到了这些变化，并结合了许多基于过程的目标，以确保项目团队考虑到这些问题。

## 哪些策略使"ENVISION"的方法与众不同？

### 缓解层级

在为可持续发展采取实际步骤时，可能很难辨别选项的优先顺序甚至迈出第一步。许多可持续发展最佳实践都源于一个缓解层级。例如，材料使用的"3R"，包括：**减少（Reduce）、重复利用（Reuse）、回收利用（Recycle）**；这些实践按此特定规则排列优先顺序，以优化材料的使用方式。这个例子可以拓展到一个更具普遍性的层级，如下：

- **避免：** 从一开始就采取避免产生影响的措施。
- **最小化：** 采取措施减少无法避免的影响的持续时间、强度或范围。
- **减轻：** 采取措施恢复退化的生态系统。
- **弥补：** 采取措施弥补任何残余的不良影响。

"Envision"框架体系在一系列主题中应用了这种层级。例如，当考虑项目的社会影响时，首先考虑避免不利影响与考虑环境后果同等重要。

### 恢复

除了在三个方面鼓励更高的绩效外，"Envision"框架体系的独特之处在于它为项目创造了超越缓解措施的机会，即恢复社区的社会、经济和环境资产。"**恢复**"是一个可实现的绩效目标，也是"Envision"框架体系内明确的绩效等级。在许多情况下，这个等级也许是雄心勃勃的，它强调了基础设施项目可以实现的可能性，并规划出了成功之路。同样，当项目能够通过实践恢复其社区和原址时，他们的努力就会得到认可。总的来说，这些项目有助于设定一个新的标准，指导可持续基础设施项目的实施。

### 更高的绩效

"Envision"在三个方面促进更高的绩效：

- **可持续发展绩效：** "Envision"认识到可持续发展的成功是渐进的，而不是"全有或全无"。因此，该框架体系描述了项目团队可以实施的渐进式变革，以达到更高的可持续发展水平。
- **项目生命周期：** "Envision"框架体系中的评分项适用于整个项目生命周期，从规划和设计到施工、运营与维护。用户还要考虑如何应对项目使用寿命结束时的挑战，例如拆卸和升级循环利用材料的能力。
- **利益相关方的参与：** 当一个具有包容性和代表性的利益相关方群体参与到整个项目中时，结果会让社区感到最大范围的满意。项目团队与利益相关方的合作，也有助于考虑和确认最广泛实用的可持续发展替代方案，包括副产品协同效应和社会效益。

*创新*

基础设施行业规避风险是可以理解的。项目绩效要对公众负责，失败是非常明显的，有时是灾难性事件，具有持久的影响。然而，为了响应不断变化的运营环境，以及在可持续性与韧性的发展中发挥作用，建设未来基础设施的项目团队，应该为衡量未来的风险和创新未来的设计而做好准备。

"Envision"框架体系鼓励在可持续性和韧性的各个方面进行创新。"Envision"框架体系中提供的一些主题思想和方法是有抱负的，绘制出了最佳案例场景，交由项目团队来确定如何实现。还有一些方法目前是一幅白板，为创新预留出空间，并促使项目团队开拓适合当前和未来需求的解决方案。

*教育和知识共享*

"Envision"框架体系为提供、获取和传播知识而设计创立。评分项中包含的流程与绩效目标，旨在指导可持续项目的交付。然而，它们不仅仅是规范的指导性目录。项目团队能够基于所学知识，即如何交付具有可持续性真实贡献的项目，来确定推进可持续项目的最佳路径。

反过来，随着知识库的增长，项目团队之间可以相互学习。许多"Envision"评分项都有收集行业数据的附加目标。"Envision"项目相继地构建了这个数据库，为基础设施设计设定新的可持续"标准"或基线。而且，"Envision"框架体系认可在可持续发展方面表现出色的项目，将其作为服务未来项目的示范模式。

公众的注意力通常只在出现问题或故障时才会转向基础设施。通过"Envision"框架体系认可项目的成功，团队可以开始向公众宣传他们经常忽视的基础设施系统的价值。通过了解基础设施项目的内在价值，社区有动力在可持续发展方面提出越来越高的期望。

## "ENVISION"如何解决全部的可持续发展问题？

*社会的*

社会福祉得到全面解决。如前所述，"Envision"提出了两个问题："我们做项目的方法正确吗？"更重要的是，"我们做的是正确的项目吗？"例如，在"Envision"指导下，新高速公路的设计可能具有可持续绩效的特征（例如，保护野生动物走廊、处理和渗透雨水径流，以及在施工中加入回收利用材料）。然而，如果这条高速公路导致交通拥堵和城市无序扩张，那么它对

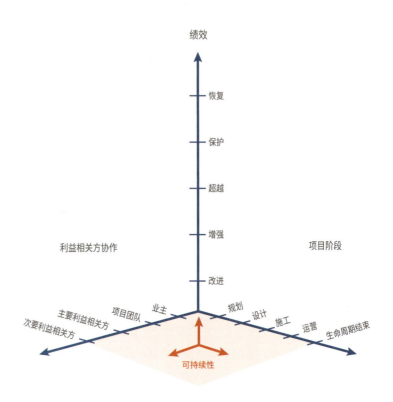

可持续发展的总体贡献可能不会与替代解决方案一样大，例如扩展公共交通服务。

公平和社会公正是指社会有责任确保每个人的权利得到维护和保护，并且所有人都受到平等与无偏见的对待。这些问题与基础设施开发尤其相关，通常涉及提供显著利益以及产生潜在的重大影响。"Envision"鼓励社区利益相关方在整个项目生命周期中积极参与，从而解决公平与社会公正问题。项目团队与受影响社区开展双向沟通，有助于他们从各个角度全面检查项目的影响。

*环境的*

自然资源与生态系统服务的恢复是"Envision"框架体系中一个明确的目标。虽然提高可持续绩效是一项必不可少的近期目标，但在可行的情况下，长期目标应针对恢复。这旨在强调一点，即要真正为可持续发展做出贡献，项目必须做的不仅仅是减轻负面影响。减缓固然重要，但对经济、环境和社会状况的恢复，对可持续的贡献水平会更高。

*经济的*

在避免社会和自然资源枯竭的情况下进行的经济发展，是可持续发展。虽然并非所有基础设施项目都与经济增长直接相关，但它们都通过提高社区吸引力和环境责任与经济相连。"Envision"框架体系提供的指南对这三个方面进行了平衡。

投资回报和前期资本成本通常是规划决策的关键驱动因素。然而，他们忽略了项目的生命周期成本、风险和不确定性，或者更广泛的影响环境和社会的结果。"Envision"量化了这些软收益和更广泛的结果，这样业主就不太可能忽视可持续的投资回报，例如较低的效用成本、运营维护成本，或者更少的更换成本。

*韧性*

降低短期和长期风险。项目团队在指导下采取措施，防止社区承担高昂的固定成本，或者造成对可能变得稀缺和/或非常昂贵的资源的严重依赖。相反，由于极端天气事件、自然灾害和/或经济状况而产生或增加脆弱性的项目，被视为存在概念上的缺陷。

生命周期得以考量。项目团队将设计拓展到项目的全部生命周期，将获得评分项。提供更高的耐用性和灵活性以延长建设工程使用寿命的设计，可以获得额外的认可。延长建设工程的使用寿命意味着减少更换构件的需要。设计如果可以融入解构原理，使材料和设备能够重复利用或者升级回收利用，也将获得更多的认可。

# Envision

"Envision"是一个框架体系,其中包括 64 项可持续性和韧性指标,称为**"评分项"**,分为五大类别:**生活质量、领导力、资源分配、自然界、气候与韧性**,全部涉及人类福祉、流动性、社区、协作、规划、经济、材料、能源、水、选址、保护、生态、排放和韧性等领域。这些指标共同构成了基础设施可持续发展的基础。

# "Envision" 评分项清单

**生活质量**
14个评分项

**领导力**
12个评分项

**资源分配**
14个评分项

**福祉**
- QL1.1　提高社区生活质量
- QL1.2　加强公共卫生与安全
- QL1.3　提高施工安全
- QL1.4　最大限度地减少噪声与振动
- QL1.5　最大限度地减少光污染
- QL1.6　最大限度地减少施工影响

**流动性**
- QL2.1　改善社区流动性与进出通道
- QL2.2　鼓励可持续交通
- QL2.3　改善进出通道与道路指引

**社区**
- QL3.1　促进公平与社会公正
- QL3.2　保护历史和文化资源
- QL3.3　增强景观与地方特色
- QL3.4　改善公共空间与便利设施

- QL0.0　创新或超过评分项要求

**协作**
- LD1.1　提供有效的领导力与承诺
- LD1.2　促进协作与团队合作
- LD1.3　协助利益相关方参与
- LD1.4　追求副产品协同效应

**规划**
- LD2.1　建立可持续发展管理计划
- LD2.2　可持续社区计划
- LD2.3　长期监测与维护计划
- LD2.4　项目生命周期结束计划

**经济**
- LD3.1　促进经济繁荣与发展
- LD3.2　培育当地技能与能力
- LD3.3　开展项目全生命周期经济评估

- LD0.0　创新或超过评分项要求

**材料**
- RA1.1　支持可持续采购实践
- RA1.2　使用回收利用材料
- RA1.3　减少运营废弃物
- RA1.4　减少施工废弃物
- RA1.5　现场平衡土方

**能源**
- RA2.1　降低运营能耗
- RA2.2　降低施工能耗
- RA2.3　使用可再生能源
- RA2.4　调试与监测能源系统

**水**
- RA3.1　保护水资源
- RA3.2　减少运营用水量
- RA3.3　减少施工用水量
- RA3.4　监测水（供、排）系统

- RA0.0　创新或超过评分项要求

**自然界**
14个评分项

 **气候与韧性**
10个评分项

**选址**

NW1.1　保护具有高生态价值的场地

NW1.2　提供湿地与地表水缓冲区

NW1.3　保护基本农田

NW1.4　保护未开发土地

**保护**

NW2.1　开垦棕地

NW2.2　管理雨水

NW2.3　减少杀虫剂与肥料的影响

NW2.4　保护地表与地下水质量

**生态**

NW3.1　增强功能栖息地

NW3.2　增强湿地与地表水功能

NW3.3　维护洪泛区功能

NW3.4　控制入侵物种

NW3.5　保护土壤健康

NW0.0　创新或超过评分项要求

**排放**

CR1.1　减少净隐含碳排放

CR1.2　减少温室气体排放

CR1.3　减少空气污染物排放

**韧性**

CR2.1　避免不适宜的项目开发

CR2.2　评估气候变化的脆弱性

CR2.3　评估风险与韧性

CR2.4　建立韧性目标与策略

CR2.5　最大限度地提高韧性

CR2.6　增强基础设施一体化

CR0.0　创新或超过评分项要求

# 评分项图例

**1 评分项标题和识别号**
包括标识评分项类别的两个字母代码和识别数字。

**2 目的**
评分项的目的。

**3 指标**
如何判定评分项。

**4 最高总分值**
最高绩效等级的价值。

**5 绩效等级**
简要描述达到每个绩效等级所需的要求。等级越高代表对可持续发展的贡献越大。

**6 描述**
解释评分项应对的可持续发展问题,以及该问题在基础设施项目中的重要意义。

**7 绩效改进**
设定绩效基准,并且提供了绩效改进的总体策略。

**8 评估标准和文件指南**
具体说明项目必须解决哪些问题,才能满足绩效等级的要求。它还提供了有可能需要提交用于验证的,满足要求的证明文件类型的示例。

**9 相关"Envision"评分项**
有相同文件要求的"Envision"评分项,或者在达到绩效等级方面有相互依存关系的评分项。

# "Envision"的组成与得分

## 项目评分

使用评分项系统评估项目绩效。每个评分项的绩效等级由三个因素加权评定：

1. 可持续发展指标的重要性和影响。
2. 所需具体行动的难度；以及
3. 满足要求所产生的示范性影响。

每个评分项描述中都提供了指南，帮助确定给出的项目可能达到的预期绩效等级。每个适用评分项的得分相加得到"Envision"总分。最终的"Envision"得分由获得的总分值与总适用分值的百分比表示。每个类别的得分始终呈现，以强调许多项目决策中内在的权衡。

## 类别和子类别

"Envision"框架体系由64项可持续发展指标组成，称为评分项，涵盖基础设施可持续发展的所有方面。"Envision"体系中的每个评分项都包括目的陈述与指标、绩效等级、描述、绩效改进的方法、评估标准和文件指南以及相关"Envision"评分项。评分项按主题分为五大类别和14个子类别。

- **生活质量：** 福祉、流动性、社区。

- **领导力：** 协作、规划、经济。

- **资源分配：** 材料、能源、水。

- **自然界：** 选址、保护、生态。

- **气候与韧性：** 排放、韧性。

每个基础设施项目都会影响所有五个"Envision"类别，通常需要进行复杂的权衡。例如，为了避开重要栖息地，项目可能不得不消耗更多资源。相反，减少资源消耗的项目，可能会发现它们也实现了减少有害排放的效益。通过将评分项分组划入更广泛的影响类别，"Envision"可以引导用户依据评分项，在复杂的问题上进行权衡与协同。

## 绩效等级

"Envision"的绩效等级定义了每个评分项中项目绩效的水平和质量，如下所示：

- **改进：** 绩效高于传统，略高于监管要求。

- **增强：** 在正确轨道上的可持续绩效。种种迹象表明，卓越的绩效已经触手可及。

- **超越：** 高水平的可持续绩效。

- **保护：** 已实现基本零负面影响的绩效。

- **恢复：** 恢复自然或社会系统的绩效，可以获得最高奖项，值得颂扬。**恢复**这个等级并不适用于所有绩效目标。

并非所有评分项都有五个绩效等级。等级取决于评分项的性质，以及在等级之间进行有意义区分的能力。绩效等级表清楚地指出了每个等级必须满足的标准。

### 评估标准和文件指南

每个评分项中的评估标准和文件部分，概述了达到一定绩效等级所必需的证明。用字母表示的评估标准包括定性和定量要求。所有标准都以问题形式呈现，如果项目提交给 ISI 的第三方"Envision"验证计划，则需要提供答案和证明文件（由每个评估标准下方的数字表示）。评估标准的示例如下：

- **是 / 否：** 采取的行动或取得的成果（例如，项目不在敏感地点）。

- **目标：** 具有离散可量化水平的具体结果（例如，项目将能源使用减少 15%）。

- **执行：** 为实现既定目标而进行的过程或做出的承诺（例如，项目团队已经制定了全面的可持续发展管理计划）。

- **绩效：** 以一般或非量化结果进行的过程（例如，项目团队已在项目中"尽量减少"肥料和杀虫剂的使用）。

### 基线

基线可以参考常规绩效或"一切照常"。"Envision"框架体系内的许多评分项都要求建立衡量项目绩效的基准。鉴于"Envision"适用于所有类型和规模的基础设施项目，以及适用于不同的国家和地区，基线可能因地区甚至项目不同而有所变化。项目团队必须确定最适合其项目的基线。为了达到每个"Envision"评分项的绩效等级，项目需要超越既定的基线。

有多种选项可用于确定可接受的基线。以下内容可用作衡量绩效改进的基线（按优先顺序列出）：

- 项目将取代的现有条件或现有系统。

- 经过认真考虑的项目替代方案。

- 行业"标准实践"或现有规范、标准、监管要求（例如，能源和水；温室气体和空气污染排放）。

- 类似范围和规模的项目

运营在相同的地理区域或者在一个地理区域内有相似的运营条件。

### 绩效改进

每个"Envision"评分项都会用具体方法，指导逐步实现基准之上的绩效改进。虽然承认绩效有从**"改进"**跨越到**"恢复"**的可能性，但是每个评分项都概述了切实的步骤，以及如何开始。绩效改进是一个逐步积累的过程，因此在绩效上实现跨越的项目十分少见。绩效改进部分的文本不需要评估，旨在非正式地为评估提供有用的指导和背景。

### 适用范围

作为一种高度灵活和适应性强的资源，"Envision"认识到并非所有评分项都适用于所有项目或项目类型。评分项可以因为被指定为"不适用"而从考虑中省略。这种情况是因为项目不存在评分项所涉及的可持续发展指标。例如，在完全位于地下的项目中，将不存在外部灯具，项目团队将无法评估评分项 **QL1.5 最大限度地减少光污染**。在这个例子中，上述评分项可以被视为"不适用"。这意味着与这个评分项相关的总分值将从"Envision"框架体系中的项目适用分值中删除。对于采用 ISI 第三方验证程序的项目，需要准备文件解释和证明为什么这个评分项不适用于这个项目。

# "Envision" 分值表

| | | | 改进 | 增强 | 超越 | 保护 | 恢复 | 最高分值 |
|---|---|---|---|---|---|---|---|---|
| 生活质量 | 福祉 | QL1.1 提高社区生活质量 | 2 | 5 | 10 | 20 | 26 | 200 |
| | | QL1.2 加强公共卫生与安全 | 2 | 7 | 12 | 16 | 20 | |
| | | QL1.3 提高施工安全 | 2 | 5 | 10 | 14 | — | |
| | | QL1.4 最大限度地减少噪声与振动 | 1 | 3 | 6 | 10 | 12 | |
| | | QL1.5 最大限度地减少光污染 | 1 | 3 | 6 | 10 | 12 | |
| | | QL1.6 最大限度地减少施工影响 | 1 | 2 | 4 | 8 | — | |
| | 流动性 | QL2.1 改善社区流动性与进出通道 | 1 | 3 | 7 | 11 | 14 | |
| | | QL2.2 鼓励可持续交通 | — | 5 | 8 | 12 | 16 | |
| | | QL2.3 改善进出通道与道路指引 | 1 | 5 | 9 | 14 | — | |
| | 社区 | QL3.1 促进公平与社会公正 | 3 | 6 | 10 | 14 | 18 | |
| | | QL3.2 保护历史和文化资源 | — | 2 | 7 | 12 | 18 | |
| | | QL3.3 增强景观与地方特色 | 1 | 3 | 7 | 11 | 14 | |
| | | QL3.4 改善公共空间与便利设施 | 1 | 3 | 7 | 11 | 14 | |
| 领导力 | 协作 | LD1.1 提供有效的领导力与承诺 | 2 | 5 | 12 | 18 | — | 182 |
| | | LD1.2 促进协作与团队合作 | 2 | 5 | 12 | 18 | — | |
| | | LD1.3 协助利益相关方参与 | 3 | 6 | 9 | 14 | 18 | |
| | | LD1.4 追求副产品协同效应 | 3 | 6 | 12 | 14 | 18 | |
| | 规划 | LD2.1 建立可持续发展管理计划 | 4 | 7 | 12 | 18 | — | |
| | | LD2.2 可持续社区计划 | 4 | 6 | 9 | 12 | 16 | |
| | | LD2.3 长期监测与维护计划 | 2 | 5 | 8 | 12 | — | |
| | | LD2.4 项目生命周期结束计划 | 2 | 5 | 8 | 14 | — | |
| | 经济 | LD3.1 促进经济繁荣与发展 | 3 | 6 | 12 | 20 | — | |
| | | LD3.2 培育当地技能与能力 | 2 | 4 | 8 | 12 | 16 | |
| | | LD3.3 开展项目全生命周期经济评估 | 5 | 7 | 10 | 12 | 14 | |
| 资源分配 | 材料 | RA1.1 支持可持续采购实践 | 3 | 6 | 9 | 12 | — | 196 |
| | | RA1.2 使用回收利用材料 | 4 | 6 | 9 | 16 | — | |
| | | RA1.3 减少运营废弃物 | 4 | 7 | 10 | 14 | — | |
| | | RA1.4 减少施工废弃物 | 4 | 7 | 10 | 16 | — | |
| | | RA1.5 现场平衡土方 | 2 | 4 | 6 | 8 | — | |
| | 能源 | RA2.1 降低运营能耗 | 6 | 12 | 18 | 26 | — | |
| | | RA2.2 降低施工能耗 | 1 | 4 | 8 | 12 | — | |
| | | RA2.3 使用可再生能源 | 5 | 10 | 15 | 20 | 24 | |
| | | RA2.4 调试与监测能源系统 | 3 | 6 | 12 | 14 | — | |
| | 水 | RA3.1 保护水资源 | 3 | 5 | 7 | 9 | 12 | |
| | | RA3.2 减少运营用水量 | 4 | 9 | 13 | 17 | 22 | |
| | | RA3.3 减少施工用水量 | 1 | 3 | 5 | 8 | — | |
| | | RA3.4 监测水（供、排）系统 | 1 | 3 | 6 | 12 | — | |
| 自然界 | 选址 | NW1.1 保护具有高生态价值的场地 | 2 | 6 | 12 | 16 | 22 | 232 |
| | | NW1.2 提供湿地与地表水缓冲区 | 2 | 5 | 10 | 16 | 20 | |
| | | NW1.3 保护基本农田 | — | 2 | 8 | 12 | 16 | |
| | | NW1.4 保护未开发土地 | 3 | 8 | 12 | 18 | 24 | |
| | 保护 | NW2.1 开垦棕地 | 11 | 13 | 16 | 19 | 22 | |
| | | NW2.2 管理雨水 | 2 | 4 | 9 | 17 | 24 | |
| | | NW2.3 减少杀虫剂与肥料的影响 | 1 | 2 | 5 | 9 | 12 | |
| | | NW2.4 保护地表与地下水质量 | 2 | 5 | 9 | 14 | 20 | |
| | 生态 | NW3.1 增强功能栖息地 | 2 | 5 | 9 | 15 | 18 | |
| | | NW3.2 增强湿地与地表水功能 | 3 | 7 | 12 | 18 | 20 | |
| | | NW3.3 维护洪泛区功能 | 1 | 3 | 7 | 11 | 14 | |
| | | NW3.4 控制入侵物种 | 1 | 2 | 6 | 9 | 12 | |
| | | NW3.5 保护土壤健康 | — | 3 | 4 | 6 | 8 | |
| 气候与韧性 | 排放 | CR1.1 减少净隐含碳排放 | 5 | 10 | 15 | 20 | — | 190 |
| | | CR1.2 减少温室气体排放 | 8 | 13 | 18 | 22 | 26 | |
| | | CR1.3 减少空气污染物排放 | 2 | 4 | 9 | 14 | 18 | |
| | 韧性 | CR2.1 避免不适宜的项目开发 | 3 | 6 | 8 | 12 | 16 | |
| | | CR2.2 评估气候变化的脆弱性 | 8 | 14 | 18 | 20 | — | |
| | | CR2.3 评估风险与韧性 | 11 | 18 | 24 | 26 | — | |
| | | CR2.4 建立韧性目标与策略 | — | 8 | 14 | 20 | — | |
| | | CR2.5 最大限度地提高韧性 | 11 | 15 | 20 | 26 | — | |
| | | CR2.6 增强基础设施一体化 | 2 | 5 | 9 | 13 | 18 | |
| | | 最高总分值 | | | | | | 1,000 |

以下是不可接受的将评分项视为"不适用"的理由：

- 合同的范围内没有解决的问题。
- 获得评分项被认为过于昂贵、困难或耗时。
- 当地法律或法规禁止满足要求。
- 执行"Envision"的评估人员没有决策权；或者
- 利益相关方表示，该问题不是优先事项。

如果当地法律或法规禁止采取符合评分项要求的行为，项目团队必须遵守这些法律、法规，并寻求在其他评分项中获得分值。然而，与当地法律、法规的冲突并不能使这个可持续发展指标不存在。例如，法规或政策可能要求某些项目使用明亮的外部照明，但这并不意味着光污染或 **QL1.5 最大限度地减少光污染** 不适用于该项目。

## 相关"Envision"评分项

许多"Envision"评分项具有内部关联性。每个评分项都包含一个潜在相关评分项的清单，因此项目团队可以利用这些关联产生的协同作用，来提高项目的整体可持续性。然而，对于每个项目，评分项的相互关系可能会有所不同。但是项目团队仍然受到鼓励认真考虑如何从一个评分项中获得分值的策略，这些分值可能在一个评分项中产生积极影响，而在另一个评分项中产生消极影响。

## 创新

"Envision"框架体系积极鼓励创新方法，以推进可持续基础设施实践，或者展现超过评分项要求预期的卓越绩效。每个类别包括一个"创新或超过评分项要求"的评分项，用"0.0"表示。项目有可能获得这些评分项中的全部或部分分值。"0.0"评分项不是必需的，这些分值可以作为奖励分值添加到类别和总得分中。

创新评分项有三个赢得奖励分值的选项。项目团队可以在一个类别中提交一项或多项。这三个选项是：

- **创新：** 克服重大问题、障碍和/或限制的可持续发展解决方案，或者为行业创造出可延展与可转让的可持续发展解决方案。

- **卓越绩效：** 在一个或多个评分项中超过了可以获得的最高绩效等级的绩效。

- **可持续发展的额外方面：** 在"Envision"框架体系中尚未包含的可持续发展指标。

## "Envision"验证途径

**路径A**：设计+施工后

创建文件自我评估 → 登记 → 开始验证 → 设计评审 → 授奖 → 施工后评审 → 完成

**路径B**：施工后

创建文件自我评估 → 登记 → 开始验证 → 施工后评审 → 授奖 → 完成

# 第三方验证与奖励

## 在线记分单

"Envision"记分单是一个在线工具,允许项目团队协作评估使用"Envision"的项目、上传文件、描述项目的关键特征以及注册项目供第三方验证。得分在评分项类别中自动计算,然后累计为整个项目的分值。需要在 ISI 网站上注册一个账户,才能进入在线记分单。

## 验证过程

确认是一个增强意识和启动系统性变革的重要元素。ISI 提供可选的第三方验证和奖励计划,以表彰确认可持续发展项目的绩效。ISI 的独立项目验证计划是一个透明的过程,用于确认项目符合"Envision"的评估标准。

对于寻求验证的项目,用户必须为所追求的每个评分项提交一个评分项资料。提交的评分项资料包括叙述(或文件索引)以及证明文件。叙述必须包含对所追求绩效等级所需标准的明确和直接的回应。证明文件——例如在评估标准下方列出的编号事项中描述的文件——也构成了评分项资料的重要组成部分。评分项叙述中应该指出参考的证明文件,并应注释或突出显示相关页面/章节以便于参考。

"ENV SP"、验证人员和 ISI 员工在验证过程中发挥核心作用。验证员是与 ISI 签约的合格第三方专家。ISI 聘请不同背景的验证员对基础设施项目进行同行评审,以寻求对其可持续属性的正式确认。取得卓越进步,并且对更可持续未来做出贡献的基础设施项目,将得到"Envision"的确认。为此,验证人员的首要职责是全面评审"ENV SP"提交的项目文件,确定合适的绩效等级,并在验证人员选择的绩效等级与"ENV SP"不同的情况下提供指导,解释他们的选择以及达到更高绩效所需的条件。ISI 工作人员在整个验证过程中提供监督和质量管控。

项目可以选择在设计阶段之后(在 95% 设计完成时或之后)或在施工阶段之后(在 95% 施工完成时或之后)进行验证。在设计阶段之后进行验证的项目需要完成额外的施工后评审,以维持其在设计阶段之后获得的"Envision"奖项。施工后评审的目的是验证在项目规划和设计阶段做出的承诺,在施工期间得到了执行。

项目可以选择采用以下两种验证途径中的一种:

· **路径 A:** 设计 + 施工后

· **路径 B:** 施工后

## 验证奖项等级

要获得确认,项目必须达到适用"Envision"总分值的最低百分比。项目可以获得确认的四个奖项等级如下:

· **验证奖:20%**
· **银奖:30%**
· **金奖:40%**
· **白金奖:50%**

# 生活质量

"生活质量"致力于解决项目对当地居民和受影响社区的影响,从个人的健康和福祉到更为广泛的整个社会的福祉。"生活质量"注重于评估基础设施项目是否与社区目标一致,是否纳入现有的社区网络中,是否从长远来看将造福于社区。受项目影响的社区成员是决策过程中的重要利益相关方。本类别又细分为三个子类别:**福祉、流动性**和**社区**。

**14** 个评分项

**图片**
美国佐治亚州亚特兰大市具有历史价值的
富尔士沃德公园("Envision"金奖, 2016年)

1. 项目是否为更广泛的社区改善了卫生和安全环境问题?
2. 项目是否保护和加强了文化资源?
3. 项目是否满足社区的要求及目标?
4. 项目是否做到对周边社区负面影响最小化?
5. 开发过程是否是公平、公正和包容的?
6. 项目附近是否有公共交通设施?

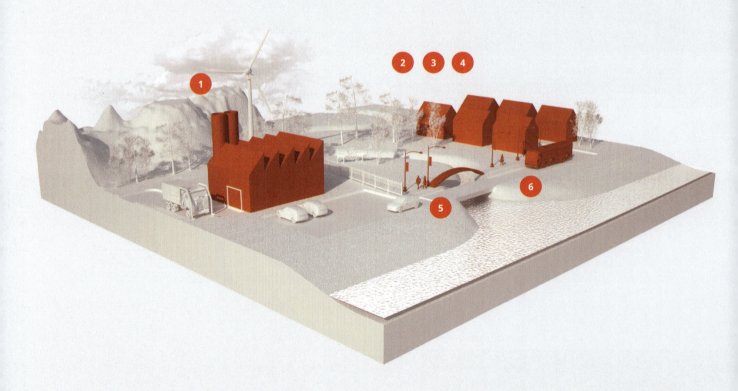

### 福祉

作为社区中不可或缺的组成部分,可持续的基础设施项目注重个人的舒适、安全以及卫生。在施工与运营期间,确保工作人员和社区居民的人身安全,尽量减少危害(例如,光污染、噪声和振动)。这些元素汇集到一起可以增强社区的良好体验感。

### 流动性

这一子类别侧重于该项目对社区内及周边交通的影响,重视鼓励可持续的交通模式,以及将该项目融入更为广泛的社区流动性网络之中。同时,鼓励基础设施业主加强进出通道与流动性,以提高社区的宜居性。

### 社区

该项目能否保护和增强社区的优势与凝聚力是十分重要的。虽然基础设施的建设首先取决于工程参数,但在设计和施工过程中也应考虑其对公平性、文化及社区结构的影响。尽管项目所在社区受到影响的程度与范围,在很大程度上依赖于项目是否位于郊区或市区,但是项目对社会的综合影响始终需要重点考虑。

# 生活质量

## 福祉
QL1.1　提高社区生活质量
QL1.2　加强公共卫生与安全
QL1.3　提高施工安全
QL1.4　最大限度地减少噪声与振动
QL1.5　最大限度地减少光污染
QL1.6　最大限度地减少施工影响

## 流动性
QL2.1　改善社区流动性与进出通道
QL2.2　鼓励可持续交通
QL2.3　改善进出通道与道路指引

## 社区
QL3.1　促进公平与社会公正
QL3.2　保护历史和文化资源
QL3.3　增强景观与地方特色
QL3.4　改善公共空间与便利设施

QL0.0　创新或超过评分项要求

**生活质量：福祉**

# QL1.1　提高社区生活质量

**26 分**

**目的**
提高所有受项目影响的社区的生活质量，减轻对社区的负面影响。

**指标**
采取措施评估社区需求及改善生活质量，同时尽量减少负面影响。

## 绩效等级

| 改进 | 增强 | 超越 | 保护 | 恢复 |
|---|---|---|---|---|
| A + B | A + B + C + D | A + B + C + D + E | A + B + C + D + E + F | A + B + C + D + E + F + G |
| (2)社区需求考量 | (5)社区联系 | (10)广泛的社区合作 | (20)整体评估与协作 | (26)守护未来 |

**(A)** 项目团队确定并考虑了社区的需求、目标和问题。例如，项目团队已经找到并审阅了最近的社区规划资料信息，而且评估了相关的社区需求、目标和 / 或问题。

**(B)** 该项目满足或支持社区的需求和 / 或目标。

**(C)** 该项目评估了其对当地居民和受影响社区生活质量所产生的社会影响。

**(D)** 受影响的社区有意识地参与并确认项目如何满足社区需求和 / 或目标。

**(E)** 在社会评估的基础上，按照避免、最小化、恢复和弥补的优先层级顺序，减轻对居民或附近受影响社区的潜在负面影响。

**(F)** 利益相关方参与的过程是在验证根据标准 A、B、C、D所采取的行动，由此产生的反馈体现出社区满意度。

**(G)** 项目前瞻性地应对社区内社会、经济和/或环境状况的变化趋势，以确保生活的长期高质量。

## 描述

本评分项说明项目对当地居民和受影响社区生活质量的贡献程度。由于具有主观性，本评分项的标准涉及该项目团队如何确认与评估社区的需求、目标和问题，以及将其融入项目中。相关的社区规划可以是这些需求、目标、宗旨和愿景的一种可行的表达形式。从真正意义上来说，它们是社区所期望的生活质量。

遗憾的是，基础设施项目常常被认为会对社区产生负面影响。"不要建在我的后院"（not in my back yard，NIMBY）的心态可以通过社区积极参与，以及项目与社区需求、目标和问题的适当结合来解决。社区的支持和参与，对于确保基础设施合理有效使用投资资源至关重要。

项目团队和业主应该考虑如何使项目与社区目标保持一致，从而降低社区冲突的风险。这种风险会中断项目交付并增加成本。

## 绩效改进

**改进：** 项目团队会论证说明对社区需求、目标和问题的理解，并就项目如何满足或支持这些目标进行沟通。

**增强：** 与社区利益相关方的沟通和互动，对于重申和改进项目目标至关重要。项目团队与社区利益相关方密切合作，以识别和评估潜在的社会影响。社会影响包括基础设施项目预期的和非预期的社会影响，既包括积极的也包括消极的影响，还包括由这些项目造成的任何社会变化。

***超越：*** 基础设施项目通常面临对积极和消极影响的艰难权衡，旨在使某个社区受益的项目可能会对其他社区产生不利影响。此外，某个社区的需求可能与他们所表达的目标相冲突。由于在各个方面都发挥基础设施绩效的积极影响可能无法实现，因此本评分项寻求净积极影响。重要的是，该项目应公平惠及和影响所有的当地居民及受影响的社区。

***保护：*** 社区满意度是生活质量的度量标准。需要证明，社区真正了解项目的全面影响（即正面和负面影响），而且对减轻负面影响的合适做法感到满意，认可其符合他们的需求和目标。社区认可的文件应尽可能广泛，并针对所要求的文件进行具体描述。

***恢复：*** 社会经济或环境条件的长期发展变化，可能会破坏现有的社区愿景，项目团队对此类情况进行前瞻性地识别，并在项目执行过程中予以解决。

***适用范围：*** 所有项目都有可能通过社区的积极参与，使项目目标与社区的需求和目标相一致，从而实现广泛的社区满意度。因此，很难证明本评分项与争取"Envision"奖的项目无关或不适用。

## 评估标准和文件指南

**A. 该项目团队是否已经确定并考虑了社区需求、目标和问题？**

*有文件说明该项目团队已经找到并审阅了最近的社区规划资料，并且评估了相关社区的需求、目标和/或问题。例如，与关键利益相关方、社区领导者以及决策者的会议记录、书信和备忘录。*

**B. 该项目是否满足或支持当地居民和/或受影响社区的需求和目标？**

*有证据显示项目愿景和目标与社区的需求、目标和/或问题的比较。*

**C. 该项目团队是否评估了项目将对当地居民和受影响社区生活质量所产生的社会影响？**

*有评估、确定和评定该项目对受影响社区生活质量的正面和负面的社会影响（例如，一份社会影响评价）。对文件的深度和广度的期望，应与项目的规模及其对更广泛的社区的影响相匹配。非正式评估对于较小的项目来说是可以接受的，只要项目团队提供支持其结论的证据即可。*

**D. 受影响的社区是否有意义地参与并确定了该项目如何满足社区需求和/或目标？**

*有收集、评估并将社区意见纳入到规划和设计的过程中的相关文件（例如，会议、设计专家研讨会，以及与受影响社区代表的交流会）。*

**E. 该项目团队是否解决了负面的社会影响？**

*有证据表明减轻一定程度负面影响的选项已确定，且会优先考虑，并会对项目做出合理的变更。减轻负面影响的策略应遵循下面的层级优先顺序，即规避、最小化、恢复和弥补。*

**F. 受影响社区是否确信该项目会满足社区的需求和目标，同时也适当地减轻负面影响？**

*1. 社区确认并认可设计参与过程是很有帮助的，他们的意见得到了适当的评估，并纳入项目设计中。*

*2. 有文件说明关键利益相关方、社区领导者和/或决策者对影响评估和计划采取的行动，所提出的意见和达成的协议（例如，社区满意度调查、受影响社区代表采访、来自社交媒体平台的评论和反应）。相对于整个项目的一般性认可，对于项目中的关键问题或采取措施的具体陈述，更能反映出对项目影响的真正理解。社区满意度及确认计划的证据包括：*

*a. 社区确认项目团队按照标准 A 对其需求及目标的评估。*

*b. 社区确认所提议的项目将按照标准 B 处理他们的需求或目标。*

*c. 有文件可以说明社区按照标准 C 理解并接受该项目的潜在影响。*

*d. 社区确认项目按照标准 D 来减轻负面影响的策略。*

**G. 该项目是否积极地解决长期以来因社会、经济或环境的变化而对生活质量带来的影响？**

*1. 有收集长期以来的社会、经济或环境变化趋势的相关文件，随着时间的推移可能影响社区的目标和需求（例如，人口老龄化、经济转型或环境和生态系统功能的退化）。值得注意的是，社会、经济和环境的变化往往是相互关联的。依赖旅游业和渔业的某个沿海社区的环境退化，对其经济会造成负面影响，这可能导致人口缩减等社会问题。因此，社区的生活质量会受到威胁。*

*2. 有文件表明该项目将如何积极地处理这一个或多个变化趋势。*

*3. 有文件表明该项目如何为社区的未来提供一项明智的长期投资。*

## 相关"ENVISION"评分项

QL1.2　加强公共卫生与安全

QL2.3　改善进出通道与道路指引

LD1.3　协助利益相关方参与

LD2.2　可持续社区计划

LD3.1　促进经济繁荣与发展

CR2.5　最大限度地提高韧性

生活质量：福祉

# QL1.2　加强公共卫生与安全

| 20分 | 目的<br>在实施过程中保护并增强社区的卫生与安全。 | 指标<br>以公平公正的方式采取措施，提高项目场地、周围地点和更广泛社区的安全，并为其带来卫生效益。 |

## 绩效等级

| 改进 | 增强 | 超越 | 保护 | 恢复 |
|---|---|---|---|---|
| A + B | A + B + C | A + B + C + D | A + B + C + D + E | A + B + C + D + E + F |
| (2)了解影响 | (7)优先考虑降低风险 | (12) 提高卫生和安全 | (16) 共享利益 | (20) 保护社区 |

**(A)** 该项目符合所有的卫生和 / 或操作安全的法律、法规。

**(B)** 该项目包括卫生和 / 或安全方面的改进，均超出了法律、法规所规定的最低要求。

**(C)** 该项目改善了其周边环境的卫生和 / 或安全。

**(D)** 该项目对居民或受影响的社区的卫生和 / 或安全产生了正面而积极的影响。

**(E)** 在受影响的社区中，卫生和安全的效益和 / 或消极影响是平均分配的，项目团队可以证明该项目不会给某一个社区带来过多的负担（例如，社会 / 环境的公平）。

**(F)** 该项目为正在遭受或将要面临有关卫生和 / 或个人安全负面影响的社区提供关键的基础设施服务。

## 描述

任何"Envision"项目都必须符合法律规定的所有安全和卫生条例。该评分项意识到多数项目有机会超过最低的标准要求，或者以其他方式去改善项目或社区中的卫生和 / 或安全问题。该评分项评估了基础设施项目对项目场地、周边地点和更广泛社区的安全和卫生效益的提升程度。对于现有的地方、州 / 省或国家卫生和安全条例，"Envision"不能以任何方式取代、取缔或对其提出异议。

项目团队和业主应该考虑，如何完善项目及其周边以及更广泛的社区的安全性和卫生效益，并将这些效益传达给利益相关方，以此帮助消除那些导致冲突和项目延迟的消极看法（例如，"NIMBY"即"不要建在我的后院"）。加强和强调积极的卫生和安全效益可以帮助改变公众对基础设施价值的看法。

## 绩效改进

该评分项的有关文件可能包括符合现有的地方、州 / 省或联邦法律、法规所采取的行动。然而，为了得到该评分项的分值，项目首先必须证明，除了项目施工的最低要求之外，还包括卫生和 / 或安全的改进措施。

***改进：*** "Envision"评估的可持续绩效优于传统做法。因此，满足所有适用的法律、法规是首要先决条件。本评分项要求项目对法律、法规的遵守给出证明，以突出这些行动的价值，并将上述行动区别于达到最低要求的行动。改进的水平主要取决于该项目边界范围之内的影响。

***增强：*** 对卫生和安全方面的改善从内部地区扩展到周边区域。例如，提高进出场地时的安全性，努力减少振动和 / 或破坏，采取措施防止泄漏或局部污染。

*超越：* 卫生和安全改善不仅有利于周边地区，也有利于更广泛的社区，如改善空气质量和水质，提供步行道和自行车道，移除或修复有安全风险的基础设施等。

*保护：* 项目团队并不能总是消除卫生和安全的风险，但是他们可以证明与项目相关的效益和风险都以公平公正的方式分配，并且一个社区不会为另一个社区承担过多的负担。当基础设施的发展由于潜在的或已察觉的消极影响而受到阻碍时，通常表明社区至少能够或至少有权利来表达他们对将要承受的负担的担忧。项目团队和基础设施业主应该注意避免"走这条阻力最小的道路"。

*恢复：* 该项目为正在遭受或将要面临有关卫生和/或个人安全负面影响的社区提供救助和关键的基础设施服务。有可能存在卫生或安全状况已经低于最低标准的地方。低于最低标准的例子包括，饮用水质量不卫生，桥梁有倒塌的危险，或主要的基础设施服务不能用或失效。

*适用范围：* 所有的项目无论大小，都可能以某种方式对卫生和/或安全产生积极影响。安全措施可能与项目的规模有关，小到重新粉刷人行横道，大到防止重大化学品泄漏。因此，很难证明本评分项与争取"Envision"奖的项目无关或不适用。

## 评估标准和文件指南

### A. 该项目的实施是否符合所有有关卫生和安全的法律、法规？

有文件说明针对项目的设计和实施符合或将符合所有相关的卫生和安全法律、法规。

### B. 该项目是否达到了法律、法规规定的最低法定卫生和安全要求？

1. 有文件说明，项目实施过程中采取的措施不仅可以达到法律规定的最低要求，而且还可以改善卫生和/或安全条件。项目团队可能会面临这样的情况，即项目业主实施超越法规要求的政策。值得注意的是，项目选址可能是为避免或减少卫生或安全风险而进行的。然而，文件必须证明这些选址决策是经过考虑的。

2. 通过卫生及安全改进的指标以确定项目实施的改进。

3. 项目团队可能会选择编写一份详细的决策报告，重点关注主要的卫生和安全风险，这些风险是项目中最大或最有可能的潜在影响，更多的一般性文件会描述项目所拥有的优势是如何降低这些风险的。

### C. 该项目是否包括改善周边环境的卫生和安全？

通过卫生及安全改进的指标以确认项目周边环境的改善（例如，为行人提供安全区域或天桥、交通指示线清晰可见、照明的改善等）。改进可能包括降低风险的策略。值得注意的是，项目选址可能是为避免或减少周边环境的风险而进行的。然而，文件必须证明这些选址的决策是经过考虑的。

### D. 该项目是否包括对更广泛的居民或受影响社区的卫生和安全的改善？

通过卫生及安全改进的指标以确认对更广泛居民或受影响社区的改善情况（例如，减少地表水污染、提高水质、改善空气质量、开展健康的活动、获得卫生服务等）。值得注意的是，项目选址可能是为避免或减少更广泛的受影响社区的风险而进行的。例如，还可能包括项目降低外部风险的能力（例如，可用于防洪的公园）。文件必须证明这些选址决策是经过考虑的。

### E. 项目团队是否能够证明卫生和安全的风险与影响并非由某个社区过多承担？

1. 有文件表明，卫生和安全的风险与影响并非由某个社区过度承担。例如，场地地图显示了存在风险或影响的地区所覆盖的关键人口统计数据。这一评估应考虑到项目背景中有关公平和社会公正的历史因素。这通常也被称为"环境公正"。

2. 有文件说明，缓解措施会在受该项目影响最大的一些社区内按相应比例执行。

### F. 该项目是否会为正在遭受或将要面临有关卫生和/或个人安全负面影响的社区提供关键的基础设施服务？

1. 有文件说明，社区目前如何遭受或面临遭受有关卫生和/或安全的影响（例如，受污染的饮用水）。

2. 有文件说明，该项目如何提供关键基础设施服务，以解决或明显降低其影响。影响的规模必须在社区一级，并与项目的范围和规模相适应。若仅在项目规定的边界范围内消除或减少卫生和/或安全影响，则项目达不到**恢复**等级。

## 相关"ENVISION"评分项

QL1.1　提高社区生活质量

QL2.2　鼓励可持续交通

QL2.3　改善进出通道与道路指引

QL3.1　促进公平与社会公正

NW2.1　开垦棕地

NW2.3　减少杀虫剂与肥料的影响

NW2.4　保护地表与地下水质量

CR1.3　减少空气污染物排放

CR2.4　建立韧性目标与策略

生活质量：福祉

# QL1.3 提高施工安全

| 14分 | 目的 | 指标 |
|---|---|---|
| | 提高施工过程中公众和工作人员的安全。 | 采取措施监控安全,提供反馈机制,培训员工,建立安全计划,提供切实可行的卫生方案。 |

## 绩效等级

| 改进 | 增强 | 超越 | 保护 | 恢复 |
|---|---|---|---|---|
| A + B | A + B + C | A + B + C + D | A + B + C + D + E | 不适用 |
| (2)安全承诺 | (5)风险分析,培训和安保 | (10)安全工作实践和安全场地 | (14)场外卫生 | |

**(A)** 项目业主和总承包商需郑重承诺监测和提高现场施工作业的卫生和安全。

**(B)** 施工过程中，项目执行计划要求提供有关跟进卫生和安全绩效的内部文件，纠正缺陷或促进最佳工作实践的实现。

**(C)** 承包商对所有现场工作人员进行安全和/或安全（保）能力培训。承包商或业主规定满足卫生和安全方案的最低培训要求。

**(D)** 业主和承包商有具体的施工场地和项目安全计划。该计划包括人身安全，以及适当的信息安全。承包商规定最低培训要求。

**(E)** 该项目业主和承包商提供能促进卫生和福祉的方案，例如免费体检或研讨会。

## 描述

本评分项说明施工过程中提高卫生和安全实践的重要目标。促进对整个建设行业卫生与安全的共同关注，将会产生超越单个项目的广泛效益。

提高施工安全不仅仅带来保护健康和生命的益处。在施工场地安全方面有良好记录的公司，会吸引更优质的员工，有更高的留用率，在市场上更具竞争力。通过工地标准化活动、严格运用、培训及遵守卫生和安全流程也可以提高生产力。

在行业标准之外应鼓励加强卫生和安全实践。然而，实行新项目或新技术之前，一种全新方法可能会带来之前未曾出现的风险。项目团队应该通过风险分析和改进施工安全计划，应对采用新的材料、技术和/或方法所带来的风险。

根据每100名全职雇员中所记录的因工伤或职业病而导致的损失、限制或转岗的数据，计算出了离岗、限岗或转岗的天数比率（Days Away, Restrictions, or Transfers，DART）。从该数据看出，很多领先的施工公司发现因实行更好的卫生和安全标准所带来的投资回报，高于现场事故造成的成本和时间损失。

## 绩效改进

本评分项的绩效等级说明现场工人的安全流程、个人培训和发展、场地与信息安全。这些措施不仅保护了在现场工作的人员，还有助于确保资产安全可靠地运行，为正确使用和维护设备奠定基础。

**改进：** 改善安全始于最高水准的承诺，以及制定计划来实施改进措施、跟踪绩效和纠正缺陷。评估现场风险和执行预防性解决方案，利用技术识别和评估风险，提高行业全体员工的健康和福祉，上述努力均已清晰记录在案。

***增强：*** 对增强安全绩效来说，教育和培训十分重要。

***超越：*** 安全计划包括场地安全和信息安全。

***保护：*** 对卫生和安全的考虑不应局限于工作现场的风险，也要考虑工人更为广泛的卫生和福祉。

***适用范围：*** 包含施工的所有项目都有能力对施工安全发挥积极影响。因此，很难证明本评分项与争取"Envision"奖的项目无关或不适用。

## 评估标准和文件指南

### A. 该项目业主和承包商［（总承包方（GC）/施工管理方（CM）］是否郑重承诺监测和提高卫生与安全？

1. 有文件说明，业主和承包商实施积极的安全奖励计划以支持突出的安全业绩。

2. 有文件说明，承包商制定了方案或提出要求，以确保他们的分包商按照合同规定维护高水准的安全。

3. 有文件说明，承包商的高级管理人员积极参与项目的安全方案，进行安全的监测和检查，并以此作为日常工作职责。

4. 有文件承诺安全是一项核心的关注。

### B. 该项目是否包括可靠的反馈机制以识别风险，分析危害，并就此与相关人员沟通？

1. 有文件说明，该项目业主和承包商就根本原因与纠正措施，以及纪律处分与经济处罚，开展了积极地调研。

2. 有文件说明，承包商有前瞻性的工伤管理系统，为工作现场受伤的雇员提供及时高效的有效治疗。

3. 有文件说明，业主和承包商有一个涉及各个管理层级的事故审核流程，以确认正确的措施，减少未来工伤事故。

4. 有文件说明，承包商编写"经验教训"报告，允许其他承包商和项目有机会回顾事故的事实调查，采取措施减少工作现场的类似事故发生。

### C. 该项目是否包括对人员安全或安全培训的要求？

1. 有文件说明，对现场工作人员进行线上或是面对面的安全及安保能力培训的方案，包括提供培训的类型以及如何实现卫生和安全的目标。培训可能包括特定任务的安全培训或一般安全意识培训。

2. 有文件说明卫生和安全方案的最低培训要求，例如，职业安全和卫生、急救、心肺复苏术、紧急救援、定期注射训练或其他等效的训练。

### D. 该项目是否包括保护工人、公众和敏感信息的综合安全计划？

1. 有文件说明，业主和承包商有具体的场地与项目安全计划。该计划可能包括且不局限于承包商对项目工作人员的背景调查，对项目的 24 小时安全监管（现场或远程）。安全计划应适合项目的规模和范围。

2. 对于小项目而言（成本低于五百万美元），业主和承包商可以将一般现场安全策略替换为特定现场计划。

### E. 该项目是否包括卫生和福祉方案？

有文件说明，除了与项目交付相关的特定活动之外，该项目还提供卫生和 / 或福祉方案。该方案可能包括且不局限于工人的健康体检，营养和锻炼讲习班，和 / 或免费接种疫苗。

## 相关"ENVISION"评分项

QL1.2　加强公共卫生与安全

LD3.2　培育当地技能与能力

**项目实例：**

**波士顿火车站项目**

在马萨诸塞州布莱顿的波士顿火车站项目（"Envision"银奖，2017年）建造时需要发生相当数量的"犯规次数"。"犯规次数"指的是在 15 英尺⊖（4.5 米）以内的轨道上车辆通过时仍在施工的次数。出于安全考虑，在此距离内的施工必须暂停，直到火车通过再开始。经过进一步研究，承包商研发了一种更安全的方法来建造火车站：通过暂时转移轨道位置，犯规次数减少了，工人的安全性提高了。

---

⊖ 1 英尺 =0.3048 米。

生活质量：福祉

# QL1.4 最大限度地减少噪声与振动

| **12** 分 | **目的** 在运营、维护和提高社区宜居性的过程中，减少噪声和振动。 | **指标** 施工噪声和振动的测评和降低的程度，以及达到的目标等级。 |

## 绩效等级

| 改进 | 增强 | 超越 | 保护 | 恢复 |
|---|---|---|---|---|
| A + B | A + B + C | A + B + C + D | A + B + C + D + E | A + B + C + D + E |
| (1)噪声评估 | (3)目标噪声等级 | (6)利益相关方的支持 | (10)无噪声的增加 | (12)噪声的降低 |

**(A)** 项目团队评估施工噪声对周边社区和 / 或环境产生的潜在影响。当适当的振动视为潜在的噪声和 / 或破坏源时，进行评估。

**(B)** 在运营过程中，为了减轻噪声和 / 或振动需实施一些策略。噪声的降低应遵循分层级缓解的顺序，即避免 / 消除源头、最小化、减少 / 受影响者减少、弥补 / 补偿。

**(C)** 该项目为受影响的社区，采用了现有的针对项目的噪声等级标准或与社区合作来设置这一标准。

**(D)** 利益相关方的参与过程反映了社区对目标 ( 即标准 C)、缓解策略 ( 即标准 B) 和噪声影响 ( 即标准 A) 的认识。

**(E)** 超过现有条件的降噪策略和控制措施足以不增加周围社区的噪声。 （保护栏）

**(E)** 超过现有条件的降噪策略和控制措施足以不增加周围社区的噪声。 （恢复栏）

## 描述

本评分项说明在项目施工过程中产生的噪声和振动。评分项 **QL1.6 最大限度地减少施工影响** 涉及与施工相关的噪声和振动。"噪声"指的是不想被听到的或是令人厌烦的声音。当这种声音干扰到日常活动或是降低生活质量时，便变得不想被听到。

在各类基础设施项目中，噪声是被人普遍抱怨的一项。噪声对健康有着巨大的影响，其中包括听力损伤、高血压和失眠。它还能降低认知功能的表现。随着环境噪声等级的降低，住宅物业的价值可能会得到提高。噪声污染还会干扰到动物之间的交流，捕食者和猎物之间的关系，以及繁殖习惯，尤其是在鸟类之间。

解决施工噪声是将基础设施纳入社区和环境的重要一步。这表明在利益相关方参与的过程中，社区所关心的问题得到了关注，这一点尤其重要。噪声降低目标的设立，常常可以为创造和创新备选解决方案提供原动力。

## 绩效改进

**改进：** 项目团队评估施工噪声的同时，实施选址策略和 / 或结构控制，以最大限度地减少噪声和 / 或振动。在适当的情况下，项目团队应该将振动视为噪声传输的潜在来源。例如，降低噪声的措施包括使用隔声屏或噪声屏障，将噪声来源从人口密集的地区移除，或是设计可以减少交通噪声的人行道。

**增强：** 项目团队不仅从单方面实施噪声控制，而且也要与受影响的利益相关方合作，建立或采用现有的目标噪声等级。

**超越：** 利益相关方分别从了解噪声来源、噪声对象、治理措施的选择及其可能造成的后果方面，全面地参与了噪声的治理 ( 例如，选择较大的隔声屏，还是选择去减少声源？ )

**保护：** 项目团队消除或完全缓解了噪声的影响。

**恢复：** 此项目涉及积极地移除现存噪声源头或采取新的控制措施，以减少现有的噪声等级。

**适用范围：** 考虑该项目是否会产生任何施工噪声。因此项目活动产生的噪声，如道路上行驶的汽车、公园里行走的人员和通过设施的货车，都适用本评分项。不包括任何施工噪声的项目，可通过提供证明文件，申请将本评分项视为不适用。

## 评估标准和文件指南

**A. 项目团队是否评估了施工噪声对周围社区和/或环境造成影响的可能性？**

1. 有与此项目相关的所有潜在的噪声源指标，包括评分项适用的潜在的噪声产生的振动。

2. 因项目噪声和振动而造成的影响评估。在评分项适用的条件下，应该包括因项目导致的车辆或行人增加而造成的噪声，还应该包括潜在的产生噪声的振动。

**B. 项目在多大程度上减轻了项目产生的噪声？**

1. 有文件说明在整个项目中使用的所有减轻噪声措施。例如，选择有说明书显示内部降噪的设备（比如，使用电动机而不是内燃机）或者是为了减轻噪声和振动，而对噪声源改装过的设备。减轻噪声可能包括各种策略，不局限于减少噪声的产生，对噪声的影响进行定位，自然植被和景观的缓冲作用和/或结构的控制。

2. 有叙述解释噪声减轻措施的分级优先顺序，即避免、最小化、消除源头、减少受影响方、补偿/弥补。

**C. 项目是否设置或采用目标噪声等级？**

1. 有文件说明，项目为受噪声潜在影响的社区采用或设定目标噪声等级。

2. 有证据表明，该项目产生的噪声不会超过受影响社区的目标噪声等级。值得注意的是，这些目标是社区（人和动物）最高的可承受等级，应该包括周围已有的噪声等级。

**D. 在噪声和振动影响的问题上，以及减轻噪声策略和目标等级的问题上，项目团队是否让受影响的利益相关方参与解决？**

有证据表明，社区参与有助于理解噪声影响，制订施工噪声目标及噪声降低策略。

**E. 该项目将在多大程度上维持或减少现有的噪声等级？**

1. 有分析和文件说明基准和预期的施工噪声与振动等级。在某些情况下，项目团队可能会解释，为什么基准噪声等级在决定评分项等级方面不是所必要的。

2. 有文件说明，项目实施的超越现有条件的减轻噪声的措施，足以使周围社区内的噪声不会显著地（对于人的听觉而言）增加。

或

有文件说明，项目实施的超越现有条件的减轻噪声的措施足以显著地（对于人的听觉而言）减少周围社区的噪声。

## 相关"ENVISION"评分项

LD1.3　协助利益相关方参与

RA1.5　现场平衡土方

NW3.1　增强功能栖息地

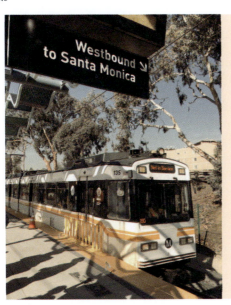

**项目实例：**
**博览会 2 号轻轨扩建项目**

有几家录音室与博览会 2 号轻轨扩建项目（"Envision"白金奖，2017 年）距离很近。该项目位于美国加州，连接洛杉矶市中心和圣莫尼卡地区。项目团队确定并应用了非标准技术，最大限度地降低高速列车通过轨道时造成的噪声和振动水平，减少对录音室造成的消极影响。通过在浮动轨道路基下使用弹簧元件，建造特制的轨道。这会使噪声和振动水平扩散而不是纵向扩散，纵向扩散会影响附近录音室的录音质量。

生活质量：福祉

# QL1.5　最大限度地减少光污染

**12 分**

**目的**
在运营过程中不危及安全的情况下减少背光、上照光和眩光。

**指标**
照明满足照明区域对背光、上照光和眩光的要求。

## 绩效等级

| 改进 | 增强 | 超越 | 保护 | 恢复 |
|---|---|---|---|---|
| A + B | A + B + C | A + B + C + D | A + E | A + E + F |
| (1) 减少光污染 | (3)主照明计划 | (6)消除上照光 | (10)减少背光、上照光和眩光 | (12)夜空恢复 |

**(A)** 该项目确定了照明需求和在施工过程中可能会受到光污染影响的敏感社区及其周边区域。

**(B)** 该项目按照避免、最小化、保护和弥补的分层级缓解顺序减少光污染。

**(C)** 该项目实施了一项建立照明区域的总体照明计划。对于每个区域来说，该计划概述了照明目标以及安全和安保需求，详述了环境保护以及在不需要时减少照明。

**(D)** 避免超过 90°的灯光发射。所有项目照明均满足"BUG"评级的上照光要求，且不会发射超过 90°的光线。

**(E)** 根据"IES"（美国照明工程学会）"BUG"评级标准，所有的项目照明都满足了背光、上照光和眩光的要求。

**(F)** 该项目涉及拆除或翻新现有照明，以便显著降低 (>10%) 现有的整体照明。

## 描述

本评分项严格遵循由国际暗天协会（IDA）与美国照明工程学会 (IES) 联合发布的《示范照明条例》的指导方针。《示范照明条例》中的户外照明模板采用了 IES TM-15-11"BUG"（背光、上照光和眩光）的户外照明装置分类。同时，该模板的设计有助于市政府制定户外照明标准，以减少眩光、光入侵及天空辉光。

不管是从美学的角度还是健康的角度来看，高强度的环境光对人类来说都是令人不适的。光污染有可能会破坏人类的生理节律和睡眠模式，这可能会对健康产生诸多影响。散射出的光线也会打扰夜间活动的动物，干扰敏感的环境，其中包括开放空间、野外公园和保护区、天文观测站附近的地区以及其他光敏感的栖息地。最后，由于不当的照明，累积的外部光线直接照向天空，这是一种巨大的能量浪费。

设计巧妙的照明设备可以在维持足够的地面光照水平的同时，通过更有效地使用照明来减少光污染。许多城市和社区所使用的照明可能会多于实际需要，可以通过照明需求审计和评估来调整获益。仅将光线投向需要的地方，会让项目照明更加有效和节约成本。

## 绩效改进

**改进：**《示范照明条例》中的方法根据地面使用的适当照明强度，划分为五大照明区域 (LZ)。项目团队应确定潜在的影响并减少光污染。这个等级的活动可以是非正式的。

**增强：** 照明评估正式化，光污染治理策略协调全面。然而并不需要完全遵守 IES TM-15-11 "BUG"（背光、上照光和眩光）条例的要求。

**超越：** 该项目通过限制在 90°以下的上照光来满足照明要求，帮助保护夜空。这对于那些出于安全考量而不允许降低光照水平的项目来说，是一个有效的选择。

**保护：** 该项目符合条例对背光、上照光和眩光的规定。作为一种行业标准，供应商和制造商通常乐意接受。但是，项目团队提交自己的"BUG"计算，也是可以接受的。

**恢复：** 项目团队消除或改造已有的光污染源。

**适用范围：** 如果项目不涉及任何外部照明，本评分项将不适用。某些类型的需要外部照明的项目可能与本评分项要求有冲突，但这不能成为指定本评分项不适用的理由。对于那些不能在本评分项中证明其成果的项目，应鼓励其在其他评分项中有更好的表现。

## 评估标准和文件指南

**A. 该项目团队是否对项目的照明需求和影响进行了评估？**

1. 有场地地图指出项目场地和周围地区对照明的需求以及照明存在的潜在影响，也明确标出了人口聚居区和自然栖息地。

2. 评估照明将如何影响该地区的人、植物群和/或动物群。

**B. 该项目在多大程度上实施了减少光污染的策略？**

1. 有文件指出，需根据以下优先次序对减少光污染的策略进行评估和考虑：

   a. *避免：* 确定不需要照明的地方。

   b. *最小化：* 确定满足安全和绩效要求所需的最小照明。

   c. *保护：* 限制光线散射到敏感区域或只将光线投向需要的地方。

   d. *弥补：* 通过移除某一位置的照明来补偿另一位置的照明。

2. 场地地图指出了每种照明策略部署的地点和类型。

**C. 该项目是否制定了建立照明区域的照明计划？**

该项目的照明计划包括照明区域的建立，每个照明区域至少要满足以下要求：照明目标，安全和安保需求，环境保护，能源效率，以及减少不必要的照明。

尽管标准 B 将减少光污染的努力进行了分级，但是标准 C 的目的是将这些行动融入一个更加综合的照明需求审核中，以便最大限度地发挥效能。

**D. 照明设备是否可以防止超过 90°的灯光发射？**

1. 每种照明设备的位置和类型。

2. 有文件说明，每种照明设备都将光线限制在 90°以下。

**E. 所有的项目照明是否满足各自照明区域对于背光、上照光及眩光的要求？**

1. 每种照明设备的位置和"BUG"等级。如果照明设备没有"BUG"等级，项目可能还会提供计算结果，来证明照明设备符合基于"IES"和"IDA"标准的对于背光、上照光和眩光的"BUG"要求。

2. 有工作表描述"BUG"评级满足照明区域的要求。

**F. 该项目是否为了显著降低现有的整体照明而对现有照明进行拆除或翻新？**

有文件说明，对现有照明的移除或翻新是实施该项目的结果。显著降低的程度通常认为是超过总照明的 10%。

## 相关"ENVISION"评分项

QL3.3　增强景观与地方特色

RA2.1　降低运营能耗

NW3.1　增强功能栖息地

| 背光级别 | LZ 0 | LZ 1 | LZ 2 | LZ 3 | LZ 4 |
|---|---|---|---|---|---|
| 符合周界线和正确朝向的安装高度 | | | | | |
| >2 MH | B1 | B3 | B4 | B5 | B5 |
| 1~2 MH | B1 | B2 | B3 | B4 | B4 |
| 0.5~1 MH | B0 | B1 | B2 | B3 | B3 |
| <0.5 MH | B0 | B0 | B0 | B1 | B2 |

| 上照光级别 | LZ 0 | LZ 1 | LZ 2 | LZ 3 | LZ 4 |
|---|---|---|---|---|---|
| 容许的上照光级别 | U0 | U1 | U2 | U3 | U4 |
| 街道或区域照明允许光线发射超过90°的数量占比（%） | 0% | 0% | 0% | 0% | 0% |

| 眩光级别 | LZ 0 | LZ 1 | LZ 2 | LZ 3 | LZ 4 |
|---|---|---|---|---|---|
| 容许的眩光级别 | G0 | G1 | G2 | G3 | G4 |
| 通过安装高度减少允许的眩光⊖ | | | | | |
| 1~2 MH | G0 | G0 | G1 | G1 | G2 |
| 0.5~1 MH | G0 | G0 | G0 | G1 | G1 |
| <0.5 MH | G0 | G0 | G0 | G0 | G1 |

⊖减少任何照明设备允许的眩光，且背光垂直于任何周界线，安装高度在2倍以内。

生活质量：福祉

## QL1.6　最大限度地减少施工影响

**8 分**

**目的**
减少或消除由施工引起的暂时性不便。

**指标**
通过施工管理计划解决问题的程度。

### 绩效等级

| 改进 | 增强 | 超越 | 保护 | 恢复 |
|---|---|---|---|---|
| A + (B, C, D 或 E) | A + (B, C, D 或 E) | A + (B, C, D 或 E) + F | A + B + C + D + E + F | 不适用 |
| (1) 初始管理计划 | (2)扩展计划 | (4) 利益相关方反馈 | (8) 完整计划 | |
| (A) 项目团队实施施工管理计划或政策来解决由施工引起的暂时性不便。利益相关方通过参与知晓计划或政策。 | | | | |
| (B,C,D, 或 E) 本管理计划解决 1 类 (1) 的施工影响：噪声、安全 / 道路指引、进出通道 / 流动性，以及照明。 | (B,C,D, 或 E) 本管理计划解决 2 类 (2) 的施工影响：噪声、安全 / 道路指引、进出通道 / 流动性，以及照明。 | (B,C,D, 或 E) 本管理计划解决 3 类 (3) 的施工影响：噪声、安全 / 道路指引、进出通道 / 流动性，以及照明。 | (B,C,D, 和 E) 本管理计划解决 4 类 (4) 的施工影响：噪声、安全 / 道路指引、进出通道 / 流动性，以及照明。 | |
| | | (F) 本施工管理计划或政策包括健全的反馈机制，以及对施工影响的绩效监测和报告。 | | |

### 描述

基础设施项目是需要花费数年时间施工的长期项目。在此期间，对于该项目来说，能够减少对周边社区的消极影响尤为重要。虽然公众可能不会注意到完整的基础设施项目，但是施工阶段通常是一个新项目最受关注的时期。项目团队可以借此机会证明此项目是最佳方案。在这一过程中，他们可以向公众传递信任，并能在项目验收方面取得更大的进展。

在施工过程中，项目团队可以从很多方面考虑社区的需求。就像考虑运营对社区产生的影响一样，项目团队需要考虑施工对社区的影响，因为这些影响可能会在此阶段更加严重。施工过程中应该减少噪声、振动和光污染，以减轻对周边社区的干扰。另外，施工中的项目决不能妨碍社区的安全或流动性。

### 绩效改进

本评分项的评估结果取决于施工管理计划能够解决多少影响。基础设施项目施工中的消极影响包括：噪声，安全 / 道路指引，进出通道 / 流动性，以及照明。

*改进：* 项目团队必须实施施工管理计划来解决至少 1 类的施工影响。

*增强：* 施工管理计划包括 2 类的施工影响的减轻方案。

*超越：* 当增加健全的反馈机制和绩效监测时，施工管理计划可以解决 3 类的施工影响。

***保护：*** 当增加健全的反馈机制和绩效监测时，施工管理计划可以解决 4 类的施工影响

***适用范围：*** 考虑项目是否包括会对个人生活质量产生潜在影响的施工活动。不产生施工影响 ( 如私人设施或极为偏远场地的内部装修 ) 的项目可以申请将此评分项视为不适用，并提供证明文件。

## 评估标准和文件指南

**A. 项目是否实施施工管理计划或政策来解决施工影响？**

 *1. 有文件说明施工管理计划或政策。*

 *2. 有文件说明用于解决利益相关方关切的施工管理计划或政策。*

**B. 施工管理计划是否减轻了噪声和／或振动？**

 *1. 有文件说明，施工管理计划或政策将施工噪声和／或振动减弱到了一个合理程度。最大限度减少施工噪声和振动的规范应符合或超过当地认可的做法。方案应该包括重要噪声和振动的预测来源，来源减少的效果如何，噪声和振动如何监测，如果超过设定标准要如何采取行动纠正。*

 *2. 有文件说明，施工噪声管理计划包括利益相关方的参与和社区举报投诉机制。文件应包括为回应利益相关方的举报而采取的纠正措施。*

**C. 施工管理计划是否在施工期间为行人和车辆解决了安全和道路指引问题？**

 *有承包商要求及程序规范。*

**D. 施工管理计划在施工期间是否保持了公共空间及便利设施的进出通道？**

 *有关于以下策略的文件：*

 *a. 安全范围内，施工期间有限中断和尽量保持公共空间与便利设施的进出通道。*

 *b. 限制服务中断。*

 *c. 约束对公共空间及便利设施的限制值得注意的是，只要能提供相近（类似）水平的替代服务，可以允许移动出入口和建立绕行路线。申请人也可以证明公共空间和便利设施的进出通道不受项目的影响。*

**E. 施工管理计划是否解决了施工过程中分散注意力或干扰照明问题？**

 *有文件说明，在维护安全的可行范围内，项目在施工过程中寻求减少分散注意力或干扰照明。*

**F. 反馈机制和绩效监测在多大程度上融入了施工管理计划？**

 *1. 有文件说明，有合适的反馈机制用于在施工过程中接收和响应公众与利益相关方的关切。施工承包商应与受影响的邻居共同努力完善施工计划、监测和纠正措施。*

 *2. 有文件说明，制订了跟踪方案，向受影响的利益相关方通报在解决施工影响方面的项目绩效。*

## 相关 "ENVISION" 评分项

 QL1.2　加强公共卫生与安全

 LD3.2　培育当地技能与能力

**生活质量：流动性**

# QL2.1 改善社区流动性与进出通道

**14分**

**目的**
计划该项目作为网络互通的一部分，支持公众、货物和服务高效移动的所有运输模式。

**指标**
该项目丰富选择模式、减少通勤时间、减少车辆行驶距离和提高服务水平的程度。

## 绩效等级

| 改进 | 增强 | 超越 | 保护 | 恢复 |
|---|---|---|---|---|
| A + B | A + B + C | A + B + C + D | A + B + C + D + E | A + B + C + D + E + F |
| (1)满意协调 | (3)受控进出通道 | (7)增加进出通道和流量 | (11)网络互通 | (14)恢复社区连接 |

**(A)** 项目团队与当地和区域交通计划保持一致。

**(B)** 项目团队从社区和主要利益相关方处(例如，邻近设施或交通枢纽的公职人员（地区政府代表）和运营方)获得关于改进进出通道的意见。

**(C)** 项目包括增大容量、处理堵塞、减少车辆行驶距离或降低事故率的策略。

**(D)** 项目团队和社区合作以扩大流动性和进出通道选项，和/或融入完整的街道政策。

**(E)** 该项目解决了社区长期的流动性和进出通道需求。

**(F)** 该项目创造了新的社区间连接或恢复了原有的社区间连接。

## 描述

该评分项说明以各种方式连接成网络的社区流动性，包括私家车的使用，以及致力于从公众、货物和服务的高效输送中获得的更广泛的社区利益。它评估了流动性在提供就业和教育机会以及重要服务方面，为生活质量所带来的利益。这些包括减少通勤时间，缩短车辆行驶距离或提高服务水平。

在教育、工作、保障性住房，甚至是健康食品和活动方面，更好的流动性可提供选择的自由。交通的堵塞和障碍也是社区内部不满情绪的主要来源。经常有当地的研究测算由于堵塞而失去的私人时间和经济活动。

项目团队应该考虑如何通过在社区形成更有效的流动性，使即使是非交通项目也能变成具有综合效益的项目。这可能包括如何配置通道场地、通道模式或进出场地的频率。例如，有人行天桥的公园可以提高汽车和行人的流动性。

## 绩效改进

本评分分项中流动性的评估可大可小，预计评估的地域范围与项目的规模有关。例如，大型铁路项目可能需要评估通过整个地区的流动性，而一个小公园项目可能只需要评估通过相邻地区的流动性。

**改进：** 该项目和当地交通计划保持一致，该计划在公众参与的过程中制定和采用。只要可能，该项目应该考虑其与附近住房、就业、商店和社区设施的关系。项目团队用一种合理的、包容的和协调的方法来解决流动性产生的影响。

**增强：** 相互连接的网络增强了整体流动性，有助于减少堵塞、改善交通流量和提高社区的宜居性。项目团队实行策略以容纳或支持汽车流动、中转和商务运营，同时推进完整街道政策，来促进更积极健康的生活方式。随着技术越来越重要，项目团队应该考虑利用开放数据以提高项目的执行方法。

*保护：* 项目团队主动识别社区的限制条件和未来的流动性需求，结合策略解决项目中的这些问题。

*恢复：* 该项目创造或恢复了社区的互联互通。除了提高现有的业绩，该项目还为流动性创造了新的机会，带来了潜在的连锁效益（学校、商业区、医疗卫生中心等的进出通道更便利）。

*适用范围：* 考虑该项目是否有任何影响流动性的可能性。不包含任何流动性影响（积极的或消极的）以及不会对流动性产生潜在积极影响的非交通项目，可申请将本评分项视为不适用，并提供证明文件。从本质上看，该评分项适用于所有的交通基础设施项目。

## 评估标准和文件指南

**A. 该项目是否与当地交通计划保持一致？**
   有文件表明该项目与当地和区域交通计划的一致性。适用时，文件可能包括交通计划的修订。

**B. 该项目团队是否从社区和主要利益相关方处获得了关于流动性和进出通道的意见？**
   1. 有社区和主要利益相关方（例如，邻近设施或交通枢纽的政府或管理者和运营方）参与会议的文件（例如，报告、备忘录和会议纪要）。
   2. 记录做出的决定和采取的措施。

**C. 项目是否包括增大容量、处理堵塞、减少车辆行驶距离或降低事故率的策略？**
   1. 有报告记录进出通道和流动性的原则、概念和要求及项目的预期结果。
   2. 有文件说明，该项目如何增大交通容量，提高效率（例如处理堵塞或车辆行驶距离）或改善质量（减少事故率）。

**D. 项目团队是否与社区合作以扩展流动性和进出通道选项，以及融入完整的街道政策？**
   1. 评估交通选项的可用性、可行性和使用性（例如，铁路、水路、主动交通或公共交通的进出通道）。
   2. 有文件说明，该项目如何扩展流动性和进出通道选项，包括改变或不改变交通模式的理由。
   3. 适用时，有报告表明使用了完整街道政策和指导方针。

**E. 项目是否考虑了社区长期的流动性和进出通道需要？**
   1. 有文件说明社区的长期流动性和进出通道需求（例如，现有的研究、报告、备忘录和/或会议纪要）。
   2. 有设计元素显示了长期流动性和进出通道需求问题被纳入在建工作的程度。例如，更加长远地考虑预期交通流量和容量、技术变化、更理想的进出通道方式、流动性和连通性的效果。
   3. 有文件表明该项目是如何解决社区的网络联通问题，包括长期交通基础设施效率、可步行性和改善的交通效率。

**F. 该项目是否创造了新的社区间连接或恢复了原有的社区间连接？**
   1. 有社区官员参与会议的文件（例如，报告，备忘录或会议纪要），讨论社区之间需要新的连接或重新连接的必要性。
   2. 有文件说明，该项目为了增加整体的流动性，如何为社区之间提供新的或改善的连接。例如，通过利用或改善现有的交通基础设施来连接住宅、工作地点、商店和社区设施。

## 相关 "ENVISION" 评分项

QL1.1　提高社区生活质量

QL3.1　促进公平与社会公正

生活质量：流动性

## QL2.2　鼓励可持续交通

**16 分**

**目的**
扩大可持续性交通选择的可达性，包括主动、共享和/或公共交通。

**指标**
主动、共享或公共交通作为更大的综合交通网络的一部分可以实现的程度，以及受到鼓励和支持的程度。

### 绩效等级

| 改进 | 增强 | 超越 | 保护 | 恢复 |
|---|---|---|---|---|
| 不适用 | A | A + B | A + B + C | A + B + C + D |
|  | (5)接入中转或主动交通 | (8)鼓励中转或主动交通 | (12)中转或主动交通的程序 | (16)新连接 |

**(A)** 该项目为共享/公共交通或主动交通(例如，增加相互连通的路径和/或自行车道路网)的接入创造或提供便利。

**(B)** 更确切地说，该项目的配置和设计是为了鼓励主动、共享或公共交通的使用。

**(C)** 该项目提供支持使用主动、共享或公共交通的程序和/或设施。

**(D)** 主动和/或共享交通的完善，有助于社区或地区制定更大的综合性交通策略。该项目创建新的连接或恢复了/重新使用了之前未使用的、未充分利用的或以前中断的路径、自行车道、铁路和/或其他交通方式，以提高整个道路交通网的效率、质量或服务水平。

### 描述

该评分项说明扩大可持续交通选择的需求，作为一种有益健康、减少排放、改善空气质量和促进社区发展的途径，可持续性交通包括主动、共享和/或公共交通。主动交通包括所有形式的非机动交通，如步行或骑自行车。共享交通包括共享交通工具，如拼车。公共交通或中转包括传统的大容量交通系统，如地铁、公共汽车、有轨电车等。项目团队应该考虑如何使一个支持主动、共享和/或公共交通的多效益项目，得到社区更广泛的认可，如何获得更广泛的资金，以及如何为业主和运营方提供一个更优质的项目。即使是非交通基础设施也常常有机会通过提供更好的进出通道、更近距离或其他领域的增强来支持和改善这些交通网络。

## 绩效改进

当项目涉及本评分项以及当前使用设计时,项目团队还应该考虑如何适应未来的交通发展趋势。近年来,技术和数据的获取极大地改变了公共交通和共享交通系统。交通基础设施或者依赖于交通系统的基础设施,应为未来可能发生的技术升级做好规划,以使其具有可持续性和韧性。

*增强:*该评分项首先要评估的是项目定位于行人步行距离易达到人行道连接的主动交通和公共中转的设施。

*超越:*通过提高设施质量的物理特性来鼓励主动的、共享的或公共的交通选择。

*保护:*通过基础的后勤保障、管理或运营计划来支持主动的、共享的或公共的交通选择,这些计划可以增加更多的使用者或乘客。

*恢复:*该项目了解综合性交通系统,通过创建新的连接和新的机会,或者恢复未使用的、未充分利用的或年久失修的基础设施,使项目改善产生的影响超越了项目的边界。

*适用范围:*考虑该项目是否包括交通基础设施,或者是否经常依赖交通。本评分项适用于所有交通基础设施。不包括交通基础设施、交通基础设施无法使用、无人修缮或仅有极少维修人员的项目,可以申请将本评分项视为不适用,并提供证明文件。

## 评估标准和文件指南

**A. 该项目是否为主动、共享或公共交通的选择提供方便?**

地图显示了行人到达主动、共享或公共交通的便利性。通常接受的步行距离标准是 0.5 英里[注],或者 10 分钟的步行时间。

**B. 用这种方式配置和设计的项目是否能鼓励主动、共享和/或公共交通的选择?**

有文件表明,除了在距离上接近主动、共享或公共交通的选择之外,项目的配置与设计也鼓励或促进其使用。例如:

a. 步行的便利程度会鼓励现场用户使用选择中转。

b. 限制车辆的停泊可以促进选择中转或主动交通。

c. 延展相邻的便道、小道和/或自行车道网络与场地和/或项目相连。

d. 设计光线充足且清晰可见的路径以促进整个场地的安全。

e. 在项目场地内或附近有容纳人行道和自行车道交汇网络的地形。

f. 提供超出常规要求之外的可行选择,以满足一系列流动性需求。

g. 确保免受天气影响,如有顶棚的候车亭或行人道。

**C. 该项目是否包括支持使用主动运输与中转的计划和设施?**

有文件说明为支持使用主动、共享或公共交通而设计的计划和/或设施。

计划旨在鼓励主动或共享交通,包括但不限于共享单车站、移动应用、营销计划、补贴项目、保养项目或维修项目。

旨在鼓励主动或共享交通的设施,可以包括但不限于安全的自行车寄存处、有遮挡的自行车停车架和更换/冲洗设施。

设计的方案旨在鼓励使用公共交通,包括但不限于补贴票价计划、紧急乘车回家服务,以及与共享单车公司协作的合作项目,下车后付费、实时到达信息或相关移动应用程序。还包括与当地中转机构协调的中转服务。

**D. 该项目是否有助于为社区或地区实施更广泛综合性的主动、共享或公共交通的策略?**

1. 有文件说明,该项目将交通的改进与现有的交通基础设施和/或更全面的交通基础设施策略结合起来(例如,运输总体规划)。

2. 有文件说明,项目创建新的连接或修复/重新使用之前未使用的、未充分利用的,或者以前中断的路径、自行车道、铁路和/或其他交通方式,以提高整个道路交通网的效率、质量或服务水平。这应该包括项目场地计划或显示新连接的描述性文件。

## 相关"ENVISION"评分项

QL1.2　加强公共卫生与安全

QL2.1　改善社区流动性与进出通道

CR1.2　减少温室气体排放

CR1.3　减少空气污染物排放

---

⊖ 1 英里 =1609.344m。

生活质量：流动性

# QL2.3　改善进出通道与道路指引

**14 分**

**目的**
设计的项目可以为项目内部以及周边提供安全适用的进出通道，将项目与周边社区结合起来。

**指标**
通过纳入和提供清晰的通道、安全及道路指引措施，为紧急服务和正常的车辆、行人、交通提供便利。

## 绩效等级

| 改进 | 增强 | 超越 | 保护 | 恢复 |
|---|---|---|---|---|
| A | A + B | A + B + C | A + B + C + D | 不适用 |
| (1) 紧急情况管理 | 5)保护周围环境 | (9) 安全审计 | (14)公共进出通道 | |

**(A)** 该项目明确地为用户和应急人员提供紧急事故管理便利。

**(B)** 该项目通过确认和使用进出通道路线、安全设施和清晰标识，来减少车辆、行人、交通对周边环境产生的消极影响。
该项目通过清晰的标识和道路指引与周边环境很好地融合在一起。

**(C)** 该项目为安全的公共进出通道提供接入点。通用的设计标准用来确保广泛的可使用性和安全性。

**(D)** 该项目对社区或邻近社区的进出通道和/或道路指引系统有积极和变革性的影响。

## 描述

该评分分项鼓励设计和运营该项目，以使各年龄阶段和各种行为能力的人员能够安全地进入场地，并能够清晰和容易地在其周围导航。道路指引包括各种形式的道路，人们可以在物理空间上定位自己，并从一个地方导航到另一个地方。这包括，但不仅仅限于标识。本评分项与 **QL3.4 改善公共空间与便利设施**有关；虽然 **QL3.4** 涉及更广泛的社会效益和提高公共空间的宜居性，但是本评分项特别关注于不仅安全而且易于导航的进出通道。

完全将场地和公众隔离，会导致社区出现"死区"，成为不安全的地方。混乱的道路指引和复杂的场地道路可能会导致事故和伤害。倡导以步行为导向的社区项目可以鼓励活跃的街景生活，也有助于减少犯罪和伤害。尽可能提供清晰安全的道路有助于获得当地社区的认可，同时会减少事故和伤害，以及营造健康和充满活力的邻近街区。

通过解决进出通道和道路指引问题，项目业主和项目团队可以将基础设施重新融入社区，提高公众的基础设施意识。基础设施并不是障碍，通常可以提供行人过街天桥、自行车道、更安全的街道、更加秩序井然的十字路口、更直接的线路和进入公共设施的便捷通道等。

## 绩效改进

**改进：** 本评估从谨慎的适应紧急情况开始。虽然这是一贯的标准，但是，其对于保护公共安全十分重要，并且与项目的整体可持续性相关。本评分项的文件不应仅仅限于基本标识这一指标。如果可能，项目团队也应该考虑关键基础设施在紧急情况或公共安全风险中所起的作用。

**增强：** 该项目解决了行人和/或车辆的进出通道、安全和道路指引问题。清晰的通道、标识和道路指引可以改善整体的流量和效率，通过减少事故来帮助事故管理。如何应用取决于项目类型。方便公众进出的项目可以鼓励穿过场地的导航，而被限制区域则致力于减轻对社区进入邻近场地通道的消极影响，为绕行项目的导航提供安全且易识别的替代方案。

**超越：** 该项目提供公共通道的出入点。环境设计或通用设计使参观者感到更加安全，并为残疾人员提供便利。通用设计是指兼顾项目和场地的设计，以便所有人，不论年龄、身高、能力和残疾，都能最大限度地进出通道，以及理解和使用该场地。

***保护：***也应该考虑项目设计如何提高场地内和场地周围的安全和安保。改善人身安全、减少犯罪和破坏行为的策略案例包括：

人身安全

- 通过提供通用通道的坡道口、行人过街标志和醒目的人行横道，来提高交叉路口的安全性和便利性。或者为主要道路提供行人过街天桥或地下通道。

- 包括有大量行人和自行车通过地区的交通疏解措施。

- 在人行道和时速超过 40 英里的街道之间设置物理屏障。

- 通过将自行车道从街道交通中分离出来或使自行车道远离路边停放的车辆，距离至少是车门呈打开状态时的半径之外，来提高自行车道的安全性。

- 明确地分辨可步行的公共进出通道空间和禁止步行的限制空间。

犯罪和破坏

- 使公众可以到达的空间尽可能位于周边社区夜晚可见的位置。

- 设计公共空间，保证内部视线清晰，形成主要行人交通区。

- 设计公共空间，整合城市环境，鼓励步行交通。

- 用明确的标识和道路指引标志设计场地，使公众进出场地及在周围活动更加容易。

***适用范围：***应当考虑影响项目场地上或周围社区进出通道的可能性。固有不可及的基础设施 ( 如地下基础设施 ) 或极为偏远的基础设施 ( 如通过公共道路无法进入的基础设施 )，可申请将本评分项视为不适用，并提供证明文件。对公共进出通道的默认限制不能视为判定本评分项不适用。本评分项自动适用于任何靠近人口稠密区域或其他发达区域、邻近敏感场地域、涉及日常进出交通的项目。

## 评估标准和文件指南

**A. 项目是否为人员疏散和急救等事件处理解决了通道、安全和道路指引的问题？**

*1. 有设计文件展示为急救人员、用户和居民的进出通道进行了规划。*

*2. 有关于紧急情况设计有效性的文件。*

**B. 项目是否应用了进出通道路线、安全设施和清晰标识来保护或减轻对周边区域的消极影响？**

*1. 有文件说明，项目如何保护附近敏感场地 ( 湿地、文化遗址等 ) 或人口密集区 / 经济发达地区，如何划分步行区和非步行区来加强安全和治安保障。*

*2. 有文件说明，通过应用明确标识和道路指引技术将项目与周边区域融为一体。例如，为便于交通正常安全运行，通道、自行车道和人行道都有明确标志。*

**C. 项目是否考虑社区的利益，提供安全的公共进出通道接入点？**

*1. 有文件显示，项目场地是公众可以进出通道的区域。公众进出通道可能是有限制的。*

*2. 有文件说明，对公众开放的区域是根据通用设计原则设计的，以此来适应广泛的使用者。*

**D. 项目是否对附近社区的进出通道、安全和 / 或道路指引系统有积极和变革性的影响？**

*有文件表明，除了 A、B 和 C 标准中的个别场地的安全特性外，该项目本身将在更广泛的范围内改善社区或周边安全。例如，之前可能会导致不安全的废弃或限制区域转变为安全和方便进出的区域，以此加强社区的影响力和自我监督。*

## 相关"ENVISION"评分项

QL1.2　加强公共卫生与安全

QL3.4　改善公共空间与便利设施

生活质量：社区

## QL3.1 促进公平与社会公正

**18 分**

**目的**
确保公平与社会公正是项目实施过程和决策过程中的基本原则。

**指标**
利益相关方的参与、项目团队的承诺以及决策所包含的公平与社会公正的程度。

### 绩效等级

| 改进 | 增强 | 超越 | 保护 | 恢复 |
|---|---|---|---|---|
| A + B + C | A + B + C + D | A + B + C + D + E | A + B + C + D + E + F | A + B + C + D + E + F + G |
| (3)公平理解 | (6)减轻 | (10)许可 | (14)公平享有利益 | (18)公平的未来 |

**(A)** 早期，利益相关方被告知参与是在公平、社会公正和环境公正的历史背景下进行的。当项目对居民社区造成影响，或潜在影响时，应特别注意发展一种相互尊重和相互理解的关系，以支持这些社区的权威和权利。

**(B)** 项目团队评估了该项目将会对居民和受影响社区造成的社会影响。这包括位置规划对当地各个社区带来的影响和利益。

**(C)** 项目团队的关键成员做出组织（机构）层面的承诺，做到公平和社会公正，包括非歧视性、多元化和包容性，以及报酬公平。大型项目做出有针对性和符合项目特点的承诺。

**(D)** 基于对社会影响的评估，该项目可以解决或减轻社会影响。减轻社会影响的策略由利益相关方协商和参与决定。

**(E)** 该项目的社会、经济和环境的效益及影响显示，对任何社区没有偏袒或特殊好恶。

**(F)** 该项目授权社区参与开发过程。合格的专业人员能够识别出无意识的偏见和实现包容的障碍。项目的目标是提高参与度，同时包括透明的便于解决问题的申诉机制。

**(G)** 该项目积极地解决或纠正现有的或过去遗留的不公正或不平等。

### 描述

"公平与社会公正"指的是一个社会有责任确保每个人的权利得到保护，确保对所有人一视同仁，没有偏见。这也包括"环境公正"，它指的是所有人在环境保护方面的公平待遇和有意义的参与。

这些问题主要是与基础设施的开发有关，基础设施的开发通常涉及有关重大利益和潜在重大影响的条款（例如，破坏、费用、污染和/或资源消耗）。如果在决策以及利益与影响的分配中，存在不平等或不平等的看法，可能会成为冲突的潜在根源。冲突可能会破坏项目发展，或导致更广泛的社会混乱，造成新的分歧或加剧社区、组织和政府之间的现有分歧。一旦公众和基础设施开发商之间产生了不信任关系，这种不信任就很难克服，并且无论他们的个人声望如何，都会对未来的项目造成潜在的影响。

在利益相关方参与方面，把项目提高到一个更高的等级，可以获得"社会许可证"。这种非官方的许可证表明当地社区和利益相关方的认可（不限于法规），可以建立良好的信誉，加速项目进展，为未来的项目铺平道路。项目交付过程中出现的冲突往往是由于错误信息和不信任造成的。项目团队在投入到理解和解决公平与社会公正问题时，可以消除这种不信任。

项目团队应该考虑社会凝聚力对社区韧性的影响。社会冲突是一种压力，使社区在紧急情况下更为脆弱。公平和公正的基础设施开发体系有利于加强社会凝聚力，提高社会意识，进一步发展能够增强韧性的社会支撑体系。

## 绩效改进

**改进：** 公平与社会公正是复杂的，场地和项目的具体情况各不相同。第一步是了解利益相关方的项目背景，并确定潜在的社会影响。

公平、社会公正和环境公正都源于相互尊重。当项目跨越社会或政治边界并且具有国际性质时，这一点尤其令人关注。所有使用"Envision"的项目都必须符合与原住民合作的所有相关法律和法规。但是，项目团队除了满足要求外，还应考虑创造机会改善与原住民的合作关系。

参与该项目的组织都有承诺不歧视的机构政策，不管是基于人种、肤色、财富、宗教等都应一视同仁，不歧视。这应该扩展成一项有效的多样性和包容性并存的政策。报酬公平政策，尤其是当其与性别相关时，是包容性的关键指标。如果将这些原则加入到该项目团队中，那么利益相关方参与的有关单个项目的活动也应贯彻这些原则。

**增强：** 项目团队会描述针对社会影响所采取的具体行动。

**超越：** 项目团队应描述对于项目收益和影响分配的关键决策，不存在有意或无意的偏见。某个社区"不公平和公正地"获取基础设施服务所带来的利益，而另一个社区则"不公平和公正地"承受其所带来的负担，这是不公平的。当基础设施发展受到阻力时，社区通常至少能够或至少有权利，来表达他们对将要承受的负担的担忧。项目团队应该注意避免走这条阻力最小的道路。

**保护：** 公平与社会公正并非通过良好的设计就能"实现"。相反，目标是促使人们参与到这个过程中。这种包容性应该体现在整个过程中，而不仅仅是早期的协商中。

**恢复：** 预留给那些难得有机会纠正或解决现有的或过去遗留的不公正的项目。例如，拆除穿过人口聚集地区的高速公路，或为历史上设施不完备的社区建造公园。由于经济条件限制、政治意愿匮乏或进出通道障碍，设施不完备的社区得不到充分的基础设施服务。

**适用范围：** 本评分项可指定为不适用于那些对周围社区不会造成影响的项目。例如，在设施内部系统的安装或翻新不影响基础设施提供的服务质量或服务水平。

## 评估标准和文件指南

**A. 在受影响社区内，公平与社会公正的历史背景是否被考虑到利益相关方的参与过程中？**

*1. 有文件显示在受影响社区内公平与社会公正的历史背景。*

*2. 有文件说明，公平与社会公正背景是如何影响利益相关方的参与过程的。*

*3. 在项目影响到民权的情况下，有文件说明在该过程中如何具体处理，并优先考虑这些利益相关方的参与，以及如何注意发展相互尊重和相互理解的关系，以支持这些社区的权威和权利。*

**B. 该项目团队是否评估了该项目将对居民和受影响社区造成的社会影响？**

*1. 有文件说明积极和消极的社会影响，具体包括公平与社会公正。这个评估可能只是范围更大的社会与环境风险影响评估的一部分。过程中涉及的范围和等级与该项目的类型、规模和位置相关（例如，邻近人口中心）。*

*2. 本评估应包括以下方面：*

*a. 本项目以及相关活动的直接影响。*

*b. 作为该项目产生的活动或独立的二次开发可能会产生的影响。*

*c. 对当地社区重要的资源或服务造成的间接影响。*

*3. 受影响社区的项目社会背景应该纳入考虑，但考虑范围可以扩展到人口数据、性别平等、健康数据、收入率、教育水平和历史基础设施投资水平。*

**C. 该项目团队的关键成员是否在他们的组织内部承诺做到公平与社会公正？**

*1. 有文件说明企业/组织有关公平与社会公正的政策和承诺。该文件应该包括但不限于以下方面：*

*a. 非歧视原则；*

*b. 多元化与包容性；*

*c. 报酬公平。*

该项目团队的"关键成员"是指参与项目的主要决策者，以及那些代表决策者担任首席顾问、顾问或专家的人员。这通常包括项目的业主，那些担任首席设计师的人（工程师、建筑设计师、景观设计师等），以及那些通过施工来管理和执行该项目的人员。当某个单一的实体拥有多个身份时，重复的文件会显得没有必要。

2. 在该项目可能产生显著社会影响的情况下（例如，一条新的贯穿社区的公路），有文件说明项目就解决公平与社会公正问题做出了承诺。

**D. 该项目是否解决了与公平与社会公正有关的社会影响？**

1. 有文件说明，一项管理计划用于解决社会影响评估中确定的公平和社会公正问题。

2. 有文件说明为解决社会影响而实施的具体决策、计划、策略等。

3. 有文件说明减轻影响策略的优先顺序（例如，典型的缓解层级包括避免、最小化、恢复和补偿）。

**E. 该项目的影响和效益是否将在受影响的社区中得到公平分配？**

1. 有文件说明，该项目如何不让一个或多个社区承担过多的风险或消极影响，同时让其他社区获得大部分项目效益。

2. 有地图显示了在社会影响评估中确定的关键人口数据，覆盖了可能从该项目中受益或受影响的地区。

**F. 该项目团队是否授权社区参与项目开发过程？**

1. 有文件说明，项目团队确定、分析并解决了利益相关方参与过程中存在的障碍。分析的全面性有助于对项目的范围和规模进行评估。对于较大的项目，文件应该包括负责管理利益相关方参与过程的人员的资格条件。

2. 有文件说明，该项目如何专门针对未被充分代表的社区，以及较高的参与度和/或包容性。

**G. 该项目是否积极地解决或纠正现有的或过去遗留的不公正或不平等？**

1. 有文件说明，该项目积极处理或纠正现有的或过去遗留的不公正或不平等。该文件应包括但不限于以下方面：

   a. 向过去那些服务欠缺的社区提供或改进基础设施服务。

   b. 对现有的那些过去曾在社区内造成隔阂或障碍的基础设施进行拆除。

   c. 解决过去遗留下的不平等问题，即一个社区在承受基础设施负面影响的同时却没有得到其带来的利益。

   d. 在与包容相关的基础设施设计、开发和运营过程中应对历史性的社会经济发展趋势。

## 相关"ENVISION"评分项

QL1.2　加强公共卫生与安全

QL2.1　改善社区流动性与进出通道

QL2.2　鼓励可持续交通

QL3.2　保护历史和文化资源

LD1.3　协助利益相关方参与

LD2.2　可持续社区计划

LD3.1　促进经济繁荣与发展

LD3.2　培育当地技能与能力

# 佐治亚州亚特兰大市——"Historic Fourth Ward"公园

"Historic Fourth Ward"公园项目("Envision"金奖,2016年)由亚特兰大市环线有限公司(ABI)和亚特兰大市流域治理部门(DWM)联合开发。"Historic Fourth Ward"公园曾是环线项目重要的组成部分之一 —— 这是一项综合性工程,沿着历史悠久的环绕亚特兰大市中心的铁路走廊而建,形成了公共公园、多用途道路和运输网络。

这个项目起源于市民们对当地暴雨雨水问题的讨论。作为开发工作的一部分,雨水管理得到了加强,从最初的一系列地下管道铺设到融入社区的设施。该项目团队与社区密切合作,设计了一个建有雨水蓄水池的公园,同时也为邻近社区提供多用途服务。

这个公园旨在为占地300英亩①的流域盆地提供急需的雨水排水设施,采用艺术元素设计的设施,使雨水池里的水透气并且能循环利用,这与传统的排水管形成了鲜明的对比。雨水池是公园的中心,四周围绕着步行道、城市广场、原生植物和圆形剧场。该项目带动了附近区域的开发与振兴,为可持续、高密度和高质量的城市环境奠定了基石,同时也为下水道溢流问题提供了出色的设计解决方案。

"Historic Fourth Ward"公园项目最初是一个典型的雨水管理/洪水处理项目,后来成为了解决经济和社区发展、环境恢复和公园建设等问题的解决方案。在这样做的过程中,该项目不仅符合了可持续发展的高标准要求,而且也提高了亚特兰大社区的宜居性。

"Historic Fourth Ward"公园在"Envision"分类内取得的显著绩效包括以下几个方面:

**生活质量:** 该公园项目将一处不可用的地块打造成了功能齐全的社区公园,并带动邻近区域的发展。项目施工完成后,住房和零售业的发展明显改变了社区的经济和社会状况。

**领导力:** 从项目的早期阶段开始,各个层面的合作激发了公园的创建,目前该公园提供了可持续的资源,促进了发展并解决了工程问题。该项目团队慎重地考虑了与其他社区基础设施要素之间的关系,包括与相邻物业的实际的和视觉上的联系。

**资源分配:** 该项目旨在节约资源,例如,园区内的灌溉需求全部来自于雨水蓄水池。

**自然界:** 项目开发前,互通流域内的暴雨雨水直接排放到合流的下水道。目前该公园收集并容纳了降雨留下的雨水,这些水用来打造新的自然景观——增加该地区的生物多样性。

**气候与韧性:** 该雨水蓄水池的容量缓解了合流下水道的压力,使得该系统能够应对百年一遇的暴雨事件。

---

① 1英亩=4046.856m²。

生活质量：社区

## QL3.2 保护历史和文化资源

**18 分**

**目的**
保护或恢复重要的历史文化遗址及相关资源。

**指标**
确认、保护或恢复文化资源的步骤。

### 绩效等级

| 改进 | 增强 | 超越 | 保护 | 恢复 |
|---|---|---|---|---|
| 不适用 | A + B | A + B + C + D | A + B + C + D + E | A + B + C + D + E + F |
| | (2)利益相关方咨询 | (7)扩展检索 | (12)保护 | (18)恢复 |

**(A)** 项目团队与社区及相关的监管和资源机构合作，确定项目场地内及附近的历史和文化资源。

**(B)** 项目实施记录、保护或加强历史和文化资源的策略。

**(C)** 文化资源的评估可有意延伸至国家或地方名录之外，以识别社区文化的重要部分，例如地点、事件、自然特征、口述传统或当地技能。

**(D)** 在项目开发的前期要咨询历史/文化资源的相关利益方，这有助于开发更加善解人意的设计方法。

**(E)** 关于标准A和C中确定的历史和/或文化资源，该项目旨在全面保存或保护这些资源的界定特性的特征。

**(F)** 该项目增强或恢复受到威胁或退化的历史/文化资源，或已列入受保护名录的历史资源。

### 描述

该评分项说明社区独特的历史和文化资源，这些资源一旦失去，将无法恢复。文化资源可以提高社区吸引力和宜居性，促进旅游业的发展，进而支撑经济活动，扩大税基。虽然保护是必要的第一步，但是往往有很多机会来强调、增强或促进历史和文化资源的持续性或可利用性。

项目团队应超越历史保护的传统概念来考虑问题。文化资源不应局限于州/省、国家或国际名录保护范围，其可能包括地点、事件、自然特征、口述传统或当地技能，而这些都是社区文化的重要组成部分。例如，社区寻求保护当地语言时，安装多语言的基础设施的标志会有所帮助。

文化资源的重要性根据社区的规模来衡量。外来者可能认为当地珍贵的文化资源无关紧要，这就是为什么对于充分理解当地价值观来说，社区参与是必要的。项目团队在社区中了解他们的文化和历史时，表现出一定程度的尊重和考虑，有助于建立信任、减少矛盾和有效促进项目交付。社区参与和对当地文化的了解，可以帮助项目团队更好的理解潜在的行为模式，这样可以提高项目质量，以便更好地满足社区需求。在一些情况中，深入了解满足基础设施需求的历史方法，可以得出创新的现代解决方案。

### 绩效改进

*增强：* 从识别项目场地内及附近的受保护的历史资源开始评估。除了项目团队的调查，还涉及社区利益相关方某种程度的参与。

采取措施保护资源。应尽可能优先使用避免产生影响的策略，如果不能避免就将影响最小化，如果不能进一步最小化影响，就从影响中恢复资源；如果不能恢复，就要为影响提供补偿。

**超越：** 除了历史和文化名录，项目团队与社区共同参与确定地点、事件、自然特征、口述传统或当地技能，这些都是社区文化的重要组成部分。利益相关方不再是被动的顾问，而是积极地参与发展项目方案，以保存或增强文化资源。项目团队可能认为自己有能力保护文化资源，但往往是文化利益相关方自身最能识别具有重要文化意义的需要保护的资源。

**保护：** 该项目全面避开、保护和维护历史和／或文化资源的关键特征。

**恢复：** 除了被动避开或保护，该项目还积极地支持、增强或恢复资源。

**适用范围：** 项目团队在不能确认任何与项目相关的历史或文化资源时，可申请本评分项视为不适用，并提供证明文件。证明文件应该表明在努力识别可能的历史或文化资源中，利益相关方如何参与活动，文化资源研究如何进行或其他类似做法如何开展。本学分适用于所有影响州／省、国家或国际名录中确定的，或利益相关方参与确定的历史或文化资源的基础设施项目。即使不能得分，该评分分项也适用于不能证明为识别潜在的历史或文化资源而付出努力的项目。

## 评估标准和文件指南

### A. 项目团队是否与社区合作，并要求监管和资源机构确认历史和文化资源？

1. 有文件说明与社区召开会议，并要求监管和资源机构识别历史和文化资源（例如，报告、备忘录和／或会议纪要）。

2. 所有历史和／或文化资源可能受项目影响的指标。

### B. 项目团队是否实施策略以记录、保护或加强项目的历史和文化资源？

1. 在选址和设计规划上付出努力以减轻影响，或表明该地点避开了对任何历史或文化资源产生的影响。

2. 有设计文件说明，采取策略记录、保护、增强或减轻影响。减轻影响的优先顺序：避免、最小化、恢复和弥补／补偿。

值得注意的是：只有当资源不具有可保存的完整性时，才可以仅对文化资源进行文件记录。否则，项目行动也必须包括保护或加强策略。

### C. 历史／文化资源是否超出了名录的范围，以识别社区文化的重要部分？

1. 有文件说明，对历史／文化资源的确认已经延伸至历史古迹的名录之外。

2. 历史名录中不包括的历史或文化资源指标，可能对社区文化来说依然很重要。这些指标应该在标准 A 中确定，而且可能包括但不局限于地点、事件、自然特征、口述传统或当地技能。

3. 适用时，有文件说明为识别社区的重要文化资源所付出的努力水平，即使没发现任何相关的文化资源。

### D. 项目团队是否和利益相关方合作开发一种灵活的设计方法？

1. 有文件说明利益相关方的参与过程，包括历史／文化资源的确定和讨论。

2. 有文件说明在利益相关方的参与中，尤其关于历史／文化资源，项目计划是如何被告知或批准的。

### E. 该项目是否避开了所有历史／文化资源或全面保存／保护这些资源的界定特性的特征？

有文件指明如何努力以避开所有历史／文化资源，或者全面保存或保护这些资源的界定特性的特征。

### F. 项目是否增强或恢复社区中受威胁或退化的历史／文化资源，或在保护名录中增加了新的资源？

1. 有文件说明努力增强或恢复现有的历史和文化资源。范例可能包括但不局限于：按政府要求修复，复原遗失特征（例如，历史景观或绿地，升级或扩建用于文化事业的设施，以及符合利益相关方愿望的公众可及的教育或博物馆场地）。

2. 有文件说明与历史或文化保护者一起完成工作，以确保恢复工作不会损坏现有的历史和／或文化资源的质量。

或

3. 有文件说明作为项目的结果，资源被加入了保护名录。

## 相关"ENVISION"评分项

QL3.1　促进公平与社会公正
LD1.3　协助利益相关方参与
NW1.3　保护基本农田
NW1.4　保护未开发土地

生活质量：社区

## QL3.3 增强景观与地方特色

**14 分**

**目的**
维护或提升项目场地及其周边地区的物质的、自然的和/或社区的特色。

**指标**
按步骤评估有价值的社区资源，实施保护措施，并确保总体满意度。

### 绩效等级

| 改进 | 增强 | 超越 | 保护 | 恢复 |
|---|---|---|---|---|
| A + B | A + B + C | A + B + C + D | A + B + C + D + E | A + B + C + D + E + F |
| (1)价值鉴定 | (3)符合社区价值 | (7)维护和提升 | (11)连通与协作 | (14)恢复社区特征 |

**(A)** 项目团队确认社区价值以及对保护和增强社区景观与地方特色的关注。

**(B)** 特定的设计风格保护或增强景色和地方特色，这样的风格在利益相关方协商的过程中得到了解。

**(C)** 采用或制定指导方针，以保护或增强景色和地方特色。项目的美学质量很重要。

**(D)** 施工管理计划在施工过程中保护风格特色、高价值的景区或景区的特色。

**(E)** 利益相关方参与过程中得到的社区反馈，验证了根据标准 A、B、C 所采取的措施是否有效。

**(F)** 该项目恢复以前遗弃或退化的景观或社区特色，或者通过打造地方特性的新风格来完善社区。采取的措施在利益相关方的参与过程中得到支持。

### 描述

本评分项说明项目对社区及其周围地区的视觉影响。社区可能会重视自然景观的景色（例如，水域、山脉、园林、森林）或人造建筑的景色（例如，标志性/历史性建筑、林荫大道、建筑天际线）。一个项目必须考虑其与景观环境和社区特色的关系。如果项目位于有特征的景色之中，可能会妨碍具有社区风格的景色，或者可能会降低景色的观赏性。在后一种情况下，项目可以采用其周围环境的区域特征，以减少其影响。除了它的功能之外，基础设施往往有提升社区的美感和吸引力的潜力。

环境精细设计或精细化环境的解决方案，不仅包括维护景观和符合当地特色，还包括在适当的时候提升当地特色。提升的标准可能根据环境而改变，但目标保持不变。在农村地区，一个项目可能会设计基于自然地形或突出特色的景观或远景。设计风格可以使项目适合周边的自然环境。在城市地区，项目可以维护重要景观，通过设计反映当地的街景、材料选择、高度限制和其他标准。

有时候，美化景观和提升地方特色不是为了融入地方，而是要脱颖而出。项目团队应该考虑基础设施是否有潜力，或者已经成为社区的醒目性地标。水塔、桥梁和其他基础设施经常成为社区辨识地标的重要组成部分。如果不谨慎处理、替换或翻新，可能会无意中失去资源的辨识特征。相反，通过深思熟虑有可能为一个社区带来持久的利益。

例如，许多水塔被漆成蓝色，以掩饰它们相对于天空的视觉差异。另一些则以色彩鲜艳的设计作为辨识地标。纽约市的水塔因为十分具有标志性,以至于许多没有功能的水塔仍然被保留下来,作为城市象征的一部分。

## 绩效改进

**改进:** 本评分项起始于了解项目的环境,通过利益相关方的参与确认当地有价值和受到关注的区域。项目既要考虑自然特色,也要考虑当地的城市特点,例如地貌或海拔、材料、植被、风格/细节、尺度,以及自然景观/城市景观。设计应该符合社区的目标和计划,以保护景观长廊、公共或开放空间的景观,以及与城市或社区的身份贴切的风格。对识别和防止对景观的消极影响给予特别考虑。

**增强:** 将确定的目标转化为设计指南,以确保它们被运用到项目的交付中,并展示项目的美学质量的重要性。

**超越:** 为了防止在施工过程中意外损坏或移除风格特色、高价值景观或景观特征,应在更高的层次上采取额外的关注。

**保护:** 项目往往涉及对景观和地方特色的损失和利益的权衡取舍,因此,本评分项评估社区的净收益。如果结果能使视野或地方特色得到整体提升,那么这个行动就是一个净收益。由于这些决定往往是定性的和主观的,所以绩效依赖于社区参与和项目的支持,以证明景观和地方特色确实得到了提升。

**恢复:** 该项目包括恢复退化的风格或创新风格。

**适用范围:** 没有公共可见性或对景观没有影响的项目,如地下设施或现有设施内的设备翻新,可将本评分项视为不适用,并提交证明文件。评审人员不太可能接受这样的争议:一个公共可见性的项目对景观或地方特色没有影响。

## 评估标准和文件指南

**A. 项目团队是否对社区的价值,以及社区对保护和增强景观与地方特色的关注,做出了合理的决定?**

1. 有确认现场特征的重要元素的计划、图纸和报告,重要元素包括地貌或海拔、景色、自然景观特征、材料、植被、风格/细节、规模、自然景观/城镇景观模式。
2. 事关公众意见的政策与法规和有关项目的设计指南。

**B. 项目团队是否实施了特定的策略来增强景观和地方特色?**

有文件说明这些策略考虑到保护自然景区的风格,以及在安全措施的需求和阻碍保护提升风景与地方特色的意愿之间进行平衡。

**C. 项目团队是否发展或采用了现有的指导方针来保留景观和地方特色?**

1. 有文件表明项目在其环境下的美学质量是一个重要的考虑因素。
2. 有一份需要保护的所有自然景区或人造景观的清单。
3. 有一份需要保护的所有景观资源的清单。

以及

4. 有一个在项目设计中解决公共景观的计划。计划包括识别和定位需要保护的地区,识别配套的土地使用,制定发展标准,并制定不适当开发和土地使用的标准。

或

5. 无论是城市还是乡村,为项目采用或编写设计指导,以保护公共景观和重点自然景区的风格特色,大体上与当地的特色和周边环境相适应。

**D. 该项目是否包括一个保护重要自然风景或人造风格特色的施工管理计划?**

有文件说明识别重要自然风景或人造风格特色的施工管理计划,这对景观或地方特色很重要,以便确认在施工过程中如何保护它们。这里可能包括临时移位和恢复。

**E. 社区是否支持采取措施增强社区和地方特色?**

有文件说明利益相关方的参与过程特别涉及了景观和地方特色的问题。文件应包括利益相关方参与两个关键领域的证明:

a. 根据标准 A 确认的重点景观和地方特色的元素。

b. 根据标准 B 和 C,批准和通报设计风格或指导方针,以维护或完善景观和地方特色。

值得注意的是,一个项目的美学质量是高度主观的。项目团队应该对项目的支持和反对意见都如实报告。评估不是基于一致的支持,而是基于利益相关方是否有意义的参与进去,并给予他们机会来表达他们的接受程度或关注程度。

**F. 该项目是否会有助于景观和地方特色的恢复或提升?**

除了维护,该项目要么恢复以前失去或退化的景观和地方特色的元素,要么通过创新地方特色的新风格来改善社区。例如,建造一座标志性的桥梁,旨在增强当地社区的认知感和自豪感。或者,该项目可能涉及移除年久失修的基础设施,这些基础设施通常被认为是自然景观的碍眼设施,或者阻挡了有价值的景观。

## 相关"ENVISION"评分项

QL1.5　最大限度地减少光污染

LD1.3　协助利益相关方参与

NW1.3　保护基本农田

NW1.4　保护未开发土地

生活质量：社区

# QL3.4 改善公共空间与便利设施

**14 分**

**目的**
改善便利设施和公众进出通道空间，提高社区的宜居性。

**指标**
保护、保存、加强和/或恢复便利设施的定义元素的计划和承诺。

## 绩效等级

| 改进 | 增强 | 超越 | 保护 | 恢复 |
|---|---|---|---|---|
| A + B | A + B + C | A + B + C + D | A + B + C + D | A + B + C + D |
| (1)零净损失 | (3) 社区参与度 | (7)改善与提高 | (11)整体净收益 | (14)实质性恢复 |

**(A)** 该项目评估对现有公共便利设施的影响及实施的缓解策略。该项目不会对公共便利设施产生净损失。

**(B)** 利益相关方的参与过程具体包括公共空间和便利设施问题。

**(C)** 项目团队证明利益相关方对项目与公共空间/便利设施相关方面的支持。

| | | **(D)** 该项目涉及对现有公共空间和便利设施的重大改进(例如，不仅仅是次要的表面重修或部件更换)。 | **(D)** 该项目为社区创造了之前不存在的公共资源或便利设施。<br><br>新的公共空间/便利设施与项目的范围和规模相适应。 | **(D)** 该项目修复了废弃的、退化的/不适用的或存在危险的公共空间或便利设施。<br><br>公共空间/便利设施作为社区的一种重要财产，要与项目的范围和规模相适应。 |

## 描述

本评分项说明基础设施在创造和改善公共空间和便利设施中的潜力。公共便利设施可以位于城市或自然环境中，包括但不限于公园、广场、小路、操场、娱乐设施和野生动物保护区。改善公共空间也包括街道、人行道或道路用地的美化。对于公园和野生动物保护区这类自然设施来说，"公共"指的是可供人类娱乐和享受的空间。栖息地和物种多样性的保护问题在自然界类别的评分项中得到了解决。

在获得地方社区的认可，培养公众对于基础设施可持续使用的意识，营造健康与充满活力的社区方面，任何时候开放空间对社区活动都是有帮助的。数十年来，基础设施的选址方法一直是"眼不见，心不烦"。绝大部分的基础设施都位于地下，迁至边缘地区甚至隐藏在眼皮底下。这导致了公众对于基础设施的"不要建在我的后院"（NIMBY）的立场，从而造成人们缺乏公共意愿进行必要的基础设施投资。此外，将公众完全限制在场地之外会产生导致的社区"死区"。通过将公共空间融入项目，基础设施业主和项目团队可以帮助将基础设施重新整合到社区中，将基础设施意识重新灌输到公众思维中。当运动场地位于污水处理设施（美国弗吉尼亚州亚历山大市)、雨水处理池和湿地公园（美国加州洛杉矶）之上，港口为社区提供自行车车道时，公众对于基础设施价值的观点将会改变。

## 绩效改进

项目团队可能涉及各种可以使用的资源，那里有重要和正式的公共通道。公众可以使用，并不意味着24小时可以进入或者"免费"进入。然而，那些限制进入和收费的项目必须做出合理的解释，来描述它们为何有资格被称为公共资源。

***改进：*** 评估并减轻对现有公共空间和/或便利设施的影响。在利益相关方参与的过程中，应用公共空间和设施的概念。

***增强：*** 项目通常涉及以新资源替代公共便利设施损失的艰难权衡；因此，本评分项评估对社区的净效益。如果采取的措施全面提升了资源的活力、特性和属性，或者用更加有效益的资源来替代未充分利用的资源，那么它就是一个净收益。由于这些判定标准都是定性的和主观的，本评分项评定取决于社区对项目的参与度和支持度，来表明公共空间和/或便利设施确实得到了改善。

***超越：*** 该项目改善或扩展了现有的便利设施。

***保护：*** 该项目提供了之前不曾有的新便利设施。

***恢复：*** 该项目修复了之前退化或不适用的便利设施。

***适用范围：*** 本评分项适用于以下项目：具有公共进出通道的项目，影响、邻近或连接现有公共空间和便利设施的项目。这代表大部分的基础设施项目。将本评分项指定为不适用可能是困难的。本质上不涉及公共空间或设施的项目，可根据证明文件将本评分项视为不适用（例如：机械系统翻新和海上风电场等）。未解决公共空间或设施的潜在问题不足以单独认定本评分项是不适用的。应当鼓励基础设施项目，尤其是那些传统意义上难以接近的项目，考虑它们如何通过改善或提供公共空间和设施来使周边社区受益。

## 评估标准和文件指南

**A. 该项目团队是否评估和减轻了对现有公共空间和便利设施的影响？**

1. 有项目对现有的公共空间和/或设施的影响的评估。

2. 有文件说明使用缓解策略及如何确定优先顺序。

3. 有证据表明，该项目不会造成公共空间和便利设施在数量或质量上的净损失。在弥补的情况下，证明弥补是相似或更好的类型或质量，可以作为补偿损失的资源服务于相同社区。

**B. 利益相关方的参与过程是否专门解决了公共空间和设施的问题？**

有文件说明，利益相关方的参与过程明确包括公共空间和设施。例证包括但不限于记录利益相关方参与的信件、备忘录和会议记录。

**C. 利益相关方是否对包含公共空间和设施的项目计划满意？**

1. 有证据表明，利益相关方对项目如何解决对公共空间/设施的影响表示支持，包括（如适用）新的或改进后的公共空间/设施的设计或使用方法。

2. 有证据表明利益相关方理解和接受施工对公共空间/便利设施产生的影响，尤其是施工过程中产生的进出通道问题。

3. 有相关官员对事关公共空间/便利设施的项目计划的书面批准。

**D. 项目在多大程度上解决重要公共空间或便利设施的改进，新建或恢复？**

1. 有计划和图纸展示为新建或改进公共空间/便利设施付出努力的范围和程度。

2. 有证据表明，新建的或新改进的公共空间/便利设施对于当地社区来说是重要财产。例如，该项目在缺乏足够公园空间的社区建造一个邻近的公共公园，以有助于实现长期的社区目标。

## 相关"ENVISION"评分项

QL1.1　提高社区生活质量
QL2.3　改善进出通道与道路指引
LD1.3　协助利益相关方参与
LD3.1　促进经济繁荣与发展
NW2.2　管理雨水
NW3.2　增强湿地与地表水功能

## 项目实例：
## 养分管理设施项目

美国弗吉尼亚州亚历山大市的养分管理设施项目（"Envision"白金奖，2016年）是一个水资源回收设施，旨在满足世界上"最严格"的废水处理标准。该项目包括1800万加仑<sup>⊖</sup>的储罐容量及配套水泵、化学分析设备和大规模气味控制系统。该项目在设施储罐顶部为社区建造可提供照明的多功能运动场，利用了之前不适用的土地。该运动场由城市的娱乐、公园和文化活动部门运营。

---
⊖ 1美加仑=3.78541L。

生活质量：创新

## QL0.0　创新或超过评分项要求

**+10 分**

**目的**
奖励超出体系预期的卓越绩效，以及推进最先进可持续基础设施的创新方法的应用。

**指标**
项目的可持续发展绩效是否符合创新、卓越绩效或者不被现有评分项所认可。

### 绩效等级

| 创新 |
| --- |
| A 或 B 或 C |
| **(+1~10) 创新或超过评分项要求** |
| **(A)** 实施在使用和应用方面或当地法规或文化背景下的创新方法、技术或措施。 |
| 或 |
| **(B)** 实施一个或多个超过"生活质量"评分项标准的现有最高要求的措施。 |
| 或 |
| **(C)** 解决"Envision"框架体系中目前尚未认可的可持续发展的其他方面的问题。 |

### 描述

本评分项适用于以下项目情况：

1. 采用了创新的方法、资源、技术或流程，这些方法、技术或流程在其应用或当地法规及文化背景下均属于创新成果；

2. 超出一个或多个评分项的绩效要求；和/或

3. 解决"Envision"框架体系目前尚未认可的可持续发展的其他方面的问题。

本评分项的分值不计算在总体适用分值内，属于奖励加分。鉴于该评分项的性质，可以用不同形式的文件说明，旨在鼓励创造性的基础设施的解决方案，需要完整的文件。项目团队在申请本评分项时，可以选择以上三个方面的一个或多个进行说明，也可以在同一选项做出多项选择。奖励分值最高为10分。

### 绩效改进

**创新：** 为了获得本评分项，项目需采用创新的方法、资源、技术或流程（例如，将创新方法用于既有技术，或在现有政策、法规或普遍意见尚不支持的地区，成功地应用了新的技术或方法）。在这种情况下，必须证明该技术的应用在现在和未来都将持续满足项目绩效的预期，且不会对当地或全球环境、经济或社区产生相应的负面影响。

项目可以通过以下几种方式展示其实施创新的方法、技术或流程：

- 该项目是某项新技术或新方法最早的使用者，这些新技术或方法可以在没有负面影响权衡的情况下显著提高项目绩效。

- 该项目使用的技术或方法可能是世界其他地方或地区的通用做法，但在本项目的范围内（气候、法规、政策、政治支持、公众舆论等）尚未获得认可。在这一背景下，项目团队付出巨大的努力以证明技术或方法的有效性，并为将来广泛采用提供先例。

- 项目团队采取重要步骤，在执行项目过程中制定了相应的研究目标，与大学或研究机构合作，以提高对该专业领域的基础知识水平。尚未公开的专利研究不能获得该评分项。

项目团队还须证明创新是有目的的。可以通过以下两种方式来证明：

- 解决重大问题、克服障碍或消除限制——项目团队证明以前未能在项目上采用的新方法、技术或流程，可以通过在本项目上的使用，解决重大问题、克服障碍或者消除某些限制。

- 制定可扩展的，和／或可转让的解决方案——项目团队证明在项目中实行的新方法、技术或流程可以在各种规模的项目中进行推广，和／或在多个领域的多种基础设施项目中应用和转让。

***卓越绩效：*** 要获得卓越绩效分值，项目必须达到一个或多个"生活质量"评分项的最高水准的绩效等级。例如，在 **QL3.2 保护历史和文化资源** 的评分项中申请获得本奖励分值的项目，必须对现有的文化资源产生恢复性的作用。在这种情况下，修缮时的保护和投资的规模在项目预算中占很大的比例，并且是项目的主要目标，这些项目可能会追求卓越绩效。

在"生活质量"类别获得卓越绩效可能包括，但不限于：

- 项目业主或承包商承诺卫生和安全的项目，通过程序、过程或设备，形成新的行业标准。

- 对公共空间产生的净积极影响的项目，超过对社区质量做出重要贡献的小型公园和广场，以及大型公园或保护区、娱乐设施或都市空间。

- 项目的影响将从根本上改变社区居民大规模获取和使用可持续交通工具的能力。

***解决可持续发展的其他方面：*** 要想在这种途径下获得奖励分，项目团队必须证明他们正在解决一个或多个方面的可持续发展问题，而这些方面目前尚未得到"Envision"框架体系的认可。可持续发展绩效必须与生活质量有关。对于目前"Envision"框架体系尚未涉及的可持续发展问题，可被认为是新的，在这种情况下，可能会遵循创新路径的要求。例如，一个项目可能会获得以下奖励分值：

- 实施社区教育计划，以提高公众对该项目的功能和效益的认识。

- 建立一个捐助基金，在相当长的时间里资助奖学金和／或学生实习项目。

## 评估标准和文件指南

**A. 该项目在多大程度上运用了创新方法、技术或流程来解决重大问题，克服障碍或限制，或提供具有可推广和可转让的解决方案？**

1. 有文件说明创新技术和方法的应用情况。详细描述此应用将如何在全球范围内，或在该项目独特背景下提高现有的常规做法，提供理由说明为什么该应用，不管是作为一种技术或方法，还是在该项目的背景下（气候、政治、文化等）都是创新性的。

2. 有文件说明，以前未能在项目上采用的新方法、技术或流程，通过在本项目上的使用，解决了重大问题，克服了障碍或者消除了某些限制。

或者有文件说明，在项目上实现的新方法、技术或流程是可以推广的，能在不同规模和多个行业的基础设施项目中应用和转让。

**B. 该项目在多大程度上超过了所给评分项的最高绩效等级？**

有详细文件说明，项目如何超过生活质量评分项所给出的现有要求。

**C. 该项目在多大程度上解决了"Envision"框架体系当前尚未解决的可持续发展问题？**

1. 有详细文件说明该项目如何解决"Envision"框架体系当前尚未解决的可持续发展问题。

2. 有文件说明该方面如何与"生活质量"类别相关。

# 领导力

—

成功的可持续项目，需要创新的思维和方法思考如何开发和交付项目。项目团队应从项目早期便开始沟通和协作，让各种各样的人员参与项目创意的建立，并且纵观全局，还要对项目的生命周期拥有充分的了解。本章鼓励（和从分数上奖励）这些行动，并配合传统的可持续性行动一起，例如节能和节水，通过有效和协作的领导力，产生真正的可持续项目，为世界做出积极的贡献。本类别分为以下三个子类别：协作、规划与经济。

—

**12** 个评分项

1. 项目开发商是否对可持续发展做出承诺？
2. 当前是否有可持续发展的管理计划？
3. 利益相关方是否有参与？
4. 项目是否会促进经济发展？
5. 项目是否为当地居民创造就业岗位？
6. 项目是否坐落于公共交通设施周边？

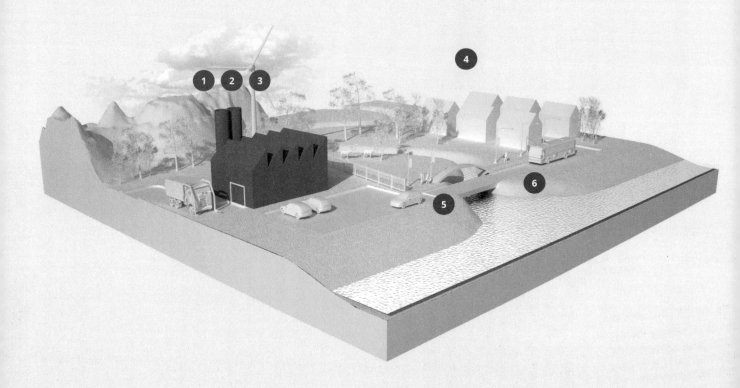

## 协作

可持续项目必须包括来自各利益相关方的投入，以充分抓住协同增效、节约和创新的机会。这样的协作依赖于新的领导力水平、团队的通力协作以及新的流程管理模式。与其任由团队成员各自为政，不如鼓励成员之间交流沟通，允许利益相关方提出看法和观点。

## 规划

项目上的远见卓识可以极大地提升项目的可持续性。了解有待规划的问题，例如，区域的未来增长趋势和项目生命周期结束时的影响，将有助于项目避开隐患，对其未来做出有效规划。这将减少成本和提高项目流程的效率。

## 经济

对项目的全方位了解涵盖了对项目相关直接和间接的经济因素的考量，其中包括增长、发展、创造就业、生活质量的总体改善等。基础设施项目的积极成果，包括社区教育、服务范围扩大、知识创新、职工技能培训等。

# 领导力

---

**协作**

LD1.1　提供有效的领导力与承诺

LD1.2　促进协作与团队合作

LD1.3　协助利益相关方参与

LD1.4　追求副产品协同效应

**规划**

LD2.1　建立可持续发展管理计划

LD2.2　可持续社区计划

LD2.3　长期监测与维护计划

LD2.4　项目生命周期结束计划

**经济**

LD3.1　促进经济繁荣与发展

LD3.2　培育当地技能与能力

LD3.3　开展项目全生命周期经济评估

LD0.0　创新或超过评分项要求

---

领导力：协作

# LD1.1 提供有效的领导力与承诺

**18 分**

**目的**
为实现项目的可持续发展目标提供有效的领导力与承诺。

**指标**
项目业主和项目团队在多大程度上制定了总体的、具体的、可持续发展的承诺并实施了可持续发展管理政策。

## 绩效等级

| 改进 | 增强 | 超越 | 保护 | 恢复 |
|---|---|---|---|---|
| A | A + B | A + B + C | A + B + C + D | 不适用 |
| (2) 初步的承诺 | (5) 坚定的承诺 | (12) 坚定的承诺 | (18) 可持续发展成为核心价值 | |

**(A)** 由项目业主和团队发起的关于处理项目相关的社会、环境、经济等各方面事宜的书面承诺。对可持续发展的承诺应在项目的注册阶段和/或合同文件中，在项目层面明示。

**(B)** 承诺由适宜于该项目类型、规模及复杂程度的可持续发展管理政策所支持。

**(C)** 以定期召开会议或撰写报告的方式重申有关可持续发展的承诺并展示其进展。

**(D)** 项目团队的关键成员明确地做出了可持续发展的承诺，证明文件如下：

- 公司层级的可持续发展政策和/或相关报告。
- 有关改进可持续发展绩效的案例或提案。
- 扎根于业务战略的可持续发展政策。
- 第三方的公司层级的认可或承诺。

## 描述

本评分项的目的是建立强有力的领导力，以便在项目的所有阶段有足够能力处理有关可持续发展的问题。它评估的是项目团队中各位成员在其各自的组织中或项目自身，将可持续发展置于首要位置的重视程度。如果一个项目团队的领导者或管理机构，对可持续发展原则怀有强烈的责任感，并且有能力将这些原则融入项目中，那么项目团队将能够更好地服务于社区。

当业主、设计师、承包商，以及所有参与项目的团队对实现可持续发展目标怀有强烈的责任感时，项目就更可能取得可持续发展成果。相反地，如果将可持续发展视为附加项或非优先目标时，项目业绩将面临高风险。

很多判断领导力的评分项是关于"项目团队"内部的决策和协

作的重要性的，项目团队的性质将基于诸多因素，包括项目交付方式。涉及项目团队的目的是抓住项目中的主要决策者，以及那些代表决策人的主要顾问、咨询师和专家。这几乎总是包括项目业主、那些牵头设计人（工程师、建筑师、景观设计师等），以及那些负责项目施工管理和实施的人员，理想的情况还应该包括那些负责融资、运营、调控、咨询分包或使用项目的人员（即社区团体）。那些授权负责实施可持续目标的人员应该相互协调，以确保其有效性。"Envision"用户应该花时间审查项目的组织层次结构，以便确定在哪个层级做出事关项目可持续发展的关键决策。这将构成确定项目团队的起点。

## 绩效改进

*改进：* 项目具体承诺已经就绪。

*增强：* 可持续发展管理政策已经就绪。该政策定义了本项目的范围并确认了项目团队对于改进项目可持续发展绩效的承诺。该政策督促项目团队去达到或超出有关卫生和安全的所有标准，改进在环境、社会和道德方面的绩效。该政策可以作为一项预先设定的政策，由项目业主根据项目特点和需求起草，经项目团队认可后生效。

*超越：* 可持续发展承诺不再局限于倡议或单一的文件，而是在项目的整个开发过程中随着进展，得到实践与审核。

*保护：* 取得的可持续发展绩效记录在案，以此支持可持续发展的承诺。可持续发展是相关公司组织的核心价值之一。

*适用范围：* 所有项目都可能受益于有效的领导和对可持续发展的坚定承诺，因此，很难证明该评分项与寻求获得"Envision"奖的项目无关或不适用。

## 评估标准和文件指南

**A. 业主及团队是否针对处理项目相关的社会、环境、经济等各方面事宜做出书面承诺？**

*有处理项目相关事宜（即可持续发展）的书面承诺。例如：在合同中清楚地承诺处理项目相关的社会、环境、经济等各方面事宜，和/或一些证据可以证明特许合同、价值工程或项目团队的关键成员参加的其他相关设计会议，清楚地表达了对可持续发展的承诺。*

**B. 项目是否得到适合该项目类型、规模及复杂程度的可持续发展管理政策的支持？**

*有可持续发展管理政策应当包含实现可持续发展改进的承诺，要有明确的宗旨和目标。该政策需要涉及利益相关方、对卫生和安全的承诺、对环境保护的承诺，以及对社会/社区的承诺。*

*业主可持续发展管理政策可以针对特定项目或计划，也可以扩展到机构/部门范围。但是，他们必须制定一个项目的必要条件，以应对可持续发展和实现绩效目标。可持续发展管理政策比管理方案更笼统，详见 **LD2.1**。比如，可持续发展管理政策指明总体方针，而管理方案则会涵盖具体实施手段和策略。*

**C. 项目团队是否在整个项目交付过程中定期重温项目可持续发展承诺？**

*有项目特定的可持续发展报告，或会议纪要，详细描述项目将如何实现其目标，以及将使用哪些关键绩效指标来衡量和管理项目。*

**D. 项目团队关键成员是否对可持续发展做出组织承诺？**

*1. 有对项目团队关键成员的识别和描述。*

*2. 有文件记录以下对可持续发展的每一项承诺：*

*a. 组织的可持续发展原则和政策。例如，最好是经独立的第三方验证或部分核实的可持续发展报告，有明确的目标和相关的绩效（例如，全球报告倡议、公司温室气体减排目标、企业节能目标、企业减污目标）。*

*b. 对过去或正在进行的项目的认可，或采取的重大举措，以改善可持续绩效（例如，对获得可持续绩效项目的赞誉报道、奖励或第三方认可，为员工在可持续发展方面的培训和/或认证所做的努力或倡议）。*

*c. 有证据表明，参与该项目的组织具有可持续发展战略，这些战略已嵌入到他们的业务战略中，或者是战略之间有明确联系的证据。例如，在组织内对可持续发展的治理进行讲解或描述，并清楚地展示高层管理人员对可持续发展的支持和承诺。*

*d. 与可持续发展相关的第三方组织认可或承诺。*

## 相关"ENVISION"评分项

LD1.2　促进协作与团队合作

LD2.1　建立可持续发展管理计划

CR2.4　建立韧性目标与策略

领导力：协作

# LD1.2 促进协作与团队合作

**18 分**

**目的**
通过跨专业学科协作和团队合作促进项目可持续发展。

**指标**
跨专业学科协作会议的广度和包容度，以及由此带来的可持续发展成效的提升。

## 绩效等级

| 改进 | 增强 | 超越 | 保护 | 恢复 |
|---|---|---|---|---|
| A | A + B | A + B + C | A + B + C + D | 不适用 |
| (2) 早期协作 | (5) 达到目标 | (12) 持续协作 | (18) 全生命周期协作 | |
| **(A)** 可持续发展目标是在各级项目工作人员之间的跨专业学科合作项目启动会议中确定的。 | | | | |
| | **(B)** 项目团队可以通过跨专业学科的协作过程来证明可持续发展的绩效提升。绩效提升应该来自于全系统设计方法，而不是可持续发展的一个附加项。 | | | |
| | | **(C)** 业主和跨专业学科的项目团队持续进行的协作会议贯穿整个设计过程，以便阐明期望，讨论潜在的机会，并确定集成设计的潜在障碍。会议将涉及广泛的项目参与者。 | | |
| | | | **(D)** 跨专业学科的协作或集成设计过程，特别要包括后续施工、运营和/或维护阶段的利益相关方。需要了解全生命周期考量的重要性，并将之融入项目中去。 | |

## 描述

本评分项鼓励业主和项目团队在交付更具可持续性的项目中加强协作。整体项目交付可以让项目团队成员早在规划和设计阶段，就能理解他们的设计假设和决策是如何积极或消极地影响其他人的工作的。这包括传统上在项目后期才参与的项目团队成员（例如，承包商、运营方等）。各自为政，会局限于项目单个组成部分的优化，绩效很难达到最优。作为一个集成的团队一起工作，绩效可以在整个项目中达到最优。

项目业主和项目团队应该考虑如何在设计师、承包商和运营方之间，尽早就常规协作进行投入，以防止设计冲突，减少设计变更，使得项目更容易、更快、更低成本的建成。通过会议，每一方都能够带来他们的专业知识和技能，可以防止由于假设或认识不足而导致的一些错误，而且往往会带来创新的解决方案或更高的绩效目标。项目团队应该考虑召开会议，讨论"Envision"的每一个标准，在会上每一方都能够提供他们如何为实现项目目标而做出贡献的反馈。

## 绩效改进

本评分项评估了跨专业学科协作会议的广度和包容性，以及由此带来的可持续性绩效的增强。为本评分项提供的文件的性质，将因项目交付类型而异。

***改进：*** 在设计开发过程中召开设计研讨会、价值工程会议或类似的会议，以培育项目创新的氛围。必须注意到，项目设计会议或

价值工程会议并不是专门为了改进可持续性的，因此"Envision"用户应该清楚确定如何运用这些会议来解决项目的可持续发展（环境、社会和经济目标）。指定使用集成设计以及如何将之用于改进项目的可持续绩效的书面承诺，可以作为有用的支持文件。

*增强*：项目团队共同努力，以提高可持续绩效，并能证明自己的绩效。

*超越*：从最初的启动会议开始，协作贯穿于项目整个开发过程。

*保护*：协作范围扩展到包括后期施工或运营的利益相关方。

*适用范围*：在追求更可持续性的项目方面，所有的项目都可能受益于更好的协作和团队精神。因此，很难证明该评分项与寻求"Envision"奖的项目无关或不适用。

## 评估标准和文件指南

**A. 在项目的早期，为了定义可持续发展目标是否召开了跨专业学科合作的项目启动会议？**

1. 识别跨专业学科合作过程中涉及的各个专业学科或项目团队角色。

2. 有文件记录为寻求改善可持续绩效和减少设计冲突机会的设计研讨会、价值工程会议或其他会议。文件应该清楚地表明，会议是在这个过程的早期举行的。

**B. 项目可持续发展绩效在多大程度上由于跨专业学科合作得到了增强？**

有文件说明由于跨专业学科协作而改进或提高的项目绩效。

**C. 项目团队为制定和实现可持续发展目标在多大程度上建立了定期的跨专业学科和协作会议机制？**

1. 有文件说明，以程序、流程图、检查表和其他文件控制措施的形式，记录跨专业学科项目团队的业务流程和管理控制，以实现项目更可持续性的结果。

2. 有文件表明，跨专业学科合作会议的范围超出了最初的启动会议，并且在整个过程中经常召开。文件应该清楚地表明，会议是定期举行的，而且范围超过了最初的启动会议。

**D. 为了更好地考虑项目后期阶段，此过程是否包括了施工、运营或维护的利益相关方？**

1. 有文件说明施工、运营和/或维护的代表参与了集成设计过程。

2. 有文件说明集成过程增强了项目后期阶段的可持续发展绩效。

## 相关"ENVISION"评分项

LD1.1　提供有效的领导力与承诺

LD2.1　建立可持续发展管理计划

LD2.2　可持续社区计划

CR2.2　评估气候变化的脆弱性

LD1.4　追求副产品协同效应

---

**项目实例：**

**"GRAND BEND"地区污水处理设施**

"GRAND BEND"地区污水处理设施（"Envision"白金奖，2015年），为加拿大安大略省的兰布顿海岸和南休伦市提供服务，为社区关系建设提供了一个很好的范例。当地的志愿者和非营利组织参与了对现场的自然特征的修复和持续维护，包括一个人工湿地和高草草原。项目团队还与当地教育专业人员建立了合作关系，为学生们开发活动书籍，了解周围植物的功能，以及栖息在该基地的海龟、鸟、小型哺乳动物和昆虫等物种。

**领导力：协作**

# LD1.3　协助利益相关方参与

**18 分**

**目的**
利益相关方尽早并持续地参与到项目决策中。

**指标**
建立合理的和有意义的计划，以促进利益相关方的认同，让利益相关方尽早和持续地参与，并实际参与到项目决策当中。

## 绩效等级

| 改进 | 增强 | 超越 | 保护 | 恢复 |
|---|---|---|---|---|
| A + B | A + B + C | A + B + C + D | A + B + C + D + E | A + B + C + D + E + F |
| (3) 积极参与 | (6) 直接参与 | (9) 社区参与 | (14) 社区满意度 | (18) 利益相关方伙伴关系 |

**(A)** 通过对利益相关方的筛选过程确定其重要性（主要的和次要的），从而搞清其关注点以及让其参与的具体目标。

**(B)** 积极的利益相关方参与过程建立在明确的目标之上。它发生在规划的最初阶段，并持续到项目施工整个过程。该参与不仅仅停留在教育层面，而要积极对话，要重视利益相关方的观点，建立双向沟通机制以回应任何质疑。给予利益相关方参与决策足够的机会，参与过程要透明，以便让参与者有机会提供有意义的投入。

**(C)** 除了任何负责公众参与的人员或经理之外，项目团队的负责人也应与利益相关团体合作，以了解沟通的需求以及公众参与的愿望和范围。

**(D)** 在某些特定情况下，公众的投入会影响或验证项目结果。在决策过程中，评估并公平地处理利益相关方对潜在利益冲突的见解。

**(E)** 寻求利益相关方的反馈，以了解他们对参与过程并基于他们的意见做出决策的满意程度。

**(F)** 识别一个或多个有共同利益或相互依赖的利益相关方，使之作为合作伙伴参与其中。

## 描述

本评分项强调由项目业主和项目团队建立的公众投入过程。与公众及关键利益相关方之间的关系建设，是参与过程的一个重要组成部分。利益相关方的参与是任何基础设施项目的关键组成部分。尽管许多项目都包含了一定程度的公众参与，本评分项评估了公众参与的程度，是积极的、尽早的，还是持续参与的。

不主动与利益相关方接触的项目团队，可能会疏忽社区内的人口、社会经济或文化的变迁，这些变化可能会影响项目的整体成功。积极的、尽早的和持续的利益相关方参与，能帮助项目业主和项目团队获得运营的社会许可。社会运营许可是通过相互尊重发展起来的社区的认可，它可以建立良好的信誉，加速项目施工，并为未来的项目铺平道路。

项目团队应该考虑如何基于一个扎实的公众参与过程，记录一些重要的"Envision"评分项，以及如何将这些标准纳入可以满足多方需求的公众参与计划中。

## 绩效改进

**改进：** 建立一个公众参与过程，以识别和促成关键的利益相关方参与项目决策。项目利益相关方可能包括当地社区、客户、雇员、政府和监管机构、非政府组织等。对于本评分项，利益相关方分为主要的和次要的。主要的利益相关方是指受项目直接影响的个人或团体，而次要的利益相关方是指受该项目间接影响的个人或团体。

利益相关方的参与过程包括向其通报项目的范围，识别其关注的问题和事项，收集其反馈，并将这些反馈融入项目的设计、施工和运营当中。

***增强：*** 项目团队的一名成员直接与利益相关方共同参与。

***超越：*** 该项目可以证明，与利益相关方建立的双向沟通是成功的，并为项目带来了利益。项目团队证明，即使是对有利益冲突的利益相关方的反馈也有考虑（例如项目团队并没有因对反馈持偏见，而去支持或者坚持他们最初的设想）。

***保护：*** 参与成为学习和改进未来项目的机会，利益相关方的反馈事关他们对这个过程的满意程度。

***恢复：*** 利益相关方作为项目的合作伙伴参与其中。

***适用范围：*** 所有项目都可能受益于利益相关方的参与，尽管利益相关方的类型和范围可能因项目而异，但很难证明该评分项与寻求"Envision"奖的项目无关或不适用。

## 评估标准和文件指南

**A. 项目团队在多大程度上进行了利益相关方的筛选活动以确定利益相关方？**

1. 有确定潜在利益相关方的综合检查表，有利益相关方的分类（主要或次要）以及选择的陈述或理由。

    a. 主要利益相关方是受项目直接影响的个人或团体，例如，被一条新的服务道路贯穿的社区。这应该包括那些在项目生命周期中可能受到项目影响的利益相关方。

    b. 次要利益相关方是受该项目间接影响的个人或团体。

2. 有证据表明，利益相关方以公平和公正的方式被识别和区分优先顺序。

**B. 项目团队在多大程度上分析、计划和执行项目关键利益相关方的参与？**

1. 有所编制的每个利益相关方的参与计划应考虑项目团队需要解决的问题以及参与方法（例如，一些利益相关方可能只需要单向交流，而其他人可能需要对话以及建立合作伙伴式的参与，如协商、成立利益相关方顾问小组、网上反馈意见征询、举办多边利益相关方论坛和建立伙伴关系，和/或建立利益相关方网络等）。

    a. 利益相关方的参与计划应该是积极主动的。这将以外联为特征，果断地让受影响的人或很可能对项目有浓厚兴趣的人士参与，而不是被动地邀请参与，例如，很少或没有后续跟进的公共通知，以确保能做出强有力的回应。

    b. 该参与不仅仅停留在教育层面，而要积极对话，要重视利益相关方的观点，建立双向沟通机制以回应任何质疑。

    c. 给予利益相关方参与决策足够的机会，参与过程要透明，以便让参与者有机会提供有意义的投入。

2. 参与的文件可能包括信件、会议纪要或与利益相关方的备忘录。文件显示了与利益相关方所讨论的问题，以及他们对项目的具体关注/反馈。

**C. 项目团队的主要成员是否直接参与到利益相关方的群体中，了解他们的需求？**

有文件说明，除了任何负责公众参与的人员或经理之外，项目团队的负责人也与利益相关团体合作，了解沟通上的需求以及公众参与的愿望和范围。

**D. 利益相关方的参与反馈在多大程度上被纳入到项目规划、设计和/或决策中？**

1. 有文件显示，利益相关方所提出的反馈得到评估和优先重视，以及反馈是如何改变/影响/变更项目规划、设计和/或决策的。

    或

    有文件显示，利益相关方所提出的反馈已经被纳入到项目规划、设计和/或决策中。

2. 支持证据表明，无论利益相关方种族、财富、宗教等状况如何，它的反馈都会根据社会和环境正义的原则，公平公正地得到处理。

**E. 项目团队是否从利益相关方那里寻求反馈，以了解他们对参与过程以及基于他们的投入所做出的决策的满意程度？**

1. 有信件或其他文件表明，本项目所保证的参与过程得到了利益相关方的支持。

2. 有信件或其他文件表明，利益相关方对基于他们的意见做出的决定的支持。

3. 在某些情况下，文件还可能表明，随着项目推进到最终设计和施工阶段，没有重大的新的利益相关方的事宜。

**F. 项目是否让一个或多个利益相关方成为合作伙伴？**

一个或多个利益相关方，具有共同的利益或相互依赖关系，作为合作伙伴被识别并参与其中。

## 相关"ENVISION"评分项

QL1.1　提高社区生活质量

QL1.4　最大限度地减少噪声与振动

QL2.1　改善社区流动性与进出通道

QL3.1　促进公平与社会公正

QL3.2　保护历史和文化资源

QL3.3　增强景观与地方特色

QL3.4　改善公共空间与便利设施

LD2.4　项目生命周期结束计划

领导力：协作

# LD1.4 追求副产品协同效应

**18 分**

**目的**
慎重地思考传统意义上的废弃物是否能合理地重复利用。

**指标**
项目团队和外部团队合作以发现有效利用废弃物和过剩的资源与产能的程度。

## 绩效等级

| 改进 | 增强 | 超越 | 保护 | 恢复 |
|---|---|---|---|---|
| A + B | A + B + C | A + B + D | A + B + D | A + B + E |
| (3) 初始调查 | (6) 追求协同 | (12) 短期副产品利用 | (14) 长期副产品利用 | (18) 循环经济 |
| **(A)** 项目小组对过剩的资源（即：废弃物）或产能的可利用性与可行性进行评估，包括但不限于废弃料、供热或制冷、财务能力、土地面积 / 空间或管理 / 人员的能力。 ||||||
| **(B)** 确定了副产品协同效应或重复利用的候选对象。这可以包括为项目的废弃物或过剩资源找到一个有益的重复利用，或者项目对外部的废弃物或过剩资源的有益重复利用。如果项目废弃物或过剩资源可以支持自然系统，或者可被自然系统处理和移除，项目团队还应该考虑以此为生态系统服务。 |||||
| | **(C)** 项目团队展现了积极的尝试，将至少一个副产品的效应作用或重复利用融入项目中。 | **(D)** 该项目成功地包含了副产品协同或再利用。实施的是一种短期的或一次性的副产品协同 / 重复利用（例如，在施工过程中）。 | **(D)** 该项目成功地包含了副产品协同或再利用。实施的是在整个项目运营中长期的、经常重复的副产品协同 / 重复利用。 | **(E)** 该项目充分参与了"循环经济"系统，该系统的大部分运营废弃物都被有益地重复利用，或者大部分的运营资源都来自外部的废弃物。 |

## 描述

尽管副产品通常被认为是固体废弃物，但它们可能包括各种各样的过剩资源。真正的副产品协同效应，或再利用，包括识别和有效地利用不需要的废弃物或多余的资源（例如：材料、能源 / 热量、气体排放、废水、水、服务、产能）。副产品的协同效应可以通过两种方式实现：为项目的过剩资源寻找机会，使其在现场外被重复利用，或者将现场外的过剩资源运用到项目中。

通过它在"生态工业园区"的表达，或者是"循环经济"的更广泛的概念，"副产品协同"一词也可以被称为"工业生态学"。无论首选术语是什么，将过剩资源或服务归类为"废弃物"本质上是低效的。任何事物都是有价值的，在循环经济中，所有多余的资源或服务都可以直接在当地得到有益利用。通过消除浪费和减少对外部资源的依赖，这些相互联系的系统会更有韧性。真正的循环经济很少见，但每个项目都可以通过调查有益的重复利用机会来促进循环经济的发展。

## 绩效改进

**改进：** 创造副产品的协同效应始于理解系统的过剩资源的价值。项目团队在项目中识别过剩的资源，并评估它们的可重复利用性，以及在项目中再利用过剩资源的机会。确认潜在的接受或提供副产品的候选对象。

**增强：** 副产品协同效应涉及供需的复杂匹配。由于项目只是这种安排的一个方面，所以并不总是能够成功地实现。然而，即使不成功，积极尝试副产品重复利用也有价值，学到的经验往往可以运用到其他项目中，可以提高大众意识，并提高未来成功的机会。

**超越：** 当理想的副产品协同创造了一个永久更新的闭环系统时，如果短期或一次性副产品协同效应成为可能，这个等级会承认此种效益。例如，在施工过程中对废弃物的有益重复利用。

**保护：** 项目实现了真正的副产品协同效应，即持续的过剩资源被有益地重复利用。

**恢复：** 项目被集成到循环经济中。这取决于资源得到有益重复利用的数量和／或与网络相关的副产品协同的数量。

**适用范围：** 所有使用材料或产品废料的项目都可能受益于副产品的协同效应。但很难证明该评分项与寻求"Envision"奖的项目无关或不适用。

## 评估标准和文件指南

### A. 项目团队是否评估了内部或外部的过剩资源或产能的可用性？

有文件说明，努力去识别项目中可用资源或产能，或可以由外部资源或产能来满足项目需求。过剩的资源或废弃物可能不仅仅包括物质废弃物。需要考虑的应包括但不限于废弃材料、供热或制冷、财务能力、土地／空间或管理／人员能力。

### B. 项目团队是否识别了副产品协同效应或重复利用的机会？

有文件说明，项目团队识别了副产品协同效应或重复利用的机会。这可以包括为项目的废弃物或过剩资源找到一个有益的重复利用，或者项目对外部废弃物或过剩资源的有益重复利用。如果项目废弃物或过剩资源可以支持自然系统，或者可被自然系统处理和移除，项目团队还应该考虑以此为生态系统服务。

### C. 项目团队是否积极地追求副产品的协同或重复利用？

有文件说明，对潜在的候选对象进行了认真的提示。实现副产品协同效应并不总是可能的。这个标准的目的是识别那些在项目中尝试了实现副产品重复利用的项目，即使由于不可避免的外部因素而无法实现。

### D. 该项目是否包括通过利用多余的过剩资源或为有益地重复利用多余的资源寻找出路，来实现副产品协同效应？

1. 有文件说明项目包括了副产品协同效应，它是对其他不需要的资源的直接交换。副产品可能是物质废弃物、排放，甚至是能量（热能／电能）。

2. 确定副产品重复利用的性质。

   a. 短期／一次性（例如：在施工期间或在有限的一段时间内）。

   b. 长期／经常重复利用（例如：在整个项目运营过程中持续的重复利用）。

### E. 项目是否属于循环经济的一部分，由此大部分的运营副产品都被有益地重复利用了，或者所消耗的大部分的运营资源都是有益的重复利用资源？

有文件说明该项目包含多种副产品协同效应，覆盖了其废弃物或原料的大部分。文件应该表明，这些是更广泛的副产品重复利用网络的一部分，而不是孤立的独立活动。

## 相关"ENVISION"评分项

LD1.2　促进协作与团队合作
LD2.4　项目生命周期结束计划
RA1.2　使用回收利用材料
RA1.5　现场平衡土方
RA3.1　保护水资源
NW2.1　开垦棕地
CR2.6　增强基础设施一体化

### 项目实例：
### 萨里生物燃料工厂

萨里生物燃料工厂（"Envision"白金奖，2017年）位于加拿大不列颠哥伦比亚省萨里市的凯尔斯港工业区，是北美第一个完全集成的闭环有机废弃物管理系统。该设施将城市产生的厨房和花园废弃物加工成生物燃料，用于为该市的废弃物收集货车车队提供燃料。该设施还生产适合于景观美化和农业应用的堆肥产品。

**领导力：规划**

# LD2.1　建立可持续发展管理计划

**18 分**

**目的**
创建一个项目可持续发展管理计划，该计划可以应对这个项目的范围、规模和复杂性，以提高可持续的绩效。

**指标**
正在实施的组织政策、权利分配、工作机制、教育和业务流程的范围。

## 绩效等级

| 改进 | 增强 | 超越 | 保护 | 恢复 |
|---|---|---|---|---|
| A + B | A + B + C | A + B + C + D | A + B + C + D + E | 不适用 |
| (4)计划 | (7)"计划—实施—检查—行动" | (12) 全面实施 | (18) 管理变革 | |

**(A)** 将解决可持续发展问题的角色和职责分配给项目团队的关键成员。他们有充分清晰的授权来影响项目变革。

**(B)** 项目团队制定一个可持续发展管理计划，或采用现有的可持续发展管理计划或政策，以充足的范围和规模致力于项目的可持续发展绩效。

该计划包括一个与可持续发展相关的所有项目特征的索引，以及对项目的环境、社会和经济方面的评估。

为了减少项目的影响，制定了可持续发展目标和绩效指标，并确定其优先顺序。它们与社区需求和问题保持一致。

**(C)** 项目管理计划包含了足够的流程、行动计划和管理控制，以实现其可持续发展目标和绩效指标。

**(D)** 通过会议或书面报告定期重新审视可持续发展管理计划的实施，以及既定目标的进展情况。

**(E)** 该计划具有足够的适应性、灵活性和韧性，以应对项目随着时间的推移其环境、社会或经济条件发生的变化。

## 描述

本评分项强调了通过计划的结构和政策来支持可持续发展目标实现的重要性。考虑到时间的长期性、跨组织合作的复杂性以及各种各样的咨询顾问和承包商，制定一个可持续发展管理计划是至关重要的，以此建立预期，确保在项目交付过程中可持续发展总体目标和具体目标得到沟通和实施。在时间和预算有限的情况下，可持续发展标准必须有一定程度的体制支持，才能取得成功。通过建立明确的角色、职责和预期，项目业主和项目团队能够避免冲突、重复或理解错误以实现效率。明确目标的优先顺序，可以帮助咨询顾问和承包商正确地投入时间和资源，为他们的客户提供最好的项目。

可持续发展管理计划能够使组织设定总体目标、具体目标和政策；推动计划和程序；根据计划审查绩效；并在可持续发展的所有维度采取纠正措施。"国际标准化组织（ISO）14004"标准项下的社会和环境管理计划，为制定可持续发展管理计划提供了指导。

## 绩效改进

可持续发展管理计划可以是独立的，也可以纳入更大的管理计划中。对于较小的项目，可持续发展管理政策可能就足够了。文件应该着重于证明如上所述的关键的环境、社会和经济绩效目标是确定的、计划是执行的、进度是得到跟踪的。

可持续发展管理计划应该包括项目的设计、施工、运营和维护。

***改进：***该项目包括一个可持续发展管理计划，该计划可以管理项目可持续发展绩效目标的范围、规模和复杂性。这一评估是基于已建立的组织政策、权利分配、工作机制、教育和业务流程，并确定其是否充足。

为了创建可持续发展管理计划，项目团队应该列出与项目可持续发展相关的所有环境、经济和社会方面的检查表。一旦建立起来，项目团队就会根据满足项目和可持续发展目标的重要性，来确定检查表中各个方面的优先顺序。

***增强：***可持续发展管理计划具备明确的流程和控制，以实现既定目标（即，这个计划并不仅仅是一种理想的状态）。项目团队创建了一个包含总体目标和绩效指标的行动计划。

***超越：***该计划的实施将定期重新审视，并在整个项目开发过程中评估其进展。

***保护：***可持续发展认识到，社会经济和环境条件的变化有可能对项目产生重大影响。可持续发展管理计划及其随后的可持续发展绩效目标，考虑到这些变化的条件。

***适用范围：***很可能所有的项目都能从可持续发展管理计划中受益。但很难证明该评分项与寻求"Envision"奖的项目无关或不适用。

## 评估标准和文件指南

**A. 是否为项目团队的关键成员分配了致力于可持续发展的角色和职责？**

*有组织架构图和文件显示负责项目可持续发展问题的人员，他们在项目团队织中的位置，以及他们做出项目决策和影响变更的权利。*

**B. 是否制定了一个可持续发展管理计划来评估项目的环境、经济和社会方面，确定其优先次序，并制定项目的可持续发展总体目标、具体目标和绩效指标？**

*1. 有文件说明项目的可持续发展管理计划。该计划可能是正式的或非正式的，包括现有的组织或计划的可持续发展管理计划或政策，这些计划或政策适用于本项目，只要它们在范围和规模上足以解决项目绩效。如果没有本项目特定的计划，那么文件应该清楚地将更高等级的计划和政策应用到本项目。*

*2. 有与可持续发展相关的所有项目特性的索引。*

*3. 评估项目的环境、经济和社会影响。这可能包括，如果不解决现有的不可持续发展的条件，它可能进一步恶化环境、经济或社会状况。*

*4. 考虑了项目的重要性及其变化后果的项目总体目标、具体目标、绩效指标的优先顺序清单，这些总体目标、具体目标和绩效指标与社区需求和问题的一致。*

**C. 项目是否包括一个有足够的流程、行动计划和管理控制的可持续发展管理计划，以实现可持续发展总体目标、具体目标和绩效指标？**

*1. 有文件说明，以规程、流程图、检查表、审计报告、纠偏报告及其他有案可查的控制措施的形式，记录项目的业务流程和管理控制。*

*2. 有文件说明，以健全的计划—实施—检查—行动的方法确定优先顺序、评估过程，并进行调整，以持续改进项目的可持续发展绩效。*

*3. 有说明施工期间跟踪和执行可持续发展管理计划。*

*4. 可持续发展目标通过诸如施工计划、每日工作简报、分包商指导培训或现场实地培训等方法在整个团队中传达。*

**D. 可持续发展管理计划是否得到实施并定期重新审视？**

*有文件说明对计划的总体目标和具体目标的进展情况定期监测和报告（如会议纪要或书面报告）。*

**E. 项目可持续发展管理计划是否具有足够的适应性、灵活性和韧性，以管理项目在其生命周期中的环境、社会或经济条件的变化？**

*确定随着时间推移，关键设计变量的变化影响项目可持续发展绩效的潜在区域。有证据表明，该计划考虑到了这些潜在的变化，并且具有其适应性。*

## 相关"ENVISION"评分项

LD1.1  提供有效的领导力与承诺

LD1.2  促进协作与团队合作

LD2.3  长期监测与维护计划

LD2.4  项目生命周期结束计划

RA1.1  支持可持续采购实践

CR1.2  减少温室气体排放

CR1.3  减少空气污染物排放

CR2.4  建立韧性目标与策略

领导力：规划

# LD2.2　可持续社区计划

**16 分**

**目的**
将可持续发展原则纳入项目选择／识别当中，为社区开发最可持续的项目。

**指标**
项目选择／识别过程所包括可持续发展绩效评估的程度，是更大的可持续发展计划的一部分。

## 绩效等级

| 改进 | 增强 | 超越 | 保护 | 恢复 |
|---|---|---|---|---|
| A | A + B | A + B + C | A + B + C + D | A + B + C + D + E |
| (4) 可持续发展指标 | (6) 替代分析 | (9) 可持续发展评估 | (12) 可持续发展规划 | (16) 更可持续的社区 |

**(A)** 在项目选择／识别和规划中考虑可持续发展指标或结果。

**(B)** 在项目识别过程中，方案选择分析包括了可持续发展的绩效。比选方案选择包括"不建"选项的可持续性。

**(C)** 在项目识别过程中，评估项目对更广泛的外部系统的潜在影响，如增长模式、拥堵、能源和水的需求／生产，以及这些对社区或地区整体长期可持续发展的影响。

**(D)** 该项目是基础设施系统、市政／社区或地区层级综合可持续发展计划的一部分。它展示了对实现计划中确定的具体可持续发展目标的直接联系和贡献。

**(E)** 该项目解决了社区内固有的不可持续的问题。

## 描述

"Envision"不仅仅是关注正确地做项目，同时它是要做正确的项目。选择正确的项目是确保一个可持续项目的关键第一步。在项目选择／识别过程中，这些决策通常都是在计划过程中非常早期时做出的。本评分项认同那些将社会、经济和环境因素纳入了选择标准的项目。

大多数基础设施项目的生命周期都很长，一旦建成，就可以在几十年里给社区带来一系列的绩效结果。此外，在这个基础设施周围成长和发展的社区在未来可能面临有限的选择。这种情况现在就存在，因为几十年前做出的选择，社区在现有基础设施的改造选择方面会面对很多困扰和限制。项目业主和项目团队应该考虑基础设施规划如何影响社区或地区的未来，特别是在可持续发展、运营或更新成本方面。

## 绩效改进

**改进：** 在项目选择／识别过程中考虑了项目潜在的可持续性（社会、经济、环境）影响。

**增强：** 对项目备选方案的可持续发展绩效进行了评估和考虑。考虑到不施工情况的相对可持续性。

**超越：** 除了项目本身（能源效率、减少排放等）之外，还考虑了项目对整个社区或相关系统的整体可持续发展的更广泛影响。例如，思考一个交通项目是否会导致人口密度增加或导致城市扩张。

**保护：** 实现一个可持续的社会需要一个协调的计划。那些已经投资于制定全面可持续发展计划的社区可以达到这个等级，这些计划可以利用整合基础设施系统带来的协同效应和效率。在大多数情况下，基础设施开发是在现有基础设施系统的背景下进行的。

***恢复：*** 如上所述，许多社区受到其 20 世纪施工的基础设施的可持续发展绩效的限制。在这个等级，项目纠正或缓解了现有的不可持续的状况 ( 例如，在项目生命周期结束后，决心用可持续能源生产取代不可持续的能源工厂 )。

***适用范围：*** 考虑到项目的范围和规模，以及它是否有可能对社区的可持续发展产生更广泛的影响。例如，涉及现有设施的部件或系统的改造或翻新的小型项目，可能会改进可持续发展绩效，但可能难以证明它对项目现场之外的影响。不会影响更广泛的社区可持续发展，并且对社区可持续发展也没有潜在影响的小项目，本分数可视作不适用。

## 评估标准和文件指南

**A. 在项目选择 / 识别过程中是否考虑了可持续发展？**

*有文件说明，在项目规划的早期阶段，在项目选择 / 识别过程中可持续发展指标或结果是考虑项目方案比选的因素。*

**B. 在项目识别过程中是否对可持续发展绩效进行了方案比选分析？**

*1. 有文件说明，项目选择 / 识别过程包括了含有可持续发展绩效评估的方案比选分析。*

*2. 有文件说明，方案比较分析包括了"不建设"选项的可持续发展绩效，以确定建设新的基础设施的必要性。*

**C. 该项目是否对更广泛的社区或地区长期可持续发展的影响进行了评估？**

*有文件说明，早期规划评估考虑了该项目对社区或地区的长期可持续发展所产生的更广泛的影响。*

**D. 项目是否是全面可持续发展计划的一部分？**

*有文件说明，该项目是更广泛的社区可持续发展计划的一部分。如果不能清楚地确定为可持续发展计划，记录的文件应包括发展计划如何推进可持续发展目标。*

**E. 这个项目是否解决了社区或地区固有的不可持续的状况？**

*有文件说明，该项目解决或纠正了社区内现有的不可持续的状况（例如，不可再生资源消耗、过度用水或环境污染）。*

## 相关"ENVISION"评分项

QL1.1　提高社区生活质量

QL2.1　改善社区流动性与进出通道

LD1.2　促进协作与团队合作

LD3.1　促进经济繁荣与发展

RA3.1　保护水资源

NW1.1　保护具有高生态价值的场地

NW1.3　保护基本农田

NW2.1　开垦棕地

领导力：规划

## LD2.3　长期监测与维护计划

**12 分**

**目的**
制定充分的计划、流程和人事安排，以确保长期的可持续保护、缓解和增强措施被纳入到项目中。

**指标**
综合考虑长期监测和维护计划，执行的目标，以及用于上述活动的资金来源承诺。

### 绩效等级

| 改进 | 增强 | 超越 | 保护 | 恢复 |
|---|---|---|---|---|
| A | A + B + C | A + B + C + D | A + B + C + D + E | 不适用 |
| (2) 减少维护 | (5) 维护计划 | (8) 保护资源 | (12) 持续改进 | |

**(A)** 该项目包括减少维护影响的策略。这可能包括更好的设计、持久耐用的材料，或便于进入维护和修理，对用户和受影响社区的干扰最小。

**(B)** 制定监测与维护计划，有具体的可持续发展绩效目标和目标明确的里程碑式实施工作计划表。

它可以应对监测或维护项目可持续发展特征的任何独特挑战。

**(C)** 项目团队与运营、监测和维护人员进行沟通，以解释和讨论运营计划。

**(D)** 项目业主确定了执行计划的关键人员、资金来源和其他资源以支付相关费用。

这包括对运营、监测和维护人员的培训，以及对未来必要的培训的规定。

**(E)** 制定了未来根据监测数据重新评估和修改维护计划的工作计划表。

### 描述

即使提高了绩效指标，运营中如果不能维护好，可持续设计的和施工的项目也可能失败。可持续发展还涉及减少持续维护对社会、环境和经济的影响。对现有基础设施系统的维护可能会给许多社区带来经济负担。对低质量设计的部件进行频繁的维修和更换，可能会浪费自然资源，并对社区造成破坏。然而，如果不能充分维护和监测基础设施，也会导致其绩效下降，对环境、社会和/或财政产生严重后果。例如，修复和维护道路的代价会随着它们的老化而几何级地增加。此外，维护不当的道路会导致交通拥堵、车辆维修、事故和人身伤害，这一切都会给个人和整个社区带来经济负担。未能正确规划或协调维护活动也会导致效率低下和浪费。因此，项目团队应该考虑如何做好项目的设计和维护计划的实施，以减少维护的长期成本。基础设施业主还应该确保项目在其生命周期内得到恰当维护的资源。

### 绩效改进

**改进：** 为了促进高效和低影响的运营和维护，同时实现高水平的绩效，项目是有目的性的设计和施工的，设计人员和承包商努力确保项目可以预料并处理好关键的运营和维护活动。

项目团队应该考虑到数据和技术的激增和可获得性所带来的新机遇。智能系统可以减少运营和维护成本，避免干扰，改善服务，提高安全性。为基础设施运营方、关键利益相关方或普通大众提供实时信息，可以创造许多优势。

**增强：** 一项全面的长期计划在施工结束前就已经准备好了。提供清晰和简明的维护要求和规范要求，以防止由于不遵守维护系统绩效所需的特定运行或维护程序，而导致可持续绩效下降。如果没有明确的指导方针来维持可持续的绩效，未来的业主和经营者可能会在不知不觉中依赖于旧的方法、过程和替换部件。

**超越：** 有可以得到的技能和资源确保可持续性特征得到适当维护。这确保了在项目的整个生命周期中，只要有足够的资源和人员来执行计划，就可以维持设计的性能。

**保护：** 维护计划被视为一份"活"的文件，含有在项目的生命周期内重新评估和改进绩效的计划。

**适用范围：** 本评分项适用于所有包含持续监测与维护的项目。在项目不包括运行或维护活动的极少数情况下，本评分项可视作不适用，并提供证明文件。

## 评估标准和文件指南

**A. 项目团队是否考虑过如何减少持续的运营影响？**

有文件说明旨在减少持续运营和维护的负面影响的策略。这可能包括但不限于更好的设计、持久耐用的材料、维护和修理的便利性，或对用户和受影响社区的干扰最小。

**B. 是否有一个明确和全面的计划来长期监测与维护已完成的项目？**

有对已完成的项目进行长期监测与维护计划。

**C. 在多大程度上与运营和维护人员沟通了监测与维护计划？**

有文件说明，监测与维护计划经过沟通后已交付给负责持续运营、监测与维护的人员。

**D. 在多大程度上为已完成的项目的长期监测与维护分配了足够的资源，并进行了适当的培训？**

1. 指定人员或机构负责监测与维护已完成的项目。

2. 解释资金将如何分配、预留和维持在足够的水平，以资助必要的监测与维护。

3. 有文件或计划表明，这些资源将在项目交付后到位。

4. 有文件记录会议和/或培训课程，以确保成功过渡到运营阶段。

**E. 是否有一个基于监测数据重新评估和修改维护计划的计划？**

有重新评估监测和维护计划的工作计划表。

## 相关"ENVISION"评分项

LD2.1　建立可持续发展管理计划

LD3.1　促进经济繁荣与发展

LD3.2　培育当地技能与能力

RA2.4　调试与监测能源系统

RA3.4　监测水（供、排）系统

CR1.1　减少净隐含碳排放

**项目实例：**

**4L/22R 号跑道和相关滑行道重建项目**

美国密歇根州底特律韦恩县大都会机场重建项目（"Envision"银奖，2016 年）的项目团队意识到，对已完成的工程进行长期监测和维护，会对延长项目的使用寿命产生重大影响。为此项目团队设法提高跑道路面的耐久性，以满足比标准设计更长的使用寿命。此外，项目团队还使用了预制缝，以便更容易维修和减少维护。早期考虑到的这些设计决策，将使项目生命周期内的维护需求最小化。

**领导力：规划**

# LD2.4 项目生命周期结束计划

| | 目的 | 指标 |
|---|---|---|
| **14 分** | 确保项目团队了解项目结束后的全部影响和成本。 | 项目团队就项目生命周期结束的影响、成本和价值与利益相关方分析和沟通的程度。 |

**绩效等级**

| 改进 | 增强 | 超越 | 保护 | 恢复 |
|---|---|---|---|---|
| A + B | A + B + C | A + B + C + D | A + B + C + D + E | 不适用 |
| (2) 生命周期结束计划 | (5) 强化 | (8) 扩展边界 | (14) 超越边界 | |

**(A)** 项目团队考虑到材料和组件的可回收性和 / 或易于拆除或更换（例如，可以很容易地区分用于回收或再利用的部件或材料），制定了一个项目生命周期结束规划，包括在项目生命周期后对主要部件进行必要的更换 / 翻新，以及最终的停运、拆除或更换。

该计划包含在运营和维护文件中。

**(B)** 对预期的项目生命周期之后基础设施系统的相关未来需求、负荷或其他需求做好预估。该项目通过提供重新配置的机会、未来的扩展、灵活性，或者在生命周期结束后对项目进行有益的重新利用，从而延长了其使用寿命。

**(C)** 对项目生命周期结束的影响进行评估，包括项目现场和周围社区的环境、社会和经济状况。

**(D)** 该项目包括对与拆除、停运或更换相关的末期成本和残值的分析。

**(E)** 项目团队表明积极邀请利益相关方参与到了项目生命周期结束的规划中，并且可以证明社区理解了项目的全生命周期成本和收益。

**描述**

本评分项鼓励项目团队考虑与项目生命周期结束相关的成本和影响。在这样做的过程中，应该考虑通过采用重新配置、未来扩展或灵活性，或者为项目找到一个有益的用途来延长项目的使用寿命。本评分项还涉及通过做好项目设计来增加其生命周期结束价值，或其部件的价值，包括材料是否容易拆解 / 拆除、回收或再利用，从而使项目末期成本最小化。

LD2.4 为项目生命周期结束所做计划，完成了包括可持续发展项目选择（即：**LD2.2 可持续社区计划**）和高效的低影响运营和维护（即：**LD2.3 长期监测与维护计划**）在内的一系列生命周期规划评分项。考虑到基础设施的长期性，应该仔细考虑项目使用寿命的结束。

**绩效改进**

*改进：*主要项目部件的更换或翻新，以及项目的最终停止运行、拆除或更换，这是制定项目生命周期结束规划的基础。在许多情况

下，基础设施是在超出其最初设计参数的条件下运行。这导致了资产加速退化，并加速了其寿命的终止。项目团队应该预测未来的负荷，并将它们考虑到项目中，以延长项目的生命周期。这可以结合产能的重新配置、未来扩展或灵活性来实现。

**增强**：项目团队还应该考虑项目的生命周期结束的影响（例如，几十年的运营是否会使该场地受到污染，或者对环境造成破坏）。

**超越**：下一步是在项目结束时用好项目的货币价值。这包括再利用部件相关的积极价值，以及替换／翻新、移除和场地生态保护相关的成本。理解生命周期结束的成本和价值，可以并且应该为项目规划和交付提供信息。

**保护**：项目团队积极地邀请利益相关方参与到项目生命周期结束规划和影响评估中。社区应该清楚地了解更换或拆除基础设施的工作计划表和未来的负担。此外，当考虑社区的全部需求时，生命周期结束的规划会更加有效。一个基础设施项目或其组成部分可能在其生命周期结束时不再适合于预期的目标，然而，它们可能仍然保留着满足社区其他需求的价值。例如，把旧铁路线改造成社区自行车道和步行道，或者例如纽约市的高线（High-Line）公园，由高架铁路改造成公共公园。

**适用范围**：很可能所有的项目都能从生命周期结束规划中受益，很难证明该评分项与争取"Envision"奖项的项目无关或不适用。

## 评估标准和文件指南

**A. 项目团队是否制定了一个生命周期结束规划？**

*1. 有项目使用寿命的基本情况（按年计）。*

*2. 有运营和维护文件记载包括生命周期结束规划。该规划至少包括更换或翻新所有主要部件的工作计划表和频率，以及对项目最终停运、拆除或更换的考虑。*

**B. 项目团队是否评估了延长项目使用寿命或在项目生命周期结束后对项目进行有益的重新利用的机会？**

*1. 有对基础设施系统的相关未来需求、负荷或其他需求的评估。*

*2. 有文件说明，总体设计如何允许扩展、重新配置和／或多元化的用途。*

或者

*有文件说明，项目在其使用寿命结束时，如何可以有益地重新使用。*

**C. 项目团队是否评估了生命周期结束后潜在的社会、环境和经济影响？**

*有文件评估与项目相关的潜在影响。评估应包括社会、环境和经济影响。*

**D. 项目团队是否评估了项目的拆除、停运或替换的成本和残值？**

*有分析结果确定项目生命周期结束成本和最终残值。提交的文件上应该表明成本是用未来价值还是现值进行计算的。*

**E. 项目团队是否主动让利益相关方参与了生命周期结束规划？**

*有文件表明，生命周期结束成本和影响纳入了利益相关方的参与过程，并且社区参与了项目生命结束选项的考虑。*

## 相关"ENVISION"评分项

LD1.3　协助利益相关方参与

LD1.4　追求副产品协同效应

LD2.1　建立可持续发展管理计划

LD3.3　开展项目全生命周期经济评估

CR1.1　减少净隐含碳排放

领导力：经济

# LD3.1 促进经济繁荣与发展

**20 分**

**目的**
支持经济繁荣和可持续发展，包括就业增长、实力建设、生产力、商业吸引力和宜居性。

**指标**
创造就业机会，提高运营能力、交通、质量和/或改进社会经济条件的程度。

## 绩效等级

| 改进 | 增强 | 超越 | 保护 | 恢复 |
|---|---|---|---|---|
| A + B | A + B + C | A + B + C + D | A + B + C + D + E | 不适用 |
| (3) 新增能力 | (6) 改进选择 | (12) 商业吸引力 | (20) 发展再生 | |

**(A)** 在设计、施工和/或运营期间创造的就业机会。项目团队确定项目创造就业的数量、类型和持续时间。

**(B)** 该项目增加了新的运营能力。新增能力可以应用于商业、工业或公众。

**(C)** 该项目提供了额外的交通，增加了可选择的数量，和/或提高了服务的质量。

项目团队可以证明这些额外的选择将增强竞争力、效率，或提高商业、工业或文化娱乐设施的生产率。

**(D)** 该项目通过改善整体商业或社区环境，提高了社区对商业、工业或其劳动力的吸引力（例如：人们乐于在社区里生活和工作）。

**(E)** 该项目将刺激地方、地区或国家经济发展。

对经济的预测考虑到社会、经济和/或环境条件的变化。

## 描述

本评分项认同按照社区既定目标为社区的长期经济繁荣和可持续发展做出的贡献。经济繁荣是一种社区繁荣的状态，它支持社区和企业的需求，人们乐于在那里生活、工作和娱乐。可持续发展是在不过量消耗社会或自然资源的情况下进行的经济发展。虽然并非所有的基础设施项目都与经济增长直接相关，但它们通过推动提高宜居性和社区对企业和劳动力的吸引力与经济联系起来。通过这种方式，基础设施可以促进社会经济活力，增加的社区、地区或国家的经济活动来弥补基础设施成本。展示项目的更广泛的经济效益，在获得项目批准、资金和社区支持方面有很大的优势。

经济繁荣和可持续发展并不是扩张的同义词。由于经济衰退、人口结构变化以及其他因素，许多社区面临人口萎缩和税基侵蚀的问题。在这些情况下，减少未使用和废弃的住房、商业建筑和工业设施的数量可能更明智、更可取，以减少相关的基础设施运营和维护的负担。

## 绩效改进

经济发展考虑到什么是现实的和可负担得起的，"Envision"评估的期望是基于项目的相对规模和范围。

**改进：** 项目团队对与项目相关的就业机会创建进行量化。该项目带来了能力提升，这种能力的提升通常是由于商业、工业和/或住宅需求的预期增长。通过提升能力，基础设施满足了未来增长的基本要求。

**增强：** 该项目提供了更多的交通能力、选择或服务质量。这带来了效率、竞争力的提高或生产力的改进。例如，提供高质量多式联运方案的社区可以减少因交通拥堵而导致的生产力损失，从而实现经济效益。

**超越：** 项目由于改进了社会经济条件从而增加了社区对商业的吸引力（例如：市区街道振兴计划，使社区对企业和居民更具吸引力）。

**保护：** 项目利用其有限的资金，推动整个地方、地区或国家经济的系统性变革。然而，项目团队应该考虑到，长期的经济繁荣和可持续发展需要有能力适应不断变化的经济、社会和环境条件，以及由此带来的运营环境变化。

**适用范围：** 本评分项的范围很广，涵盖了社区发展的商业、工业、文化和娱乐方面。在确定本评分项是否适用于项目评估方面，很可能所有项目都有能力支持和促进经济繁荣和可持续发展，因此，很难证明该评分项与寻求"Envision"奖的项目无关或不适用。

## 评估标准和文件指南

**A. 在设计、施工和运营过程中，项目是否创造了大量的就业机会？**

1. 计算显示了在项目的设计、施工和运营过程中创造的新就业岗位的数量和类型，这有利于当地经济。在这种情况下，"地方（当地）"是相对于项目规模而言，对大型项目来说甚至可能是指"州/省"或"国家"。计算应该区分直接和间接的就业机会。

2. 解释相对于项目规模这些就业机会对当地经济的影响。

**B. 这个项目是否为商业、工业或公众提供了新增的运营能力？**

1. 有文件显示，项目如何扩展或提高商业、工业或公众的运营能力（例如，文化和/或娱乐设施）的质量。

2. 有官方文件，如社区计划、评估、会议记录，或来自社区领导人或决策者的信件证明，确认项目对商业、工业或公众的利益。

**C. 项目是否提供了额外的进出通道，增加了选择的数量，和/或提高了基础设施服务于商业、工业或公众的质量？**

1. 有文件说明，项目如何提供额外的进出通道，增加了的数量，和/或提高了基础设施服务的质量。

2. 有分析表明，额外的进出通道、选择或服务质量将如何为当地经济带来利益，例如，减少拥堵、降低运营成本、提高效率和新的运营选择。

**D. 项目是否能通过普遍改善社区的社会经济状况，提高社区对商业、工业或公众的吸引力？**

1. 有文件说明，项目如何通过普遍改善社区的社会经济状况，提高社区对商业、工业或公众的吸引力。

2. 有分析表明，项目如何提高了社区对商业、工业或劳动力的吸引力，使当地的经济发展从中受益。

**E. 项目是否会刺激经济繁荣和进一步的经济发展？**

1. 有文件说明，该项目如何在其自身范围之外产生经济影响。例如，港口扩建将为整个地区的工业带来效益，或者提供公共空间从而恢复社区的财产价值。

2. 有分析表明，该项目是如何对当地经济带来系统性的变化。值得注意的是，尽管经济影响的程度是相对于项目的规模而考虑的，但在项目设计、施工和运营之外的更广泛的经济影响，可能无法在非常小的项目中被证明。

3. 有文件说明，该项目对未来经济发展的预期影响已经考虑到社会、经济和环境的变化趋势。这可能包括但不限于，社区人口结构改变，税基增长或萎缩，以及环境恶化或气候变化。

## 相关"ENVISION"评分项

QL1.1　提高社区生活质量

QL3.1　促进公平与社会公正

QL3.4　改善公共空间与便利设施

LD2.2　可持续社区计划

LD2.3　长期监测与维护计划

LD3.3　开展项目全生命周期经济评估

NW1.3　保护基本农田

NW2.1　开垦棕地

---

**项目实例：**

**低等级公路项目**

在加拿大不列颠哥伦比亚省北温哥华市建设低等级公路项目（"Envision"白金奖，2015年）的动力，是提高现有基础设施的质量，以提高港口码头运营的能力，从而为该省和整个国家带来更大的贸易机会。项目团队估计，由于港口基础设施的能力和质量提高，港口码头产生的经济影响，预计将由2007年所提供的25996个直接和间接就业机会和16.8亿美元的GDP，到2020年提高到提供30823个直接和间接就业机会和20亿美元的GDP。

领导力：经济

# LD3.2　培育当地技能与能力

**16 分**

**目的**
培养社区工作人员的知识、技能与能力，以促进他们的成长和发展能力。

**指标**
已知所存在的技能或能力差距，针对经济萧条或未充分就业的社区制定当前和未来结合的培训计划。

## 绩效等级

| 改进 | 增强 | 超越 | 保护 | 恢复 |
|---|---|---|---|---|
| A | A + B | A + B | A + B + C | A + B + C + D |
| (2) 获得技能 | (4) 增长能力 | (8) 建设社区 | (12) 长期机遇 | (16) 社区振兴 |

**(A)** 该项目包括针对当地技能发展的培训计划，这可能包括设计师、承包商、分包方或运营方。

**(B)** 除了一般的技能开发之外，项目团队还识别了本地劳动力中特定的技能或能力差距。

培训计划针对这些差距，以提高当地的能力。项目结束后依然可以技能转让。

**(B)** 项目团队与社区和地方／州的劳动力发展机构一起评估，或由其告知，当地的就业和教育需求。

培训计划针对这些差距，以提高当地的能力。项目结束后依然可以技能转让。

所开发的技能可能会为当地的劳动力、机构和／或公司提供未来的竞争优势。

**(C)** 在项目交付之后，教育、技能开发计划和／或机会将继续。这可能包括社区教育和意识培训。计划可能在组织层面，但必须与项目相关。

**(D)** 培训和技能开发项目专门针对经济萧条、未充分就业或弱势社区。

## 描述

本评分项说明在项目设计、施工、运营和维护阶段，项目为了提高社区内劳动力的成长和发展能力，拓展他们的知识、技能和能力的程度。大多数企业认识到劳动力开发的投资价值。向可持续发展的社会过渡，需要在整个基础设施行业和更广泛的公众中获得显著的发展和教育。可持续的基础设施开发通常包括新的或不常见的材料、方法或技术，这就要求劳动力有新的或不常见的技能和能力。缺乏实现这些项目目标的能力会产生不确定性，从而导致更高的成本、更慢的交付或低质量的结果。建设当地的技能和能力有助于确保项目的成功。更广泛地说，劳动力的技能和实力建设可以产生系统性的变更，从而延续到未来的项目中。

咨询工程师和承包商应该考虑实力建设如何提高市场开拓能力和竞争力，从而为保证未来项目的成功提供一个优势。基础设施的业主应该考虑他们社区内的实力建设，如何能够推动竞争并降低未来的项目成本。

## 绩效改进

本评分项的评估是基于对所存在的技能或能力差距的了解，针对经济萧条或未充分就业的社区，制定当前和未来结合的培训计划。

*改进：* 该项目包括培训计划。培训的范围是相对于项目规模而言的。请注意，标准的"实习"不能作为提供本地技能开发的资格。

***增强：*** 项目团队识别了将项目需求与本地劳动力差距相结合的机会。

***超越：*** 除了项目团队自己的评估之外，通过与社区或劳动力发展机构的接触，了解技能和/或培训差距。

***保护：*** 即使施工完成之后，与该项目相关的培训计划仍将持续进行，或者将会有未来的培训。这些活动可以由项目业主或其他致力于项目长期运行的机构提供。教育和培训活动也可能扩展到劳动力培训之外，包括更广泛的社区教育和意识培训。对社区教育和意识培训水平的期望与项目的范围和规模有关。

***恢复：*** 项目致力于技能发展和培训计划，以帮助那些经济萧条或未充分就业的社区。通过这种方式，该项目支持恢复社区的经济繁荣，以实现持续和包容性的经济增长，以及更高的生产性就业率。

***适用范围：*** 在标准和文件指南中对那些规模太小还不能包括独立的培训和技能开发的项目，本评分项提供了一种替代的合规路径，因此，一个项目在规划、设计或施工过程中的任何时候，都不可能证明没有教育的机会。当组织层面的培训项目被推荐时，项目团队必须证明其与项目的相关性。

## 评估标准和文件指南

**A. 项目是否包括发展当地技能的培训计划？**

*有证据证明与项目相关的培训计划。请注意，预先存在的"实习"或有限范围内的"实习"（1~3人）不能作为培训"计划"。对于一些小型项目来说，有独立的培训计划是不切实际的，替代的合规路径是：证明基础设施业主有广泛或显著的培训计划。文件还必须证明这些培训计划与项目的相关性。*

**B. 项目团队是否确定了当地劳动力的技能或能力差距，以及针对他们的有目标的培训计划？**

*1. 有文件说明确定的技能或能力差距（例如，在部署可持续技术、最佳实践或新方法方面缺乏经验）。*

*2. 有专门针对确定的差距的培训计划的证据。*

*对于一些小型项目来说，有独立的培训计划是不切实际的，替代的合规路径是：证明基础设施业主有广泛或显著的培训计划，这些计划仍然需要满足标准要求。*

**C. 在项目交付之后，培训、教育或技能发展计划是否会继续？**

*有文件说明，项目业主或运营方承诺或计划在项目施工完成之后提供培训、教育或技能发展计划。这可能包括但不限于社区教育和/或意识培训计划。*

**D. 培训和技能发展计划是否专门针对经济萧条、未充分就业或弱势社区？**

*1. 有文件说明，当地/地区经济条件如何导致经济萧条、未充分就业或弱势社区。*

*2. 有证据表明，为专门针对这些社区参与培训计划而付出的努力。*

## 相关"ENVISION"评分项

QL1.3　提高施工安全

QL3.1　促进公平与社会公正

LD2.3　长期监测与维护计划

LD3.1　促进经济繁荣与发展

领导力：经济

## LD3.3　开展项目全生命周期经济评估

**14 分**

**目的**
利用经济分析来确定项目的全面经济影响和更广泛的社会和环境效益。

**指标**
用于确定项目净影响的经济分析的全面性，以及它们在评估替代决策时使用的方法。

**绩效等级**

| 改进 | 增强 | 超越 | 保护 | 恢复 |
|---|---|---|---|---|
| A | A + B | A + B + C | A + C + D | A + C + D + E |
| (5) 全生命周期成本分析 | (7) 全生命周期成本替代分析 | (10) 收益描绘 | (12) 可持续发展成本效益分析 | (14) 可持续发展成本效益替代分析 |

**(A)** 在整个项目中进行全生命周期成本分析（LCCA），以确定项目的总体经济影响，并为决策提供额外的见解。

**(B)** 全生命周期成本分析（LCCA）用于比较和评估至少一个主要设计组件的比选方案。

**(C)** 项目团队描绘了项目的社会、环境和财务成本和收益。成本和收益必须量化，但不一定要货币化。

**(D)** 标准 A 中的全生命周期成本分析（LCCA）扩展为全面的可持续发展成本效益分析，其基础是将标准 C 中确定的社会、环境和财务成本和收益货币化。

**(E)** 可持续发展成本效益分析用于比较和评估至少一个主要设计组件的比选方案。

所选择的比选方案产生了积极的净现值，包括社会和环境效益。

### 描述

本评分项鼓励和认可使用合理的、行业接受的经济分析方法，以便更好地衡量一个项目的价值，并最终鼓励更大程度的可持续发展的做法。采用全生命周期的经济方法进行项目评估，可以通过鼓励对资源和资产的有效管理来加强决策，从而最终产生更可持续发展的项目。全生命周期经济评估通过全面评估，更好地理解前期资本成本和预测节省的长期运营成本之间的权衡，节省的成本来自于可持续发展设计带来的积累。基础设施的预期结果往往是产生效益和/或减少对社区、环境和更广泛社会的负面影响。经济分析可以用来衡量和评估这些益处，而这些益处通常只能定性地评估。

通过严格的经济分析来更全面地评估投资，可以帮助组织机构在相互竞争的资本项目中最好地利用其资金。通过使用全生命周期方法，可以将设计比选方案在现值基础上进行比较，这可能最终证明更可持续项目的业务案例。

全生命周期成本分析（简称"LCCA"）是几种常用的评估技术之一，用于比较和评估各种设计比选方案在假定的使用寿命周期中的财务可行性。"LCCA"为项目的总财务成本提供了一个更直观地了解角度，并允许对竞争项目进行更直接的比较。至少，有必要确保项目评估了资本、运营和管理、重置成本，以及所有比选方案在一个一致的时间段内的剩余价值，同时将贴现技术用于计算货币的时间价值，以便在共同的基础上比较多个不同的项目。

虽然"LCCA"在规划过程中提供了更严谨和更深入的见解，但它并没有明确评估项目产生的社会和环境效益。全面的可持续发展成本效益分析衡量了该项目更广泛的财务、社会和环境效益。这种扩展分析进一步量化了这些影响，然后将其货币化。可持续发展成本效益分析，将社会和环境影响的货币价值添加到"LCCA"结果中，以全面衡量可持续发展的影响。它允许直接评估在不同水平的财务成本、环境质量、社会影响和韧性间进行的权衡，并允许决策者识别那些最有效益和性价比最高的项目。

通常，前期资本成本是规划决策的关键驱动力；然而，这忽略了项目的全生命周期成本、风险和不确定性，或者影响环境和社会的更广泛的结果。其后果是，业主可能会忽视与可持续发展相关的投资，认为前期资本成本较高，但实际上最终会在项目的全生命周期中，以较低的公共事业相关成本，更少的运营和维护成本，更少的重置成本来节省成本。

对于开展全生命周期经济评估时应遵循的具体步骤，可以找到重要的指导意见。本评分项不推荐使用任何规定的方法；然而，一般的方法如下：

1. 定义基本情况。
2. 列出可行的比选方案，包括不建设——这些可以是设计组件或整个项目。
3. 指定成本和收益的类别。
4. 将成本和收益量化作为基本情况的增量。
5. 成本和效益货币化。
6. 在分析中识别并考虑风险。
7. 贴现未来现金流以计算净现值。

## 绩效改进

**改进：** 本评分项从进行全生命周期成本分析开始。"LCCA"是一种常用的评估技术，用于比较和评估各种设计比选方案在假定使用寿命周期中的财务可行性。"LCCA"为项目的总财务成本提供了一个更直观地了解角度。至少，有必要确保项目评估了资本、运营和管理、重置成本，以及所有比选方案在一个一致的时间段内的剩余价值，同时将贴现技术用于计算货币的时间价值，以便在共同的基础上比较多个不同的项目。

**增强：** "LCCA"用于对竞争项目或设计比选方案进行更直接的比较。

**超越：** 项目团队绘制和量化项目的社会和环境影响。虽然"LCCA"在规划过程中提供了更严谨和更深入的见解，但它并没有明确评估项目产生的社会和环境效益。

**保护：** 全面的可持续发展成本效益分析（简称"CBA"）用于量化和衡量该项目更广泛的财务、社会和环境效益。这也可以被称为"三重底线成本效益分析"（TBL-CBA）或可持续投资回报（SROI）。对于评估投资或政策的净经济的影响，"CBA"是一种被广泛使用的、有良好反馈的方法。在可持续发展评估中，它被扩大到包括社会和环境因素。该方法通过将收益和成本置入共同的指标，为计算、货币化，和比较特定项目的经济效益和成本提供了一个系统的过程。它允许直接评估在不同水平的财务成本、环境质量、社会影响和韧性间进行的权衡，并允许决策者识别那些最有效益和性价比最高的项目。

通常，一个"基本方案"与一个或多个备选方案相比较（与基本方案相比，它有一些显著的改进）。该分析评估了增量差异，以确定如果采取比选方案将带来的额外利益，以及实现这一目标所需要的额外成本。为了比较可能在不同的年份产生成本和收益的不同项目或同一项目的比选方案，可以用贴现将未来的收益和成本转换为现值。决定一个项目是否合理的标准是净现值是否为正。净现值是预期净收益（即：收益减去成本）货币化价值的贴现。通过使用统计数据和 / 或工程数据以及同行评审的估值研究，对影响进行量化和货币化。

**恢复：** 除了恢复性评估之外，项目团队还可以证明，分析的结果对项目选择或至少一个主要项目组件设计的决策，起到了积极作用。

**适用范围：** 很难证明该评分项与寻求"Envision"奖的项目无关或不适用。

## 评估标准和文件指南

**A. 是否进行了全生命周期成本分析以确定整个项目的财务影响？**

1. *采用清晰而简明的叙述性的描述，以便为那些只有有限的经济专业知识的审核人理解。项目团队应该描述所提议的项目和预期的成本。在尽可能大的范围内，它应该确定以证据为基础的实践作为分析的基础。*

2. *有对全生命周期成本分析的文件，包括假设、数据源和方法。所用方法要遵循最佳实践，包括适当 / 可用的国家或国际的指南。对所有的比选方案的分析必须在一个一致的时间段内进行，同时将贴现技术用于计算货币时间价值，以便在共同基础上进行比较。分析至少应包括以下信息：*

   · *项目 / 投资成本（资本成本）。*

   · *重置成本。*

   · *年度或重复性的运营和维护费用。*

   · *残值。*

   · *增加财务收益流，如抵消成本的收入。*

**B. 是否使用全生命周期成本分析来比较至少一个主要项目组件的比较方案？**

*有文件说明，计划使用财务分析以及它如何影响决策过程或比选方案的选择。这应该包括对固有的设计特性、技术或与基础方案不同的其他元素的具体引用。基础方案不一定总是"无所作为"的比选方案，但它通常是可以达到项目基本用途的"最低"的资本成本的比选方案。在拥有新设计的情况下，基础方案可能意味着更基本的设施设计，或者是具有较少的可持续发展相关组件的设计。*

**C. 项目团队是否描绘了项目的社会、环境和财务成本与收益？**

*项目成本和影响的指标与量化。除了在标准 A 中作为全生命周期成本分析的一部分收集的数据外，项目团队可以考虑，但不限于以下主题，以指导和构建社会和环境影响体系：*

- *降低死亡率、发病率/伤害——安全改进。*
- *低收入和中等收入人群和/或家庭受益——分配的影响。*
- *改进休闲价值——增加了自行车骑行或步行、锻炼等。*
- *改进美学或街景——改善光污染、总体美观、街景。*
- *提高生产力——改善热舒适性，减少呼吸道疾病、过敏源，提升空气质量等。*
- *减少汽车或货车里程——交通拥堵、安全、排放、道路损坏、车辆运营成本。*
- *噪声/废气水平。*
- *生态系统和生物多样性的影响（例如，从湿地恢复或再造林）。*
- *空气质量——通过减少能源使用、车辆使用、材料中的嵌入式能源、固体废弃物等来降低污染物。*
- *水质量——减少雨水径流，减少污水流。*
- *水用量——减少对淡水的需求。*
- *气候变化——通过减少能源使用、车辆使用、材料中的嵌入式能源、固体废弃物等减少温室气体排放（$CO_2$当量）。*
- *韧性的价值——防止未来/重复灾害影响或提高可靠性的价值，以此减少未来受损、重置，或服务功能丧失的成本。*

**D. 是否进行了成本效益分析，以确定整个项目的财务、社会和环境影响？**

*有成本效益分析的文件，包括假设、数据源和方法。所用方法要遵循最佳实践，包括适当/可用的国家或国际的指南。对所有的比较方案的分析必须在一个一致的时间段内进行，同时将贴现技术用于计算货币的时间价值，以便在共同基础上进行比较。请注意，成本效益分析包括的全部数据，也是依据标准 A 进行全生命周期成本分析所收集的那部分数据。在进行成本效益分析比较时不建议采用任何一种规定的方法；然而，项目团队可以使用以下通用方法：*

- *确定基础方案。*
- *列出可行的比选方案。*
- *指定成本和收益的类别。*
- *量化成本和收益（作为基础方案的增量）。*
- *成本和效益货币化。*
- *在分析中识别并考虑风险（这是成本效益分析的最佳实践方法，并且是可选的）。*
- *贴现未来现金流以计算净现值（NPV）和其他指标。*

**E. 是否有成本效益分析，包括财务、环境和社会效益，用于比较至少一个主要项目组件的比选方案？**

*有文件说明，计划使用经济分析以及它如何影响决策过程或比选方案的选择。*

### 相关"ENVISION"评分项

QL1.1　提高社区生活质量

LD2.3　长期监测与维护计划

LD2.4　项目生命周期结束计划

LD3.1　促进经济繁荣与发展

CR2.2　评估气候变化的脆弱性

CR2.3　评估风险与韧性

CR2.4　建立韧性目标与策略

# 密苏里州堪萨斯城有轨电车项目

堪萨斯城的有轨电车项目（"Envision"白金奖，2016年）于2011年经过选民批准，通过地方税收获得可持续的资金用于项目开发，以支持城市中心区的复兴。在电车路线两侧的两个街区内，有65000名雇员和4600名居民；每年有1000多万人来参观这条走廊中的旅游景点。自从有轨电车项目宣布以来，该地区已经迎来了40多个开发项目，经济活动总值约18亿美元。

在市政府、堪萨斯城有轨电车管理局(KCSA)、堪萨斯城地区交通管理局(KCATA)、中美洲地区理事会(MARC)、杰克逊县、堪萨斯城市中心交通开发区和HDR(作为牵头的规划和设计公司)积极合作的推动下，在不到两年的时间内，有轨电车项目从方案比选分析阶段进入到最终设计阶段，设计于2014年3月完成，施工于2015年底完成，随后进行了一段时间的测试，并于2016年5月向公众开放。

该项目被设计成一个完全一体化的交通系统，以支持城市聚焦于主要街道，将其作为可持续经济发展的关键走廊，并培养一种社区认同感。这一成功体现在有轨电车走廊附近兴起的重大经济发展和高于预期的客流量。

堪萨斯城有轨电车在"Envision"范畴内的显著绩效包括：

**生活质量：** 市中心走廊的方案比选分析，最终推荐了一条沿着主要街道的有轨电车，围绕着与当地社区需求和目的直接相关的目标建设。有轨电车提供了一种替代的交通方式，可以减少高度开发的城区的交通拥堵，改善了交通和通达性，在步行的范围内可以到达商业区、办公区和住宅区。它提供了与其他地区交通服务的"最后一英里"连接，并与自行车和步行设施相结合。设计师们在保护城市美学和邻里关系的同时，也注重提高公共空间，以进一步提高整体的生活质量。

**领导力：** 该项目由于其深度合作的规划和设计流程，以及具有长远眼光的方法，在领导力方面得分很高。这包括它的可持续增长和经济发展战略，以及对利益相关方参与进程和社区关系建设的长期管理。

**资源分配：** 该项目的设计和施工旨在尽量减少项目产生的废弃物，再利用或转移填埋的废弃物，并在可能的情况下实施绿色基础设施解决方案。例如，大约47%的有轨电车维修设施包含可回收的内容，近九成的建筑垃圾从废弃物填埋场转移。此外，用于有轨电车轨道的所有845吨钢材都是用回收的金属废料制成的。项目团队还采取了一些措施，以最大限度地减少从现场必须运走的开挖料数量。在施工过程中（从人行道、车道和路面）拆卸的混凝土被粉碎成可回收的骨料，并在项目施工中重复使用，所有的废金属都被回收利用。

**自然界：** 该项目仔细考虑了电车维修设施和有轨电车轨道的水管理和雨水径流。实施了控制侵蚀的策略，减少了开发后的现场径流，并鼓励地下水补给。事实上，开发后的雨水径流水平低于开发前的水平。

**气候与韧性：** 该项目在气候与风险方面（现在称气候与韧性）的得分很高，这在很大程度上是由于该系统对冬季天气的韧性设计。

领导力：创新

## LD0.0 创新或超过评分项要求

**+10 分**

**目的**
奖励超出系统预期的卓越绩效，以及推进最先进可持续基础设施的创新方法的应用。

**指标**
项目的可持续发展绩效是否符合创新、卓越绩效或者不被现有评分项所认可。

### 绩效等级

| 创新 |
|---|
| A 或 B 或 C |
| **(+1~10) 创新或超过评分项要求** |
| **(A)** 实施在使用和应用方面或当地法规或文化背景下的创新方法、技术或措施。 |
| 或 |
| **(B)** 实施一个或多个超过"领导力"评分项标准的最高现有要求的措施。 |
| 或 |
| **(C)** 解决"Envision"框架体系中目前尚未认可的可持续发展的其他方面的问题。 |

### 描述

本评分项适用于以下项目情况：

1. 采用了创新的方法、资源技术或流程，这些方法、技术或流程在其应用或当地法规及文化背景下均属于创新成果。

2. 超出一个或多个评分项的绩效要求；和 / 或

3. 解决"Envision"框架体系目前还未认可的可持续发展的其他方面。

本评分项的分值不计算在总体适用分值内，属于奖励加分。鉴于该评分项的性质，可以用不同形式的文件说明，旨在鼓励创造性的基础设施的解决方案，需要完整的文件。项目团队在申请本评分项时，可以选择以上三个方面的一个或多个进行说明，也可以在同一选项做出多项选择。奖励分值最高为 10 分。

### 绩效改进

**创新：**

为了获得本评分项，项目需采用创新的方法、资源、技术或流程（例如，将创新方法用于既有技术，或在现有政策、法规或普遍意见尚不支持的地区，成功地应用了新的技术或方法）。在这种情况下，必须证明该技术的应用在现在和未来都将持续满足项目绩效的预期，且不会对当地或全球环境、经济或社区产生相应的负面影响。

项目可以通过以下几种方式展示其实施创新的方法、技术或流程：

- 该项目是某项新技术或新方法最早的使用者，这些新技术或方法可以在没有负面影响权衡的情况下显著提高项目绩效。

- 该项目使用的技术或方法可能是世界其他地方或地区的通用做法，但在本项目的范围内（气候、法规、政策、政治支持、公众舆论等）尚未获得认可。在这一背景下，项目团队将付出巨大的努力以证明技术或方法的有效性，并为将来广泛采用提供先例。

- 项目团队采取重要步骤，在执行项目过程中制定了相应的研究目标，与大学或研究机构合作，以提高该专业领域的基础知识水平。尚未公开的专利研究不能获得该评分项。

项目团队还须证明创新是有目的的。可以通过以下两种方式来证明：

- 解决重大问题、克服障碍或消除限制——项目团队证明以前未能在项目上采用的新方法、技术或流程，可以通过在本项目上的使用，解决了重大问题、克服了障碍或者消除了某些限制。

- 制定可扩展的，和／或可转让的解决方案——项目团队证明了在项目中实行的新方法、技术或流程可在各种规模的项目中进行推广，和／或在多个领域的多种基础设施项目中应用和转让。

*卓越绩效：*

要获得卓越绩效分值，项目必须达到一个或多个"领导力"评分项的最高水准的绩效等级。例如，在 **LD2.2 可持续社区计划** 的评分项中申请获得本奖励分值的项目，必须对现有的社区条件产生恢复的作用。在这种情况下，修复固有的不可持续状况的投资规模在项目预算中占很大的比例，并且是项目的主要目标，这些项目可能会追求卓越绩效。

- 为提高可持续发展绩效，将可持续发展管理计划作为管理项目范围、规模和复杂性的主要方法的项目，这种方法必须有可能在其他相关项目中采用。

- 就业发展和培训远远超出了恢复绩效等级预期的项目，这表明该项目将通过创造就业和技能培训，从根本上振兴社区经济。

*解决可持续发展的其他方面：*

要想在这种途径下获得奖励分，项目团队必须证明他们正在解决一个或多个方面的可持续发展问题，而这些方面目前尚未得到"Envision"体系的认可。可持续发展绩效必须与领导力有关。对于目前"Envision"体系尚未涉及的可持续发展问题，可被认为是新的，在这种情况下，可能会遵循创新路径的要求。例如，一个项目可能会获得以下奖励分值：

- 在项目的生命周期内，就有关项目环境绩效的具体标准持续提供公众报告。

- 实施社区教育计划，以提高公众对该项目的功能和效益的认识。

- 建立一个捐助基金，在相当长的时间里资助奖学金和／或学生实习项目；

- 与政府合作，确定和解决与可持续发展目标、宗旨和实践不一致的法律、标准、法规或政策。

## 评估标准和文件指南

**A. 该项目在多大程度上运用了创新方法、技术或流程来解决重大问题，克服障碍或限制，或提供具有推广和可转让的解决方案？**

*1. 有文件说明创新技术和方法的应用情况。详细描述关于此应用将如何在全球范围内，或在该项目独特背景下改进现有的常规做法，提供理由说明为什么该应用，不管是作为一种技术或方法，还是在该项目的背景下（气候、政治、文化等）都是创新性的。*

*2. 有文件说明，以前未能在项目上采用的新方法、技术或流程，通过在本项目上的使用，解决了重大问题，克服了障碍或者消除了某些限制。或者有文件说明，在项目上实现的新方法、技术或流程是可推广的，能在不同规模或者多个行业的基础设施项目中应用和转让。*

**B. 该项目在多大程度上超过了所给评分项的最高绩效等级？**

*有详细文件说明，项目如何超过了"领导力"评分项所给出的现有要求。*

**C. 该项目在多大程度上解决了"Envision" 框架体系当前尚未解决的可持续发展问题？**

*1. 有详细文件说明，该项目如何解决"Envision"框架体系当前尚未解决的可持续发展问题。*

*2. 有文件说明该方面如何与"领导力"类别相关。*

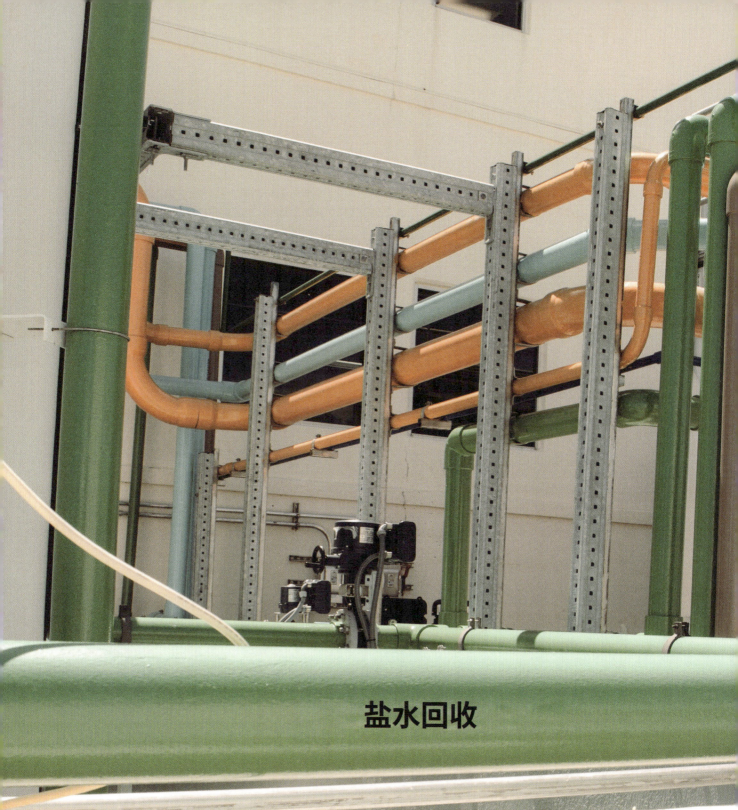

# 资源分配

—

资源是创建基础设施并保持其运行所需的资产。这个类别广泛关注这些资源的数量、来源和特点,及其对项目总体可持续性的影响。所涉及的资源包括物质材料(那些已经消耗和离开项目的材料)、能源和用水。这些资源是有限的,应被视为需珍惜使用的资产。材料、能源和水构成资源分配的三个子类别。

—

**14** 个评分项

后图为:
离子交换树脂厂和东部污水处理厂升级项目
美国佛罗里达州博伊顿海滩("Envision"铜奖,2017年)

1. 项目是否由可持续材料建造而成？
2. 项目是否管理施工和运营的废弃物？
3. 项目是否减少能源消耗，使用可再生能源？
4. 项目是否减少用水量并保护水资源？
5. 项目是否监测能源和水的使用？

## 材料

最大限度地减少材料使用的总体影响应该是基础设施项目的首要考虑因素。首先，采购更可持续的材料，使用回收利用材料，减少浪费。始终采购"可持续"材料必须与安全性、稳定性和耐用性相平衡。应始终考虑项目的全生命周期及其材料：材料来自何处以及产生何种废弃物。这些因素有助于最大限度地减少自然资源的消耗总量。

## 能源

来自不可再生化石燃料的能源是有限的。因此，鼓励使用可再生能源作为减少化石燃料消耗的手段。减少总体能源使用至关重要，理想情况下，项目将尽可能减少总体能源使用，并通过可再生能源满足剩余能源需求。调试与监测能源系统对于在项目的全生命周期内，确保项目设计功能和维护预期效率水平至关重要。

## 水

在人口增长、消费增加和气候变化之间，水资源的未来可用性尚不确定。因此，基础设施项目减少整体用水量，尤其是饮用水，这一点至关重要。替代水源，例如雨水径流，可以捕获并重复用于许多功能，而不会减少总体水资源。监测用水是有效利用水和减少水损失的重要步骤。

# 资源分配

---

**材料**

RA1.1　支持可持续采购实践

RA1.2　使用回收利用材料

RA1.3　减少运营废弃物

RA1.4　减少施工废弃物

RA1.5　现场平衡土方

**能源**

RA2.1　降低运营能耗

RA2.2　降低施工能耗

RA2.3　使用可再生能源

RA2.4　调试与监测能源系统

**水**

RA3.1　保护水资源

RA3.2　减少运营用水量

RA3.3　减少施工用水量

RA3.4　监测水（供、排）系统


RA0.0　创新或超过评分项要求

---

资源分配：材料

# RA1.1　支持可持续采购实践

**12 分**

**目的**
制定可持续的采购政策和计划，从实施可持续实践的制造商和/或供应商采购材料和设备。

**指标**
可持续采购计划的范围，以及来自实施可持续实践的制造商和/或供应商的材料的百分比。

## 绩效等级

| 改进<br>A + B | 增强<br>A + B | 超越<br>A + B | 保护<br>A + B | 恢复<br>不适用 |
|---|---|---|---|---|
| (3) 5% 可持续采购 | (6) 15%可持续采购 | (9) 25%可持续采购 | (12) 50%可持续采购 | |
| (A) 制定书面可持续采购政策/计划。<br>该计划包括一个定义明确的用于选择材料、供应品和设备供应商和/或制造商的过程，包括专注于环境实践和社会责任的选择标准。 | | | | |
| (B) 所有项目材料、供应品和设备中至少有5%符合可持续采购政策/计划要求。 | (B) 所有项目材料、供应品和设备中至少有15%符合可持续采购政策/计划要求。 | (B) 所有项目材料、供应品和设备中至少有25%符合可持续采购政策/计划要求。 | (B) 所有项目材料、供应品和设备中至少有50%符合可持续采购政策/计划要求。 | |

## 描述

本评分项鼓励选择将可持续发展纳入其政策和日常实践与运营的供应商。项目团队应优先考虑这样的供应商，他们考虑其产品的环境、经济和社会影响，并制定积极的绩效改进计划以提高绩效。

基础设施项目是材料的主要消费者，业主应考虑其影响材料制造链上游的更高可持续发展绩效的能力。由于业主和项目团队要求可持续性披露，这种信息将变得越来越容易获得。这种变化已经发生在施工材料的供应链中。虽然这个评分项与 CR1.1 减少净隐含碳排放有关，但它超出了单位材料生产的影响，包括整个制造过程的环境影响。

供应商的廉洁诚信和道德行为是重要的考虑因素。制定采购可持续制造产品和材料的政策，有助于保护项目和所有相关组织的声誉和绩效，避免未来披露项目材料是在不安全或破坏环境条件下生产的可能性。

## 绩效改进

**改进 ~ 保护**：本评分项和等级的区别在于项目从保护人类健康和环境的制造商采购的总材料的百分比。例如，项目团队可以尽量使用经认可的第三方可持续性认证计划认证的产品，使用具有环境产品声明的产品，或者基于可持续发展政策和实践运营的供应商。由于没有单一的标准来确定可持续和道德的制造实践，因此允许使用不同指标。

**适用范围**：本评分项适用于所有在施工或运营中使用或消耗物质材料的项目。

## 评估标准和文件指南

**A. 项目团队是否实施了可持续采购政策或计划？**

有文件说明，可持续采购政策包括确定和选择实施可持续实践的制造商和/或供应商的承诺。计划文件包括一个定义明确的流程，用于选择材料、供应品和设备的供应商和／或制造商，包括关注环境实践和社会责任的选择标准。符合条件的要求包括但不限于：

- 环境管理系统符合 ISO 14001（国际标准化组织）。
- 产品特定类型的 III 型环境产品声明（EPD）符合 ISO 14025,14044。
- 第三方验证的可持续发展计划［例如森林管理委员会（FSC），绿色标章（Green Seal），生态标志（EcoLogo），保险商实验室（UL），国家生物固体合作伙伴关系（NBP），混凝土可持续发展委员会（CSC）等］。
- 第三方验证的企业可持续发展报告，符合全球报告倡议组织（GRI）可持续发展报告或同等报告。

请注意，鉴于基础设施采购的复杂性，项目团队可以灵活地制定额外的可持续采购最佳实践，这些实践等同于或超过上述示例。但是，项目团队必须证明他们的要求如何满足本评分项的目的并维护可比性。

**B. 材料、供应品、设备、制造商和供应商在多大程度上满足可持续采购政策／计划的要求？**

1. 有按成本、重量或体积计算全部项目材料的百分比，以满足可持续采购政策／计划对社会和环境影响的要求。
记录材料的总重量、体积或成本。

针对可持续采购实践跟踪的所有材料的库存清单，包括材料的描述以及材料的制造商或供应商，以及公开要求的证据。表明可持续采购要求得到满足的文件。

2. 有材料／供应商跟踪表格和／或电子表格；收据／发票。

### 相关"ENVISION"评分项

QL3.1　促进公平与社会公正

LD2.1　建立可持续发展管理计划

RA1.2　使用回收利用材料

CR1.1　减少净隐含碳排放

资源分配：材料

# RA1.2　使用回收利用材料

**16 分**

**目的**
通过指定重复利用的材料，包括结构和具有可回收成分的材料，减少使用原始自然资源并避免将有用的材料送到废弃物填埋场。

**指标**
重复利用或回收的项目材料的百分比。植物、土壤、岩石和水不包括在本评分项中。

## 绩效等级

| 改进 A | 增强 A | 超越 A | 保护 A | 恢复 不适用 |
|---|---|---|---|---|
| (4) 至少5%来自回收 | (6) 至少15%来自回收 | (9) 至少25%来自回收 | (16) 至少50%来自回收 | |
| (A) 至少 5%（按重量、体积或成本计算）回收材料，包括具有可回收成分的材料和/或重复利用现有结构或材料。 | (A) 至少 15%（按重量、体积或成本计算）回收材料，包括具有可回收成分的材料和/或重复利用现有结构或材料。 | (A) 至少 25%（按重量、体积或成本计算）回收材料，包括具有可回收成分的材料和/或重复利用现有结构或材料。 | (A) 至少 50%（按重量、体积或成本计算）回收材料，包括具有可回收成分的材料和/或重复利用现有结构或材料。 | |

## 描述

本评分项目的是减少原始自然资源的使用，避免向废弃物填埋场运送有用的材料。使用可回收、重复利用和可回收材料和产品，包括现场现有结构和材料，减少了对原始材料的需求，以及由于其提取和加工而产生的隐性碳排放和环境恶化。使用这些材料还可以减少浪费，并为回收和重复利用材料的市场提供支持。项目团队应考虑如何回收利用或重复利用现有材料或结构，以显著减少对新施工材料的需求以及项目成本。现有材料或部件的重复利用也可具有重要的文化或美学价值，例如路灯、人行步道、桥梁及更多。

## 绩效改进

***改进~保护：***本评分项等级由重复利用或回收的全部材料的百分比来区分。可回收材料的计算可以通过重量、体积或成本来完成，但必须在评分项内保持一致。计算应将可回收材料和重复利用结构的总量与项目中的材料总量进行比较。含有一定比例回收材料的产品应根据回收材料的百分比进行分解计算。

再循环含量根据"ISO 14021"定义为产品中使用的材料部分，其已从固体废弃物转移并部分或全部用于代替新的主要材料。符合考虑条件的材料也可以定义为在现场或从另一个地点预先存在的材料，这些材料以前是一种产品或设备，现在正在重新利用或重复利用。为了被视为"重复利用"，项目团队必须表现出有目的的努力来回收、回收利用或重新利用材料或结构，与本评分项的目的保持一致。

当用作回填时，土壤和岩石等天然材料不计入本评分项，但在**RA 1.5 现场平衡土方**中涉及。如果现场采伐和制造自然资源以取代新的或主要材料，例如粉碎石头以生产骨料，项目团队有责任证明这些行动真正取代了新的主要材料。同样，在声称重用现有结构或材料时，项目团队必须清楚地证明有意识地决定从拆除和处置中回收这些材料。如果在标准实践中不会将材料移除，则不能将材料计为再循环。例如，在修理道路时，项目团队不能将整个剩余道路声称为"回收"，因为该材料通常不会被移除。

项目团队必须始终确保所有项目材料符合预期应用所需的质量和绩效标准，无论是否回收。材料还必须满足州或地方固体废弃物处理机构在施工中使用回收利用材料的要求。使用的任何回收材料不得对人类健康和安全或环境造成不可接受的风险。

***适用范围：***本评分项适用于所有在施工或运营中使用或消耗物质材料的项目。

## 评估标准和文件指南

**项目团队在多大程度上使用回收利用材料，包括具有回收利用成分的材料和/或重复利用现有结构或材料？**

*1. 有按重量、体积或成本计算的项目使用总材料数量。*

*2. 有回收利用成分材料规格的库存清单。库存清单应包括产品名称、制造商名称、材料的重量、体积或成本，以及回收利用成分的百分比（工业生产后或消费后回收利用成分）。*

*3. 有按重量、体积或成本计算重复使用或回收材料的百分比。*

*要计算具有回收利用成分的材料，将材料重量、体积或成本乘以回收利用成分的百分比。*

*机械、电气、水设备及其组件可能会被排除在计算之外。在这些情况下，最有效率的设备应该具体说明。计算不包括植物、土壤、岩石或水。*

*4. 有已重复利用的现有材料或结构清单。*

*有设计文件显示重复利用的结构或材料的位置和重量、体积或成本。在确定重量、体积或成本时，项目团队可以参考标准等效物。*

为了达到本评分项的目的，项目团队必须能够证明有意选择回收原本可能被送往废弃物填埋场和/或更换的材料或结构。此外，必须证明此类行动在项目范围之内。例如，重新铺设机场跑道的项目不能将整个周边机场称为"重复利用"的材料。然而，有意选择翻新现有桥梁而不是更换现有桥梁的项目，可能会将现有桥梁的保留组件视为"重复利用"。

## 相关"ENVISION"评分项

LD1.4　追求副产品协同效应

NW1.4　保护未开发土地

CR1.1　减少净隐含碳排放

资源分配：材料

# RA1.3　减少运营废弃物

**14 分**

**目的**
减少运营废弃物，将废弃物从处置转移到回收和重复利用。

**指标**
从处置中转移的运营废弃物或副产品总量的百分比。

## 绩效等级

| 改进<br>A + B | 增强<br>A + B | 超越<br>A + B | 保护<br>A + B | 恢复 |
|---|---|---|---|---|
| (4) 回收利用/重复利用至少25% | (7) 回收利用/重复利用至少50% | (10) 回收利用/重复利用至少75% | (14) 回收利用/重复利用至少95% | 不适用 |
| **(A)** 制定运营废弃物管理计划，至少确定从处置中转移的材料以及材料是在现场分类或混合。 | | | | |
| **(B)** 项目团队确定因项目运营而产生的废弃物或副产品。<br><br>该项目的规划或设计旨在转移至少25％的运营废弃物。转移可以是减少废弃物措施和/或向其他设施采购废弃物以进行回收利用或重复利用的组合。 | **(B)** 项目团队确定因项目运营而产生的废弃物或副产品。<br><br>该项目的规划或设计旨在转移至少50％的运营废弃物。转移可以是减少废弃物措施和/或向其他设施采购废弃物以进行回收利用或重复利用的组合。 | **(B)** 项目团队确定因项目运营而产生的废弃物或副产品。<br><br>该项目的规划或设计旨在转移至少75％的运营废弃物。转移可以是减少废弃物措施和/或向其他设施采购废弃物以进行回收利用或重复利用的组合。 | **(B)** 项目团队确定因项目运营而产生的废弃物或副产品。<br><br>该项目的规划或设计旨在转移至少95％的运营废弃物。转移可以是减少废弃物措施和/或向其他设施采购废弃物以进行回收利用或重复利用的组合。 | |

## 描述

本评分项的目标是减少运营废弃物，并将废弃物或副产品从处置转移到回收和重复利用。在项目的规划、设计和施工过程中有机会减少预估的运营废弃物。此外，项目团队应考虑项目产生的剩余废弃物的回收或有益重复利用的能力。在整个项目交付过程中做出的决策，可以增强或限制项目减少和转移废弃物的能力。

本评分项承认可以最大限度地减少废弃物产生或最大限度地回收和/或再利用废弃物的决策。最大限度地减少废弃物的产生可能涉及早期规划决策或提高效率的设计特征。为了收集和转移填埋场的废弃物，鼓励项目团队不仅仅考虑办公室或公共场所的可回收物品的收集。虽然对于大型基础设施项目来说，此活动可能比项目运营产生的"过程浪费"小几个数量级，但是这很重要。

## 绩效改进

**改进 ~ 保护：** 本评分项的等级以处置转移的运营废弃物总量的百分比来区分。由于大多数基础设施项目不存在废弃物产生的行业标准，项目团队需要提供适合计算的基础案例，以确定减少百分比。本指导手册已在前面详细解释了用于建立基线绩效数据的可接受的方法，包括现有条件，认真考虑的替代方案，标准实践或类似的现有项目/设施。

最大限度地利用废弃物回收或重复利用的机会，需要确定回收的潜在来源和目的地。如果材料被送到回收设施，项目团队应考虑该设施是否经过认证以满足可接受的回收率。转用或重复利用材料的最终应用/目的地不应对人类健康和安全或环境构成风险，并应符合所有州/省和当地固体废弃物的要求。被视为危险的废弃物不应包括在总废弃物计算中，应根据当地、州/省和联邦法律进行处置。转移方法应符合本评分项的精神和目的，以减少废弃物对社会和环境产生的影响。可接受的转移方式可能包括但不限于：

- 减少废弃物。
- 现场重复利用或回收利用材料。
- 送往回收或再利用设施的材料。
- 作为消费后的回收部分发送给制造商的材料。
- 现场堆肥或送至堆肥设施的材料。
- 应用于土地的生物固体。
- 适当时使用材料作为填埋物。

不可接受的转移手段包括：

- 填埋不适合填埋的废料。

**适用范围：** 本评分项适用于所有产生运营废弃物或副产品的项目。不包含任何运营废弃物的项目可申请将本评分项视为不适用，并提供证明文件。

## 评估标准和文件指南

**A. 项目团队是否制定了废弃物管理计划，以减少项目的浪费，并在运营期间转移废弃物填埋场的废弃物？**

*有文件说明运营废弃物管理计划。*

*或*

*有足以解决项目运营废弃物/回收的政策、规范或合同文件。*

**B. 项目团队在多大程度上减少了废弃物或从废弃物填埋场转移废弃物？**

1. *确定项目运营期间将发生的废弃物（例如，废弃物处理产生的污泥，副产品或由于能源设施的废弃物产生的残余物质）。*

2. *有文件说明如何规划或设计项目，以减少运营期间的废弃物产生或转移废弃物填埋场的运营废弃物。文件包括废弃物类型和减少废弃物产生的方法。*

3. *计算估计的总废弃物减少量措施和转用于回收或重复利用的材料百分比。转移废弃物的百分比应计算为从填埋场转移的材料与施工或运营期间产生的总废弃物的比率。计算可以通过重量、体积或成本来完成，但必须在整个评分项内保持一致。*

*被视为危险的废弃物不应列入总废弃物计算中，应根据当地、州/省和联邦法律进行处置。*

## 相关"ENVISION"评分项

LD2.1　建立可持续发展管理计划

CR1.1　减少净隐含碳排放

资源分配：材料

# RA1.4　减少施工废弃物

**16 分**

**目的**
将施工和拆除废弃物从废弃处置转移为回收和重复利用。

**指标**
从处置中转移的总废弃物百分比。

## 绩效等级

| 改进<br>A + B | 增强<br>A + B | 超越<br>A + B | 保护<br>A + B | 恢复<br>不适用 |
|---|---|---|---|---|
| (4) 回收利用/重复利用 25% | (7) 回收利用/重复利用 50% | (10) 回收利用/重复利用 75% | (16) 回收利用/重复利用 95% | |
| (A) 实施施工废弃物管理计划，至少确定需从废弃处置中转移的材料及材料是在现场分类或混合。 | | | | |
| (B) 项目团队为施工废弃物分流制定一个目标。<br><br>在施工过程中，至少有 25% 的废料被回收利用、重复利用和／或废物使用。<br><br>分流可能是减少废弃物的措施和采购废弃物到其他设施进行回收利用或重复利用。 | (B) 项目团队为施工废弃物分流制定一个目标。<br><br>在施工过程中，至少有 50% 的废料被回收利用、重复利用和／或废物使用。<br><br>分流可能是减少废弃物的措施和采购废弃物到其他设施进行回收利用或重复利用。 | (B) 项目团队为施工废弃物分流制定一个目标。<br><br>在施工过程中，至少有 75% 的废料被回收利用、重复利用和／或废物使用。<br><br>分流可能是减少废弃物的措施和采购废弃物到其他设施进行回收利用或重复利用。 | (B) 项目团队为施工废弃物分流制定一个目标。<br><br>在施工过程中，至少有 95% 的废料被回收利用、重复利用和／或废物使用。<br><br>分流可能是减少废弃物的措施和采购废弃物到其他设施进行回收利用或重复利用。 | |

## 描述

本评分项的目标是减少施工废弃物，并将废弃物从处置转移到回收和重复利用。项目团队可以通过考虑在施工过程中产生的废弃物来回收或有益地重复利用的能力，实施废弃物管理计划来收集废弃物，并识别具有适当能力的可回收中心。

当考虑花费在收集和转移施工废弃物的额外时间或精力时，应考虑在倾倒费用中节约成本。此外，一些回收材料，如废金属具有有用的价值。实现高比例的施工废弃物分流，通常是有关机构和公司的机构培训和运营程序。在选择项目团队时，基础设施业主应该考虑这些能力。

## 绩效改进

***改进 ~ 保护：*** 本评分项的等级是区分总的施工废弃物从废弃处置中转移的百分比。这是根据从填埋场转移的材料与施工过程中产生总废弃物的比率计算。计算必须通过重量或体积来完成。虽然往往更难以量化，如果提供足够的证明文件，项目还可以包括将施工废弃物产生减到最小的努力。

转移需要一个管理计划，识别潜在的来源和目的地，以供回收利用。对回收和重复利用选择的认定和评价是开发、处理、隔离和储存材料有效计划的第一步。重要的是确定哪些材料必须分离，哪些材料可以混合。

转用或重复利用的材料的最终应用/目的不应对人类健康和安全或环境构成风险，并且应符合所有国家/省和地方固体废弃物机构的要求。用作填埋场的填埋材料仍在堆填区处置，此举不符合本评分项的精神或目的。如果材料被送到回收设施，项目团队应该考虑该设施是否被认证可以满足可接受的回收率。被视为有害的废弃物不应列入总废弃物计算中，并应根据当地、州/省和联邦法律处理。土壤和岩石不包括在这一评分项中，而是在 **RA1.5** 现场平衡土方中体现。转移方法应满足本评分项的精神和目的，以减少废弃物产生的社会和环境影响。可接受的转移方法可包括但不限于：

- 减少废弃物。
- 现场重复利用或回收材料。
- 送往到回收利用或回收设施的材料。
- 作为消费后的回收部分发送给制造商的材料。
- 现场堆肥或送至堆肥设施的材料。
- 适当使用材料作为填埋物。

不可接受的转移手段包括：

- 填埋不适合填埋的废料。

**适用范围：** 本评分项适用于所有产生施工废弃物的项目。不包括任何施工废弃物的项目可以申请将本评分项视为不适用，并提交证明文件。

## 评估标准和文件指南

**A. 项目小组是否制定了全面的废弃物管理计划，以减少工程废弃物，并在施工过程中从废弃物填埋场转移废弃物?**

*1. 有文件说明施工废弃物管理计划。*

或

*将制定和实施一项施工管理计划的政策、规范或合同文件。*

*2. 有文件说明施工管理计划得以实施。*

**B. 施工废弃物从废弃物填埋场转移到什么程度?**

*1. 项目团队为达到目标施工废弃物转移率而制定的政策、规范、合同文件或承诺。*

*2. 对产生的每种类型/类别的施工和拆除材料、接收代理的位置和按重量（吨）或体积（立方码/立方米）分类的转移废弃物的数量，提供一个总体描述。*

*3. 计算总废弃物减少的措施和材料转移回收或重复利用的百分比。转移废弃物的百分比应计算为从废弃物填埋场转移的材料与施工过程中产生的总废弃物的比率。计算可以通过重量（吨）或体积（立方码/立方米）来完成，但必须在整个评分项中保持一致。*

被视为危险的废弃物不应列入总废弃物计算中，并应根据当地、州/省和联邦法律处理。

## 相关 "ENVISION" 评分项

LD2.1　建立可持续发展管理计划

CR1.1　减少净隐含碳排放

资源分配：材料

# RA1.5 现场平衡土方

**8 分**

**目的**
尽量减少将土壤和其他挖掘材料移出现场，以减少运输和环境影响。

**指标**
现场或附近保留的挖掘材料的百分比。

## 绩效等级

| 改进<br>A | 增强<br>A | 超越<br>A | 保护<br>A | 恢复<br>不适用 |
|---|---|---|---|---|
| (2) 至少在现场重复利用30% | (4) 至少在现场重复利用50% | (6) 至少在现场重复利用80% | (8) 全部在现场平衡 | |
| (A) 移出现场的挖掘材料和/或运到现场的填充物不超过现场土壤处理总量的70%。<br><br>或<br><br>填土和挖掘材料100%是在25英里范围内的场地获取或重复利用。 | (A) 移出现场的挖掘材料和/或运到现场的填充物不超过现场土壤处理总量的50%。<br><br>或<br><br>填土和挖掘材料100%是在10英里范围内的场地获取或重复利用。 | (A) 移出现场的挖掘材料和/或运到现场的填充物不超过现场土壤处理总量的20%。<br><br>或<br><br>填土和挖掘材料100%是在5英里范围内的场地获取或重复利用。 | (A) 场地是完全平衡的。没有土方从工地运出和运入。 | |

## 描述

现代化的施工设备和方法使大型场地平整成为可能。然而，大规模的移走和/或更换土壤和开挖材料，对跨越诸多类别的生活质量、领导力、资源分配、自然界、气候和韧性具有影响。影响包括但不限于增加噪声和拥堵、景观特征丧失、燃料消耗增加、设备使用增加、土壤健康退化、微生物生物多样性丧失、入侵物种的引入、水文破坏、温室气体增加和空气污染物排放。项目团队应考虑如何在现场找到挖掘土壤和岩石的有益用途，可以减少社会环境影响，带来共同利益，以及节约成本。

## 绩效改进

**改进 ~ 保护：** 这一评分项是由保留在现场土壤处理的百分比来区分。在规划、设计和施工过程中，项目团队应识别机会，以尽量减少分级，保留土壤现场，和/或消除需要运输额外的土壤到现场。

本评分项的目的，土方工程包括挖掘自然存在的材料，如土壤、岩石和被埋的植物材料。它不包括制造材料，如沥青、混凝土路面或其他人造地下结构。挖掘材料，如土壤，被认为是污染或危险，不应包括在总的计算之内，并应根据当地、州/省和联邦法律处理。

有一种替代方法可以在本项目有限的半径范围内，让项目找到所有填充源，并且有效益的重用所有挖掘材料。距离应从项目边界延伸的半径计算。对于长的线性基础设施项目，距离半径的中心沿着场地移动（例如，半径的中心将在项目的起始地，并随着项目的进展而移动）。

**适用范围：** 本评分项适用于涉及挖掘合格土方工程的所有项目。不包括任何土方工程或仅涉及被认为有污染或危险的排除材料的项目，可申请将本评分项视为不适用，并提供证明文件。在很少情况下，与工程规模相比，挖掘土方的数量不重要，团队可申请将本评分项视为不适用，并提供证明材料。然而，评审人员可以依据项目背景自主确定如何构成无关紧要的挖掘材料数量。

## 评估标准和文件指南

**A. 项目团队在多大程度上设计了项目来平衡挖方和填方，以减少从现场挖掘出的材料？**

1. 有文件表明项目如何平衡在工地上的挖方和填方，以及在现场保留挖掘材料百分比的计算。

2. 有文件表明所有非现场运输材料的目的地及其与项目现场的距离。对于长的线性基础设施项目，其半径的中心沿着场地移动（即，半径的中心将在项目的起点，并随着项目的进展而移动）。

   被认为是危险的挖掘材料不应包括在整个计算中，并应根据当地、州/省和联邦法律处理。

## 相关"ENVISION"评分项

QL1.4　最大限度地减少噪声与振动
LD1.4　追求副产品协同效应
RA2.2　降低施工能耗
NW2.2　管理雨水
NW2.4　保护地表与地下水质量
NW3.5　保护土壤健康
CR1.1　减少净隐含碳排放
CR1.2　减少温室气体排放
CR1.3　减少空气污染物排放

资源分配：能源

# RA2.1　降低运营能耗

| **26** 分 | **目的** 通过降低整个项目生命周期内的整体运营能耗来节约能源。 | **指标** 实现运营能耗减少的百分比。 |

## 绩效等级

| 改进<br>A + B | 增强<br>A + B | 超越<br>A + B | 保护<br>A + B | 恢复<br>不适用 |
|---|---|---|---|---|
| (6) 10% 能耗减少 | (12) 30% 能耗减少 | (18) 50% 能耗减少 | (26) 70% 能耗减少 | |
| (A) 项目团队确定项目的预估年度能耗。如果年度能耗变化，项目团队会提交项目生命周期内的预估绩效范围。 ||||  |
| (B) 运行能耗至少降低 10%。 | (B) 运行能耗至少降低 30%。 | (B) 运行能耗至少降低 50%。 | (B) 运行能耗至少降低 70%。 | |

## 描述

本评分项体现降低整体能耗的重要需求。能源生产是温室气体排放，以及许多其他对环境和人类健康有害的污染物的主要来源。虽然使用可再生能源可以减少影响，但所有项目的主要目标应该是尽可能减少能源消耗。

减少运营能源使用可以节省大量复合成本。项目团队在考虑选项时应采用整体系统设计方法，以最大限度地实现绩效。虽然像采用发光二极管 (LEDs) 替代荧光灯等单一行动是积极的第一步，但在考虑项目替代方案和主要能耗系统设计时，可以实现大幅能量节省。

## 绩效改进

***改善 ~ 保护：***本评分项以运营能源减少的百分比来区分。由于大多数基础设施项目不存在运营能源使用的行业标准，项目团队需要为适当的基础案例提供计算。本指导手册前面详细解释了用于建立基准绩效数据的可接受方法，包括现有条件、认真考虑的替代方案、标准实践或类似的现有项目/设施。"Envision"的目的是支持数据收集，以便最终为项目团队和整个行业提供此基准数据。这就是为什么需要以可接受的标准单位提交计算的原因。

计算应包括项目运营期间的预期年度能耗。如果 ASHRAE（以前的美国采暖制冷和空调工程师协会）等行业标准可用于该项目类型，它们可用于计算项目的预期能耗以及行业基础案例。计算应包括从电网购买的能源，现场产生和使用的能源以及项目现场使用的燃料。

能源发电项目应将能量转换效率作为能源效率的衡量标准，目标是增加系统的电能、机械能或热能的输出捕获。同样，能源配送项目应计算能源损失的减少，目标是实现更高的能源输送效率。

***适用范围：***本评分项适用于所有在运营期间消耗能源的项目。不包含运营能源的项目可以申请将本评分项视为不适用，并提供证明文件。在极少数情况下，如果与项目规模相比，运营能源使用量显得不重要，项目团队可申请将本评分项视为不适用，并提供证明文件。但是，审核人员可以依据其自由裁量权，根据项目的背景决定微不足道的运营能源使用量是如何构成的。

## 评估标准和文件指南

**A. 项目团队是否确定了项目在运营期间的预估年度能耗？**

*运营期间项目预估年度能耗。能源数据应以标准单位表示。 如果年度能耗变化，项目团队会提交项目生命周期内的预估绩效范围。 该项目的能源消耗包括：*

- 从电网购买的能源。

- 现场产生的能源。

- 项目现场使用的燃料。

*需注意，能源生产项目应使用能量转换效率作为能源效率的衡量标准，目标是增加系统的电能、机械能或热能的输出捕获。同样，能源分配项目应计算能源损失的减少，目标是实现更高的能源输送效率。*

**B. 该项目在多大程度上降低了运营能耗？**

*1. 计算基准能耗。所有能源都应转换为标准单位。*

*2. 提交项目在项目生命周期内的预估年度能耗计算。记录基准减少百分比。所有能源都应转换为标准单位。*

### 相关"ENVISION"评分项

QL1.5　最大限度地减少光污染

QL2.2　鼓励可持续交通

LD2.1　建立可持续发展管理计划

RA2.4　调试与监测能源系统

CR1.2　减少温室气体排放

CR1.3　减少空气污染物排放

---

**项目实例：南洛杉矶湿地公园项目**

位于美国加利福尼亚州的南洛杉矶湿地公园项目（"Envision"白金奖，2014 年）通过断开与电网相关的所有照明并使用太阳能照明，减少了 77% 的运营能耗。项目团队还设计了泵系统，以进一步降低运营能源需求； 在雨水排放率较低的一年中的大部分时间里，需要较少能耗的两个较小的污水泵运行。只有遇到大雨时，三个消耗更多能量的大型操作泵才会运行。

资源分配：能源

# RA2.2　降低施工能耗

**12 分**

**目的**
通过减少施工期间的能源消耗来节约资源并减少温室气体和空气污染物排放。

**指标**
在施工期间项目实施的减少能源消耗和排放的策略数量。

## 绩效等级

| 改进 | 增强 | 超越 | 保护 | 恢复 |
|---|---|---|---|---|
| A | A + B | A + B | A + B | 不适用 |
| (1) 确定减少机会 | (4) 至少两项减少策略 | (8) 至少四项减少策略 | (12) 至少六项减少策略 | |
| (A) 项目团队进行一项或多项规划审查，以确定和分析减少施工期间能耗的方案。 | | | | |
| | (B) 该项目实施或已制定实施至少两 (2) 项节能减排策略的要求。 | (B) 该项目实施或已制定实施至少四 (4) 项节能减排策略的要求。 | (B) 该项目实施或已制定实施至少六 (6) 项节能减排策略的要求。 | |

## 描述

该评分项体现降低施工能耗的重要需求。由于施工能源使用与排放密切相关，因此该评分项中的许多行动都涉及能源效率、能源减少、可再生能源使用和减少排放。因此，除了其他资源分配评分项，**RA2.2 降低施工能耗**也与 **CR1.1 减少净隐含碳排放**和 **CR1.2 减少温室气体排放**有关。

通过减少施工期间的燃料消耗可以显著节省成本。项目团队应考虑减少货车行程、改善空气质量和支持可再生能源系统的二级和三级效益。虽然像采用发光二极管（LEDs）替代荧光灯等单一行动是积极的第一步，但在考虑更广泛的施工物流和协调时，可以实现大量的节能。

## 绩效改进

*改进*：项目团队首先对项目施工的方式和方法进行全面审查，包括审查施工过程中如何消耗能源以及减少能源的机会。应将能源减少策略检查表用作识别和分析方案的指南。

*增强 ~ 保护*：如果不是不可能的话，进行施工能耗的详细计算可能是繁重的。此外，与其他资源分配评分项一样，施工能源使用的行业标准也不存在。因此，该评分项评估了项目中部署的节能减排策略的数量，作为绩效的衡量标准。满足评分要求的策略列在标准 B 下。根据项目类型和背景，这些行动可能或多或少难以实现，这就是为什么有广泛的选项可供选择的原因。

*适用范围*：本评分项适用于所有在施工期间消耗能源的项目。因此，很难证明本评分项与寻求"Envision"奖项的项目无关或不适用。在极少数情况下，与项目规模相比，施工期间使用的能源数量不重要，团队可申请将本评分项视为不适用，并提供证明文件。但是，审核人员可以依据其自由裁量权，根据项目的背景决定不重要的能源使用量是如何构成的。

## 评估标准和文件指南

**A. 项目团队是否进行了规划审查以减少施工期间的能耗?**

有文件说明进行一项或多项规划审查,以确定和分析在施工期间降低能耗的潜力。

**B. 施工期间在多大程度上实施了节能策略?**

有文件说明在项目施工期间已实施或有政策实施的节能策略。符合评分项要求的策略包括:

   a. 四级施工设备或具有最佳可用技术(BAT)的三级施工设备,至少占 50 马力以上非道路设备车队的 75%。

   b. 重型设备中的替代燃料,如生物柴油,占燃料总消耗量的至少 5%。

   c. 混合动力或全电动项目车辆至少占车队总数的 50%。

   d. 至少 20%设备采用电气化设备(与燃气或柴油发动机相比)。

   e. 有激励措施的员工通勤计划(通勤运输,乘车共享计划,自行车骑行设施等)。

   f. 工作站(施工拖车/办公室能源)的能源购买减少 30%,用于以下中的两项:

   ①照明;②暖通空调;③插头负载。

   g. 购买绿色电源(RECs),占工作站能耗的 30%。

   h. 通过在现场生产 5%的可再生能源来弥补电力消耗(例如,拖车综合设施上的太阳能电池板,太阳能供电的临时照明设备,太阳能摄像机和可变信息标志牌);以及

   i. 通过改进规划和物流,将总体燃料消耗降低 10%。具体策略可能包括:

   i. 减少交货数量。

   ii. 减少空闲时间。

   iii. 现场重复利用土壤或其他材料,以减少进出现场的货车运输(与现场采取的"减少挖掘材料"相关联)。

   iv. 减少现场货运——适当的物流规划,例如在安装位置附近放置材料。

   v. 无须额外资源消耗即可加快计划。

   vi. 水上/铁路运输材料对比货车运输(第三方配送或物流)。

   vii. 现场工厂(混凝土厂/沥青厂)代替运输到现场的材料;以及

   viii. 设计预制部件。

## 相关"ENVISION"评分项

LD2.1 建立可持续发展管理计划

RA1.5 现场平衡土方

CR1.2 减少温室气体排放

CR1.3 减少空气污染物排放

---

**项目实例:**
**公路 I-4 最终项目**

在高速公路 I-4 最终项目("Envision"白金奖,2017 年),有一段连接橙县和佛罗里达州奥兰多市中心的高速公路,承包商部署了最先进的设备监测技术和软件,以减少施工环境影响。部署了燃料管理技术,以监测每个设备的燃料分配和跟踪消耗。此外,还实现了履带式起重机上的辅助空调装置。这些措施使机器小时数和相关燃料消耗减少了 20%。

资源分配：能源

# RA2.3 使用可再生能源

**24 分**

**目的**
通过可再生能源满足运营能源需求。

**指标**
可再生能源的使用范围。

## 绩效等级

| 改进 | 增强 | 超越 | 保护 | 恢复 |
|---|---|---|---|---|
| A | A | A | A | A |
| (5) 至少 5% | (10) 至少 15% | (15) 至少 30% | (20) 至少 50% | (24) 净正值 |
| (A) 该项目满足：5%的能源需求（电力和燃料）来自可再生能源。 | (A) 该项目满足：15%的能源需求（电力和燃料）来自可再生能源。 | (A) 该项目满足：30%的能源需求（电力和燃料）来自可再生能源。 | (A) 该项目满足：50%的能源需求（电力和燃料）来自可再生能源。 | (A) 该项目产生净正量的可再生能源。 |

## 描述

虽然减少能源使用是首要目标，但零净能源社会将需要对可再生能源进行大量投资。适当时，可在现场生产可再生能源，以帮助减少对化石燃料来源的需求。然而，重要的是要注意大型非现场可再生能源，例如风电场、大型水电设施或太阳能电池阵列，通常更有效。展示与这些来源的直接联系，并确保其能源生成不会被其他项目重复计算，可能具有挑战性。项目团队应评估可再生能源（包括非传统能源）的可行性，以有效增加运营能源中来自可再生能源的比例。

## 绩效改进

***改进 ~ 保护：*** 本评分项的等级以可再生能源占总能源使用百分比来区分。与施工物中的能源消耗不同，施工物几乎总是由电力主导，基础设施运营能源使用可包括电力和燃料消耗。对于本评分项，项目团队应在计算中考虑电力和燃料消耗。

可再生能源可以来自现场发电，通过燃料购买，或通过直接购买协议（例如，可再生能源购电协议）从电网购买。对于从电网购买的可再生能源，电力服务提供商从可再生能源获取电力并将该电力直接出售给该项目。可再生能源必须与此类交易中的项目处于同一电网中。没有购电协议，项目团队无法将电网内潜在的可再生能源归因于项目。

项目可能只计算在评估时购买或根据合同签订的可再生能源评分项（REC）。未来"REC"购买的非约束性承诺不能计入本评分项的绩效。购买的"REC"必须在项目的整个生命周期内进行年度化。例如，如果一个具有 20 年寿命的项目在一年内购买其能源消耗100%的"REC"，那么这将转化为其总能耗的 5%。

在确定使用的电力百分比时考虑了回输到电网上的现场发电。例如，在现场使用 100 千瓦时电力的情况下，从电网购买 20 千瓦时的可再生能源，现场生产和使用 10 千瓦时的可再生能源，以及 5 千瓦时的可再生能源返回电网，结果是达到 35% 水平的可再生能源。

***适用范围：*** 本评分项适用于所有在运营期间消耗能源（燃料或电力）的项目。不包含运营能源的项目可申请将本评分项视为不适用，并提供证明文件。在极少数情况下，如果与项目规模相比，运营能源使用量不重要，团队可以申请本评分项不适用，并提供证明文件。但是，评审人员可以依据项目背景自行决定什么构成无关紧要的运营能源使用量。

## 评估标准和文件指南

**A. 该项目在多大程度上满足可再生能源的电力或燃料需求？**

1. 有文件记录所有可再生能源的预期年产量，直接购买的可再生电力或回输电网的电量，以及由此产生的可再生能源占总能耗的百分比。电网内潜在的可再生能源组合无助于实现这一评分项。计算应采用标准能量单位 [kJ（千焦）或 Btu（英热单位）]。

2. *按类型划分可再生能源，可再生能源可能包括：*

- *太阳能（热能加热，主动和被动，以及光伏）。*
- *风（发电）。*
- *水（用于发电的水力或潮汐）。*
- *生物能（发电或燃料）。*
- *地热（发电或加热和制冷）；以及*
- *氢／燃料电池（用作燃料）。*
- *可再生运输燃料或电动车辆使用。*

## 相关"ENVISION"评分项

CR1.2　减少温室气体排放

CR1.3　减少空气污染物排放

**普通燃料转换**

| 燃料 | 英制单位 | 英热单位 | 指标单位 | 千焦 |
|---|---|---|---|---|
| 电力 | 1 千瓦时 | 3412 | 1 千瓦时 | 3600 |
| 汽油 | 1 加仑 | 120476 | 1 升 | 33579 |
| 柴油 | 1 加仑 | 137452 | 1 升 | 38310 |
| 天然气 | 1 立方英尺 | 1037 | 1 立方米 | 38638 |
| 丙烷液化石油气 | 1 加仑 | 91333 | 1 升 | 25456 |
| 丙烷气 | 1 立方英尺 | 2550 | 1 立方米 | 95011 |
| 乙醇 | 1 加仑 | 76330 | 1 升 | 21275 |

资料来源：美国能源情报署。

**项目实例：**

**水源地热**

　　在美国田纳西州纳什维尔国际机场附近有一个废弃采石场形成的湖泊，长期以来被认为是机场管理局的一项责任，随着水源地热项目的实施（"Envision"银奖，2017 年）变成了有益的资源。通过利用采石场湖的冷冻水，机场管理局每年可节省超过430000 美元的电费，比该项目确定的基准提高了 50%。

**资源分配：能源**

# RA2.4　调试与监测能源系统

| | |
|---|---|
| **14 分** | **目的** 通过指定能源系统的调试与监测，确保有效运行并延长使用寿命。　　**指标** 包含监测设备和软件，调试范围以及独立于项目的调试代理。 |

## 绩效等级

| 改进<br>A + B | 增强<br>A + B | 超越<br>A + B + C | 保护<br>A + B + C | 恢复<br>不适用 |
|---|---|---|---|---|
| (3) 基本初始调试 | (6) 全面初始调试 | (12) 长期调试 | (14) 高度初始和长期调试 | |
| **(A)** 该项目包括能源监测能力。<br><br>结合设备和/或软件能够在运营期间详细监测绩效。<br><br>该设备能够独立监测所有主要项目功能，占能源使用/消耗的至少 50%。 | **(A)** 该项目包括能源监测能力。<br><br>结合设备和/或软件能够在运营期间详细监测绩效。<br><br>该设备能够独立监测所有主要项目功能，占能源使用/消耗的至少 75%。 | **(A)** 该项目包括综合能源管理系统。<br><br>集成了能源管理软件，可以对绩效进行详细、集中的监测和报告。<br><br>该设备能够独立监测所有主要项目功能，占能源使用/消耗的至少 90%。 | | |
| **(B)** 该项目进行能源系统的初始调试，占能源消耗/产生总量的至少 50%。<br><br>调试包括详细的问题日志。 | **(B)** 该项目进行能源系统的初始调试，占能源消耗/产生总量的至少 75%。<br><br>调试包括详细的问题日志。 | **(B)** 该项目进行能源系统的初始调试，占能源消耗/产生总量的至少 90%。<br><br>调试包括详细的问题日志。<br><br>业主聘请不参与项目规划/设计的第三方或内部的调试代理。 | **(B)** 该项目进行能源系统的初始调试，占能源消耗/产生总量的至少 90%。<br><br>调试包括详细的问题日志。<br><br>业主聘请一家独立第三方调试代理。 | |
| | | **(C)** 制定了一项综合计划，用于在整个项目预期生命周期期间定期重新调试/审查能源系统。 | | |

## 描述

规划、设计和建造项目以减少能源使用是实现能效目标的第一步。但是，必须进行调试与持续监测，以确保能源系统的正常运行，以实现这些目标。设计为节能的系统可能由于安装错误或在运营期间随时间退化而失灵。调试确保系统从运营开始就按预期运行。安装先进的监测设备和软件，可以让运营人员更好地识别效率损失。此外，监测设备可以使运营人员能够识别高能耗流程，并将其作为自身可持续发展的目标。更高分辨率的监测增加了项目在整个生命周期期间，实现并维护高水平能效的可能性。

## 绩效改进

***改进:*** 评估基于能源监测能力和初始调试的范围。目的是关注重要或主要的能源消耗来源。

***增强:*** 项目团队扩大监测能力和调试范围。

***超越:*** 项目团队可以证明调试代理独立于项目,尽管调试可能仍在同一机构内进行。能源管理系统包括详细的绩效监测和管理功能。制定了一项运营计划,用于持续的绩效审核。

***保护:*** 调试由一个独立的第三方代理机构进行。

***适用范围:*** 本评分项适用于所有在运营期间消耗能源的项目。不包含运营能源的项目可申请将本评分项视为不适用,并提供证明文件。在极少数情况下,如果与项目规模相比,运营能源使用量"不重要",团队可以申请将本评分项视为不适用,并提供证明文件。但是,评审人员可以依据项目的背景自行决定什么构成不重要的运营能源使用量。

## 评估标准和文件指南

**A. 该设计是否采用先进的集成监测系统,以实现更高效的运营?**

*1. 有文件说明设备和／或软件包含在设计中,以便对绩效进行详细监测。设计文件和规格显示位置、目的和安装的监测设备的类型。有文件说明,安装的设备能够监测所有主要项目功能,计算其占所需能耗的百分比(例如,50%、75%、90%)。*

*2. 关于监测设备如何在行业规范中实现更高效运营的基本原理。*

*3. 有文件说明将能源管理系统和相关软件纳入项目,以记录所需能源消耗百分比(例如,50%、75%、90%)。*

**B. 在多大程度上进行了调试?**

*1. 有文件说明项目已经进行或将要进行的调试(例如,规格、招标文件、合同文件)。*

*2. 有文件说明调试已经执行,涵盖能源使用或生成系统的百分比(例如,50%、75%、90%)。*

*3. 有文件说明业主与独立于追求绩效等级的调试代理机构之间的关系。*

*需注意,对于**超越**,业主可以聘请内部调试代理机构,只要他们独立于项目的规划／设计。 对于**保护**,必须使用独立的第三方代理机构。*

*4. 归档问题调试日志。*

**C. 在项目的整个生命周期中是否有计划持续调试能源系统?**

*有文件说明,在整个项目预期生命周期内对这些系统进行重新调试／审查的计划。*

## 相关"ENVISION"评分项

LD2.3　长期监测与维护计划

RA2.1　降低运营能耗

**资源分配：水**

# RA3.1 保护水资源

**12 分**

**目的**
评估并减少流域范围内对淡水供应、数量和质量的负面净影响，以积极影响该地区的水资源。

**指标**
项目在多大程度上考虑并有助于积极解决更广泛的水流域问题。

## 绩效等级

| 改进 | 增强 | 超越 | 保护 | 恢复 |
|---|---|---|---|---|
| A + B | A + B + C | A + B + C + D | A + B + C + D + E | A + B + C + D + E + F |
| (3) 提高对流域问题的认识 | (5) 良好的水资源管理 | (7) 智慧的水资源管理 | (9) 全面水管理 | (12) 积极影响 |

**(A)** 评估项目的流域背景和流域范围的淡水问题，包括地点、类型、数量、补给率和水资源质量，以及所用水的来源和影响，还有废水的目的地和影响。

**(B)** 项目生命周期内用水量和废水产生量的估算。

**(C)** 该项目具有致力于减少已确定的用水负面影响的特性，和／或改善水流域范围内的问题。

**(D)** 该项目对地表淡水和地下淡水的数量和获取产生零净影响，同时不影响水质。

**(E)** 该项目是流域级或区域水资源计划的一部分，或有助于该流域级或区域水资源计划。

**(F)** 该项目对流域进行直接和显著的净积极改善。

## 描述

水的质量和获取是影响全世界社区和地区的主要问题。虽然节约用水是关键的第一步（在 **RA3.2 减少运营用水量**和 **RA3.3 减少施工用水量**中已涉及），但所有影响水量或水质的项目都应该考虑抓住机会，为更大的流域做出积极贡献。

本评分项涉及农业、市政和工业用户对淡水日益增长的需求，并鼓励项目团队从整体上考虑区域水资源。此外，废水的产生及其管理方式有可能对自然水文产生积极或消极的影响。这些需求与水文循环的典型变化相结合，可能会影响水的可用性、数量和质量。在许多地区，淡水资源的使用速度比自然补充的速度快。在某些沿海地区，地下水开采导致海水侵入地下水源。其他的土地使用方式也会影响地表水和地下水供应的质量。

本评分项受启发于"一水"的概念。这意味着人们越来越意识到水在自然水循环中不断被重复利用。虽然社会禁忌往往是废水再利用的障碍，但事实水是不断被重复利用的。水经常被处理到超过其最终用途的水平，这极大地浪费了资金、能源和资源。如果允许项目团队将水视为可回收资源而非一次性废弃物，则可以实现新的效率和成本节约。

## 绩效改进

*改进*：积极解决更广泛的流域问题，首先要了解项目背景下独特的流域条件。评估的流域范围应与项目规模及其潜在影响相称。下一步是量化用水量，并确定项目是否对水的可用性或废水的产生有重大影响。如果是这样，减少消费应该是一个主要问题。

项目团队在评估用水量时应该谨慎和周密，包括与项目运营相关的过程用水量。评估应考虑灌溉、车辆或设备清洗操作、设施清洁和其他用途。

*增强*：该项目采用策略以尽量减少用水的负面影响。如何使用、

转移、处理和处置水？它去往哪里以及它如何影响与水源相关的水循环？许多因素影响水资源超过影响用水量。

**超越：** 缓解措施足够实现零净影响。

**保护：** 该项目对更广泛的流域做出了积极贡献。

**恢复：** 该项目是更广泛的流域协调计划的一部分。水资源的退化往往是非点源污染，这意味着没有单一的主要来源，而是成百上千个小的污染源积累产生的影响。解决这种环境影响可能需要数百个社区和数千个项目的协同行动。

**适用范围：** 本评分项适用于所有消耗水或影响接收水域的项目。不会对水量或水质产生任何影响的项目，可申请将本评分项视为不适用，并提交证明文件。在极少数情况下，与项目规模相比，对水量使用或水质的影响不重要，团队可以申请将本评分项视为不适用，并提交证明文件。但是，评审人员可以依据项目背景自行决定水量使用或水质不重要的影响是如何构成的。

## 评估标准和文件指南

**A. 项目团队是否进行了流域评估？**
   1. 有文件表明，项目团队评估并理解项目的流域背景。例如包括流域计划、区域内水和污水处理公用计划、气候变化报告等。评估的流域范围应与项目潜在影响的规模相称。

   2. 有文件记录流域的位置、类型、数量、补给率和水资源质量。

   3. 确定所用水的来源和影响以及废水的目的地和影响。

**B. 项目团队是否估算了项目生命周期内的用水量和废水产生量？**
   计算显示项目生命周期内的用水量和废水产生量（升/加仑）。

**C. 项目是否包含减少用水和/或流域范围内问题的负面影响的特点？**
   1. 有文件说明，设计特征可以减少用水和/或流域范围内问题的负面影响。项目团队还应考虑项目可能对水资源产生影响的间接方式。例如，一个项目可能自身不会消耗水，但可以添加循环水管线（"紫色管道"）以支持项目边界以外的水循环系统。

   2. 有文件说明，设计特征如何具体解决标准 A 中综合水评估中确定的问题。

**D. 项目是否对地表淡水和地下水供应的数量和可用性产生零净影响，而且不影响水质？**
   1. 有计算表明，项目的用水量对地表淡水和地下水的供应量和可用性没有影响。

   2. 有文件澄清该项目不会影响流域的水质。

**E. 项目是否为流域级或区域计划的一部分？**
   有文件说明，该项目是更大的流域水位或区域内的改善流域计划的一部分，并将为此做出贡献。

**F. 项目是否对流域有直接的净积极改善？**
   有文件说明，该项目在水量和获取性或水质方面对流域产生了净积极影响。流域改进的实例可包括改善水质，改善水文连通性或水的储存和可用性。

## 相关"ENVISION"评分项

LD2.2　可持续社区计划

RA3.2　减少运营用水量

RA3.3　减少施工用水量

NW1.1　保护具有高生态价值的场地

NW1.2　提供湿地与地表水缓冲区

NW2.2　管理雨水

NW2.4　保护地表与地下水质量

NW3.2　增强湿地与地表水功能

CR2.2　评估气候变化的脆弱性

资源分配：水

# RA3.2  减少运营用水量

**22 分**

**目的**
减少总体用水量，同时鼓励使用灰水（Greywater，主要指厨房用水，沐浴用水和清洗水等）、循环水和雨水来满足用水需求。

**指标**
饮用水使用量和总用水量减少百分比。

## 绩效等级

| 改进 | 增强 | 超越 | 保护 | 恢复 |
|---|---|---|---|---|
| A + B | A + B + C | A + B + C | A + B + C | A + B + C + D |
| (4) 至少减少 25% | (9) 至少减少 50% | (13) 至少减少 75% | (17) 减少 95% | (22) 水净化 |
| **(A)** 项目团队进行规划或设计审查，以确定项目运营期间的饮用水减少策略。该团队已考虑使用替代品，如非饮用水、再生水、循环水和雨水。 | | | | |
| **(B)** 该项目将饮用水减少至少 25%。 | **(B)** 该项目将饮用水减少至少 50%。 | **(B)** 该项目将饮用水减少至少 75%。 | **(B)** 该项目将饮用水减少至少 95%。 | **(B)** 该项目将饮用水减少至少 100%。 |
| | **(C)** 总用水量（饮用水和非饮用水）减少至少 20%。 | **(C)** 总用水量（饮用水和非饮用水）减少至少 30%。 | **(C)** 总用水量（饮用水和非饮用水）减少至少 40%。 | **(C)** 总用水量（饮用水和非饮用水）减少至少 50%。 |
| | | | | **(D)** 该项目不仅将饮用水消耗量减少到零，而且还提供给社区足够使用的水。 |

## 描述

本评分项旨在降低饮用水消耗量和总体用水量。在世界各地，越来越多的国家卷入与水有关的冲突。然而，这些争议不仅限于国际冲突，而且经常使社区与社区陷于对立。随着水蒸发率的增加，以及降水量、强度和时间的变化，气候变化将加剧这种情况。平均温度的升高也会影响积雪覆盖的数量和持续时间，进而影响水流的平均流速和峰值速率。所有这些问题都对农业灌溉、水力发电、洪水管理、渔业、娱乐和航行具有重要意义。

水的处理和分配也消耗大量的能源。在许多情况下，没有必要使用可饮用（即可直饮）的水来完成预期的任务。灰水（Greywater，例如用于清洁或其他目的并且未与粪便接触的水）、循环水和雨水是饮用水使用的替代品。本评分项承认减少总体用水量和减少饮用水消耗的额外效益。

减少用水量可以为许多项目节省直接成本。在某些情况下，例如景观美化时，完全消除对灌溉系统的需求可以增加效益，包括降低施工成本、维护成本和与维护系统相关的劳动力成本。

## 绩效改进

**改进 ~ 保护：** 本评分项等级以饮用水和总用水量的减少百分比来区分。本评分项文中所指的饮用水是指处理到饮用水等级的水。在大多数项目中，这将是市政饮用水。

由于大多数基础设施项目不存在关于运营用水的行业标准，项目团队需要为适当的基础案例提供计算。本指导手册在前面详细解释了用于建立基准绩效数据的可接受的方法，包括现有条件、认真考虑的替代方案、标准实践或类似的现有项目 / 设施。"Envision"的目的是支持数据收集，以便最终为项目团队和整个行业提供此基准数据。

减少可以通过设计、施工和运营变革来实现，以保护和使用、处理和 / 或重复利用非饮用水的能力。鼓励先进的废水回收和重复利用。可以包括冷凝水和污水，作为水循环的潜在来源。如果再生水由第三方提供，项目团队必须验证供水和补给。如果项目选择通过现场处理"上循环"水，他们应该考虑潜在的风险和能源的权衡。将处理过的废水用于地下水补给也可以算作回收 / 重复利用水。

如果使用这些水，对水的可用性或水质产生负面影响，则不应考虑使用未经处理的地表水和地下水代替饮用水（参见 RA3.1 保护水资源）。同样，雨水收集/重复利用应考虑对接收水域和该地区自然水循环的潜在影响。

水处理项目应通过减少加工用水和提高加工效率来解决本评分项下的问题。配水工程不被视为消耗流经主管和管道的水。然而，在某些情况下，例如系统翻新，包括配水系统的项目可以通过定位和停止或防止泄漏来考虑节水。

**适用范围：** 本评分项适用于所有在运营期间消耗水的项目。不包含任何运营用水的项目可申请将本评分项视为不适用，并提供证明文件。在极少数情况下，与项目规模相比，用水量不重要，团队可以申请将本评分项视为不适用，并提供证明文件。但是，评审人员可以依据项目背景自行决定是什么构成微不足道的业务用水量。

## 评估标准和文件指南

**A. 项目团队是否进行了规划和设计审查，以确定项目运营期间的减少饮用水策略？**

*有文件说明，项目团队进行规划和设计审查，以确定项目运营期间的减少饮用水策略。示例文件可能包括报告、备忘录以及与项目团队和业主就减水策略举行会议的会议记录。*

**B. 该项目在多大程度上减少了饮用水的使用？**

*1. 计算饮用水使用的行业基线作为基准。*

*2. 计算项目生命周期内每年预估的饮用水消耗量。记录行业基线的减少百分比。计算应转换为标准单位，如立方米或加仑。注意，水处理项目应通过减少工艺用水和提高工艺效率来解决本评分项下的问题。*

**C. 该项目在多大程度上减少了整体用水量（包括饮用水和非饮用水）？**

*1. 计算用作基准的总用水量的行业基线。在某些情况下，这可能与标准 B 中饮用水基准的计算方法相同。*

*2. 计算项目生命周期内的年度总耗水量，以及行业基线之上的减少百分比。计算应转换为标准单位，如立方米或加仑。*

*需注意，水处理项目应通过减少工艺用水和提高工艺效率来解决本评分项下的问题。*

**D. 项目是否对饮用水产生了净积极影响？**

*有设计文件表明该项目实现饮用水减少 100%，不使用饮用水或完全通过非饮用水源满足用水需求，并为邻近项目或社区提供可用水源（饮用水或非饮用水）以弥补他们自己的用水需求。*

## 相关"ENVISION"评分项

RA3.1　保护水资源

CR1.2　减少温室气体排放

**项目实例：**

## 昆尼亚（KUNIA）乡村农场项目

昆尼亚乡村农场项目（"Envision"金奖，2016 年）是美国夏威夷最大的商业养殖场和绿叶蔬菜生产商之一，致力于开发和实施"零影响农业"，最大限度地减少能源和水的使用、土壤退化、污染以及与商业耕作实践相关的其他影响，旨在最大限度地提高土地效率和劳动生产率。该项目是应用"Envision"框架体系的首个此类项目，通过采用多种节水策略将饮用水消耗量比行业标准减少了 75%，包括收集雨水满足灌溉需求，通过覆盖所有灌溉水以达到最大限度地减少蒸发和储存任何多余的地下水，并最大限度地提高收割作业的效率，以减少工人需要饮用水用于卫生和洗手的用量。

可持续基础设施框架体系指导手册（原书第3版）

资源分配：水

# RA3.3　减少施工用水量

**8 分**

**目的**
减少施工期间的饮用水消耗。

**指标**
施工期间实施的减少饮用水消耗的策略数量。

## 绩效等级

| 改进<br>A + B | 增强<br>A + B | 超越<br>A + B | 保护<br>A + B | 恢复<br>不适用 |
|---|---|---|---|---|
| (1) 确定消费和减少的选项 | (3) 至少三个策略 | (5) 至少五个策略 | (8) 无饮用水消耗量 | |
| (A) 项目团队进行一项或多项规划审查，以确定和分析减少施工期间用水量的选项。 ||||| 
| (B) 实施至少一 (1) 项饮用水保护策略。 | (B) 实施至少三 (3) 项饮用水保护策略。 | (B) 实施至少五 (5) 项饮用水保护策略。 | (B) 除了人类消费和卫生外，通过实施多种必要的策略，实现没有饮用水消耗。 | |

## 描述

本评分项表明施工期间减少用水量的潜力。过度使用水不仅会耗尽水体并降低地下水位，而且水的处理会消耗大量的能源。在许多情况下,没有必要使用可饮用（即可直饮）的水来完成预期的任务。灰水（Greywater，例如，用于清洁或其他目的并且未与粪便接触的水）、循环水和雨水是饮用水使用的替代品，特别是在施工期间。减少用水量可以减少项目对环境的影响。

## 绩效改进

***改进 ~ 保护：*** 本评分项以施工期间实施的节水策略来区分。进行施工饮用水消耗的详细计算就算可行可能也是繁重的工作。此外，与其他资源分配评分项一样，施工用水的行业标准也不存在。因此，该评分项评估项目中部署的节水策略的数量，就作为绩效的衡量标准。满足评分项要求的策略列在标准 B 下。根据项目类型和背景，这些活动可能或多或少难以实现，这就是为什么有多种选项可供选择的原因。

在本评分项表述中，饮用水是指经处理达到饮用等级的水。在大多数项目中，这将是市政饮用水。这并不是指未经处理就具有饮用水质量的天然水源。但是，地下水或地表水的直接使用将包括在总用水量的计算中。

在兑现本评分项时，项目团队应首先全面审查项目施工的方法和手段，包括审查施工期间如何消耗水。减水策略检查表应作为确定和分析备选方案的指南。如果使用地表水和边际地下水，对水的可用性或水质产生负面影响，则不应考虑使用这些水代替饮用水（参见 **RA3.1 保护水资源**）。

***适用范围：*** 本评分项适用于所有在施工期间消耗水的项目。 不包含任何运营用水的项目可申请将本评分项视为不适用，并提供证明文件。如果与项目规模相比，运营期间的用水量不重要，团队可以申请将本评分项视为不适用，并提供证明文件。但是，评审人员可以依据项目背景自行决定是什么构成微不足道的运营能源使用量。

## 评估标准和文件指南

**A. 项目团队是否进行了规划审查以减少施工期间的用水量?**

有文件说明进行了一次或多次规划审查,以确定和分析在施工期间减少用水量的可能性。

**B. 施工期间在多大程度上实施了节水策略?**

1. 有文件说明项目在施工期间实施节水策略的文件。符合评分项要求的策略包括:

   a. 施工拖车或办公室中的高效固定装置(证明使用量减少了 40%)。

   b. 监测和管理(证明团队有能力检测泄漏并应对系统中的效率低下)。

   c. 通过减少废料降低材料的含水量(计算作为新材料进入现场的材料量减少 10%)。

   d. 使用替代品抑制粉尘,如干燥剂(由于替代控制,用水量减少 50%)。

   e. 混凝土养护的替代方案(由于替代控制,用水量减少 50%)。

   f. 货车轮胎清洗站的替代方案(由于替代控制,用水量减少 50%)。

   g. 通过材料选择(永久和临时材料)减少含水量(证明产品选择如何有助于减少超过 25%的饮用水消耗)。

   h. 雨水收集(使用收集的雨水节省 40%用水量)。

   i. "灰水"或废水回收重复利用(显示 40%重复使用)。

   j. 脱水重复利用(显示 40%的重复利用/回收利用)。

2. 与未在施工期间实施策略相比,计算每种策略节省的饮用水(升/加仑)。请注意,项目可能还希望计算节水措施的成本节省。

### 相关"ENVISION"评分项

RA3.1　保护水资源

CR1.2　减少温室气体排放

资源分配：水

# RA3.4 监测水（供、排）系统

**12 分**

**目的**
引入监测功能来提高运营绩效。

**指标**
水监测设备的范围和能力以及响应计划的纳入。

## 绩效等级

| 改进<br>A | 增强<br>A | 超越<br>A | 保护<br>A + B | 恢复<br>不适用 |
|---|---|---|---|---|
| **(1) 一次性监测** | **(3) 运营监测** | **(6) 长期监测** | **(12) 响应式监测** | |
| **(A)** 该项目包括监测能力。设计中包含设备和/或软件，以便对绩效（数量或质量）进行详细监测。<br><br>该设备能够监测所有主要项目功能，覆盖用水量的至少 50%。 | **(A)** 该项目包括监测能力。设计中包含设备和/或软件，以便对绩效（数量或质量）进行详细监测。<br><br>该设备能够监测所有主要项目功能，覆盖用水量的至少 75%。 | **(A)** 该项目包括监测能力。设计中包含设备和/或软件，以便对绩效（数量或质量）进行详细监测。<br><br>该设备能够监测所有主要项目功能，覆盖用水量的至少 95%。 | **(B)** 该项目表明已将实时水监测设备和/或软件与使用这些数据的计划结合起来，以改善水质和效率，减少渗漏和/或节约用水。 | |

## 描述

规划、设计和施工项目以减少用水量是实现节水目标的第一步。但是，必须进行持续监测，以确保水系统的正常运行，实现这些目标。设计为节水的系统可能由于安装错误或在运营期间随时间退化而失效。监测确保系统从运营开始就按预期运行。安装先进的监测设备还可以使运营人员更好地识别泄漏和耗水量大的过程，并将其作为自身可持续发展努力的目标。更高分辨率的监测增加了项目在整个生命周期期间实现和保持高水平的水效率的可能性。

检测供水系统并确保其正确有效的运行会有助于企业和环境。有能力监测流量和使用情况，并及早发现泄漏的系统，可以节省运营资金，防止不需要的饮用水浪费，减少与水处理和配送相关的内耗能源和排放。

## 绩效改进

***改进 ~ 超越：*** 项目团队将水监测能力范围分别提高到耗水功能的 50%、75% 或 95%。综合监测系统可以通过将水需求转移到非高峰时间，和/或将水排放到地下水进行补给、重建湿地或其他最佳管理实践来减轻负面影响，而不是通过直接连接地表水或其他方式。

***保护：*** 该项目启用实时水监测设备和软件，以提高水系统的绩效。

***适用范围：*** 本评分项适用于所有在运营期间消耗水的项目或包括输送大量水的项目。不包含任何运营用水的项目可申请将本评分项视为不适用，并提供证明文件。在极少数情况下，如果运营用水量或输送水量与项目规模相比不重要，团队可以申请将本评分项视为不适用，并提供证明文件。但是，审核人员可以依据项目背景自行决定是什么构成微不足道的用水量。

## 评估标准和文件指南

**A. 该设计是否采用先进的集成监测系统以提高绩效?**

*有文件说明，设计中包含的设备和 / 或软件能够详细监测绩效。绩效可能包括水质和 / 或水量，具体取决于项目的功能 / 目的。设计文件和规格，显示安装的监测设备的位置、目的和类型。这可能包括设计文件和规范，确定易于接近和清晰标记的水分仪。有文件说明，安装的设备能够监测所有主要项目功能，占所需的用水量或出水量百分比（例如，50%、75%、95%）。*

*关于监测设备如何能够改善绩效的基本原理。*

**B. 项目是否包括实时水监测?**

*1. 有文件说明水监测设备能够提供有关用水的实时数据。*

*2. 有文件说明，有计划地使用这些数据来提高用水效率、减少泄漏并整体节约用水。*

### 相关"ENVISION"评分项

LD2.3　长期监测与维护计划

RA3.1　保护水资源

---

**项目实例：**
**哈迪维尔水回收设施项目**

哈迪维尔水回收设施（"Envision"铜奖，2016 年）位于美国南卡罗来纳州的哈迪维尔镇，靠近萨凡纳河。该设施具有监测和数据采集（SCADA）系统，该系统从中央计算机终端提供整个设施的概览，运营人员能够实时监测设施性能，并且如果检测到任何缺陷则可以进行调整。例如，运营人员在应对流入水流的浪涌时（通常在暴雨之后），可以先将水流转移到工厂的流量均衡罐中，然后随着时间的推移逐渐释放处理储存的水（流量）。

**资源分配：创新**

# RA0.0　创新或超过评分项要求

**+10 分**

**目的**
奖励超出体系预期的卓越表现，以及推进最先进可持续基础设施的创新方法的应用。

**指标**
项目的可持续发展绩效是否符合创新、卓越绩效或者不被现有评分项所认可。

## 绩效等级

| 创新 |
| --- |
| A 或 B 或 C |
| **(+1~10) 创新或超过评分项要求** |
| **(A)** 实施在使用和应用方面或当地法规或文化背景下的创新方法、技术或措施。 |
| 或 |
| **(B)** 实施一个或多个超过"资源分配"评分项标准的最高现有要求的措施。 |
| 或 |
| **(C)** 解决"Envision"框架体系中目前尚未认可的可持续发展的其他方面的问题。 |

## 描述

本评分项适用于以下项目情况：

1. 采用了创新的方法、资源、技术或流程，这些方法、技术或流程在其应用或当地法规及文化背景下均属于创新成果。

2. 超出一个或多个评分项的要求；和/或

3. 解决"Envision"框架体系目前尚未认可的可持续发展的其他方面。

本评分项的分值不计算在总体适用分数内，属于奖励加分。鉴于该评分项的性质，可以用不同形式的文件说明，旨在鼓励创造性的基础设施的解决方案，需要完整的文件。项目团队在申请本评分项时，可以选择以上三个方面的一个或多个进行说明，也可以在同一选项做出多项选择。奖励分值最高为 10 分。

## 绩效改进

**创新：**

为了获得本评分项，项目需采用创新的方法、资源、技术或流程（例如，将创新方法用于既有技术，或在现有政策、法规或普遍意见尚不支持的地区，成功地应用了新的技术或方法）。在这种情况下，必须证明该技术的应用在现在和未来都将持续满足项目绩效的预期，且不会对当地或全球环境、经济或社区产生相应的负面影响。

项目可以通过以下几种方式展示其实施创新的方法、技术或流程：

- 该项目是某项新技术或新方法最早的使用者，这些新技术或方法可以在没有负面影响权衡的情况下显著提高项目绩效。

- 该项目使用的技术或方法可能是世界其他地方或地区的通用做法，但在本项目的范围内（气候、法规、政策、政治支持、公众舆论等）尚未获得认可。在这一背景下，项目团队将付出巨大的努力以证明技术或方法的有效性，并为将来广泛采用提供先例。

- 项目团队采取重要步骤，在执行项目过程中制定了相应的研究目标，与大学或研究机构合作，以提高该专业领域的基础知识水平。尚未公开的专利研究不能获得该评分项。

项目团队还须证明创新是有目的的。可以通过以下两种方式来证明：

- 解决重大问题、克服障碍或消除限制——项目团队证明以前未能在项目上采用的新方法、技术或流程，可以通过在本项目上的使用，解决了重大问题、克服了障碍或者消除了某些限制。

- 制定可扩展的，和／或有可转让的解决方案——项目团队证明了在项目中实行的新方法、技术或流程或可在各种规模的项目中进行推广，和／或在多个领域的多种基础设施项目中应用和转让。

*卓越绩效：*

要获得卓越绩效分值，项目必须达到一个或多个"资源分配"评分项的最高水准的绩效等级。例如，在 **RA2.3 使用可再生能源** 的评分项中申请获得本奖励分值的项目，必须已经产生净正数量的可再生能源。在这种情况下，可再生能源发电的规模和投资的规模在项目预算中占很大的比例，并且是项目的主要目标，这些项目可能会追求卓越绩效。

在"资源分配"类别获得卓越绩效可能包括，但不限于：

- 使用回收利用材料的项目远远超过评分项 **RA1.2 使用回收利用材料**中的要求；

- 减少运营能耗的项目远远超过评分项 **RA2.1 降低运营能耗**中的要求；

- 通过创造性地重新检查供水或水处理来实现显著的用水效率的项目。

*解决可持续发展的其他方面：*

要想在这种途径下获得奖励分，项目团队必须证明他们正在解决一个或多个方面的可持续发展问题，而这些方面目前尚未得到"Envision"框架体系的认可。可持续发展绩效必须与"资源分配"有关。对于目前"Envision"框架体系未涉及的可持续发展问题，可被认为是"新"的，在这种情况下，可能会遵循创新路径的要求。例如，一个项目可能会获得以下奖励分：

- 实施 **RA1.1 支持可持续采购实践**中尚未涉及的可持续采购政策。

- 尚未在 **RA2.2 降低施工能耗**中涉及的降低施工能耗策略。

## 评估标准和文件指南

**A. 该项目在多大程度上运用了创新方法、技术或流程来解决重大问题，克服障碍或限制，或创造具有推广和可转让的解决方案？**

*1. 有文件说明创新技术和方法的应用情况。详细描述关于此应用将如何在全球范围内，或在该项目独特背景下，提高现有的常规应用，提供理由说明为什么该应用，不管是作为一种技术或方法，还是在该项目的背景下（气候、政治、文化等）都是创新性的。*

*2. 有文件说明，以前未能在项目上采用的新方法、技术或流程，通过在本项目上的使用，解决了重大问题，克服了障碍或者消除了某些限制。或有文件说明，在项目上实现的新方法、技术或流程是可推广的，能在不同规模的项目或者多个行业的基础设施项目中应用和转让。*

**B. 该项目在多大程度上超过了所给评分项的最高绩效等级？**

*有详细文件说明，项目如何超过了资源分配评分项所给出的现有要求。*

**C. 该项目在多大程度上解决了"Envision"框架体系当前尚未解决的可持续发展问题？**

*1. 有详细文件说明该项目解决"Envision"框架体系当前尚未解决的可持续发展的问题。*

*2. 有文件说明该方面如何与资源分配类别相关。*

# 自然界

基础设施项目对其周围的自然界产生影响，包括栖息地、物种和无生命的自然系统。我们周围的自然系统履行着称为生态系统服务的关键功能，为我们提供清洁的空气、清洁的水、健康的食物以及减轻危害。项目在这些系统中的定位方式以及它们可能引入系统的新元素，会对这些生态系统服务产生不利影响。本章讨论如何理解和最小化负面影响，同时考虑基础设施以协同、积极的方式与自然系统相互作用。这些类型的交互和影响分为三个子类别：选址、保护和生态。

**14** 个评分项

**图像**
位于阿拉斯加安克雷奇的威廉·杰克·埃尔南德斯游钓鱼孵化场（"Envision"金奖，2013年）

1. 项目是否避开具有高生态价值的场地?
2. 项目是否保护湿地和地表水质量?
3. 项目是否保护水文功能?
4. 项目是否有管理雨水措施?
5. 项目是否有保护土壤措施?
6. 项目是否管理或消除入侵物种?

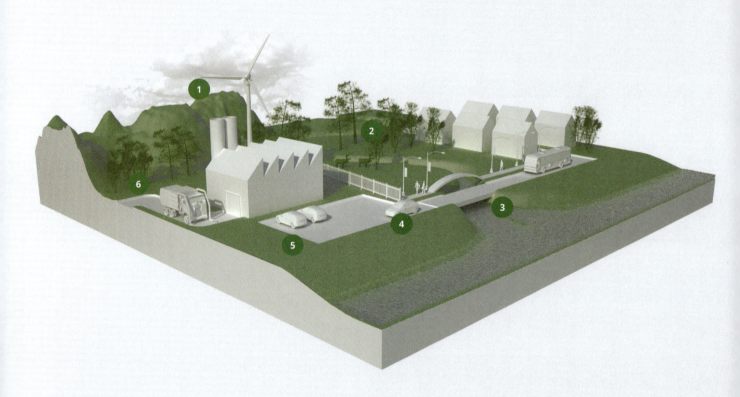

### 选址

基础设施的选址应避免影响重要的生态区域,包括农田和作为多样化栖息地的区域,如水体或湿地。当基础设施项目的性质使得无法避开敏感场地时,应采取缓解措施以尽量减少系统破坏。以前开发或已受干扰的土地是理想的选择,可以防止对环境的进一步破坏,并提高土地价值。

### 保护

还应特别注意避免引入污染物,无论是通过雨水径流还是杀虫剂与肥料。有了提前规划,基础设施可以避免这些有害的破坏,甚至可以修复以前受污染的场地。重要的是要记住,污染物的影响通常是累积的,每个项目和场地都应为保护更大系统的质量而分担责任。

### 生态

基础设施项目应尽量减少对复杂自然系统的影响,例如水文和营养循环以及栖息地。通过精心设计的基础设施项目,可以最大限度地减少栖息地破碎化,促进连通性和动物迁徙。项目应避免引入入侵物种或无意中促进它们的传播。新植被的物种应仔细选择并适合该位置。基础设施不应对湿地、洪泛区或土壤健康产生不利影响,它们提供着关键的生态系统功能。

# 自然界

## 选址
NW1.1　保护具有高生态价值的场地
NW1.2　提供湿地与地表水缓冲区
NW1.3　保护基本农田
NW1.4　保护未开发土地

## 保护
NW2.1　开垦棕地
NW2.2　管理雨水
NW2.3　减少杀虫剂与肥料的影响
NW2.4　保护地表与地下水质量

## 生态
NW3.1　增强功能栖息地
NW3.2　增强湿地与地表水功能
NW3.3　维护洪泛区功能
NW3.4　控制入侵物种
NW3.5　保护土壤健康

NW0.0　创新或超过评分项要求

自然界：选址

# NW1.1 保护具有高生态价值的场地

**22 分**

**目的**
避免将项目和临时工程放置在已被确定为具有高生态价值的地点。

**指标**
避免高生态价值地点和建立保护缓冲区。

## 绩效等级

| 改进 | 增强 | 超越 | 保护 | 恢复 |
|---|---|---|---|---|
| A + B | A + B | A + C | (A + C + D) 或 E | A + C + D + F |
| (2) 改进选址 | (6) 全面缓解 | (12) 完全回避 | (16) 栖息地保护 | (22) 栖息地扩展 |
| **(A)** 项目团队确定具有高生态价值的区域。 | | | | |
| **(B)** 缓解措施，包括避免、最小化、恢复和弥补，充分弥补项目对具有高生态价值场地的影响。<br><br>缓解措施可能发生在场地以外。 | **(B)** 缓解措施，包括避免、最小化、恢复和弥补，充分弥补项目对具有高生态价值场地的影响。<br><br>缓解措施是在现场或邻近的具有同等或更高生态价值的连续地块发生。<br><br>施工活动的临时影响不会减少受保护土地的容量。 | **(C)** 项目 100% 避免开发或干扰位于现场具有高生态价值区域。 | | |
| | | | **(D)** 项目在具有高生态价值区域周围建立有效的保护缓冲区。 | |
| | | | 或者<br>**(E)** 项目团队可以证明该地点是有意选择，以避免在具有高生态价值的地点或其附近进行开发。 | **(F)** 项目增加了高生态价值面积。<br><br>这涉及恢复具有高生态价值的区域或保护周边地区，由获得许可的或同样资质的专业人员决定。 |

## 描述

一些地区因其大小、位置、栖息地类型的多样性或存在特定类型的动植物栖息地，在保护野生动物生物多样性方面尤为重要。其中一些区域很大并且已经受到保护（例如，国家公园、国家森林或国家野生动物保护区）。然而，其他栖息地区域，例如在一片幼树林中的原始森林区域，可能较小且没有记录。但它们通过为野生动物提供重要栖息地来维持生物多样性，在这方面发挥着重要作用。

通过施工、噪声、光污染、植被移除和其他做法，基础设施项目可能对这些地区以及当地生物多样性产生负面影响。因此，基础设施项目的选址对防止和尽量减少直接、间接和累积影响至关重要。例如，一个小且刚起步的项目应考虑未来道路、公用事业和其他开发可能造成的破坏。项目选址不当产生的问题在施工后很难纠正。通过在规划期间选择合适的场地来预防影响，会更加有效。

项目团队不确定其场地是否具有高生态价值应考虑以下因素：
1. 生物多样性
   a. 稀有度
      i. 地方性动植物物种集中的地点。
      ii. 包含稀有或受威胁的动植物物种的地点。
      iii. 包含稀有或受威胁栖息地类型的地点。
      iv. 包含分布范围有限的栖息地或物种的地点。

   b. 丰富性
      i. 大量动植物物种集中的地点。
      ii. 集中大量栖息地类型的地点。
      iii. 季节性聚集大量迁徙物种的地点。

2. 生态系统功能
   a. 规模
      i. 场地嵌入到大片环境条件保护良好的区域（例如"核心森林"）。
      ii. 场地嵌入到一个大型且相互连接的景观基质中。

   b. 生态过程
      i. 保护良好土壤条件以实现高质量栖息地发展的地点。
      ii. 为优势物种保护良好再生条件的地点。
      iii. 对水文系统具有重要意义的地点，包括地下水补给。

   c. 年龄 / 成熟度
      i. 保留原始森林或类似未受干扰栖息地的地点。
      ii. 包含不同年龄段动物群的场地。
      iii. 具有每层指示物种的多层森林场地。

## 绩效改进

*改进：* 本评分项评估首先确定具有高生态价值的区域。并非每个未开发或植被覆盖的地点都被视为具有高生态价值的区域，构成高生态价值地点的资格可能是主观的。这些包括由市、州 / 省或联邦机构指定的所有区域，但也可能包括含有稀有物种的无认证区域。或重要的栖息地、物种或地质的无认证构造。

在确定具有高生态价值的地点后，项目应遵循缓解等级，优先考虑尽可能避免敏感地点。缓解措施是减少或解决项目对具有高生态价值的地区的潜在不利影响的行动。它们解决了所涉及的地点和物种的特定需求，并且是可管理的和可测量的。缓解措施可采取多种形式，例如：

- 避免（例如，保护现有栖息地）。
- 最小化（例如，在现有栖息地周围建立缓冲区）。
- 恢复（例如，改善或恢复退化的或以前的栖息地）。
- 弥补（例如，创建新的栖息地）。

*增强：* 缓解措施在受影响的场地或附近完成。缓解措施可以在现场通过限制进出通道和界限的保护地役权来实现，或者通过获得同等或更高质量的相邻连续地块来实现。弥补必须等同于或超过受项目干扰的区域，并且不能是现有保护地役权的一部分。只有在极少数情况下，在可以为该地区带来积极的环境改善时，项目团队才能请求考虑远程弥补。

*超越：* 项目场地包含具有高生态价值的区域，但避免了所有影响。

*保护：* 项目团队可能满足标准 A、C 和 D，或满足标准 E，表明该地点是被有意识地选择，以避免在具有高生态价值的地点或其附近进行开发。有证据表明，影响具有高生态价值的地点是一个认真考虑的选择，并且在规划或设计期间做出的决定可以避开敏感地点。

*恢复：* 项目扩大了具有高生态价值的区域。由于几乎不可能"创立"高生态价值的区域，项目团队可能会增加高生态价值场地周围的连续区域——提供更好的保护、更广泛的物种移动范围或未来的扩展机会。

*适用范围：* 不包含高生态价值区域的项目，并且不能证明他们主动避开高生态价值区域的项目，可以申请将本评分项视为不适用，并提供证明文件。

## 评估标准和文件指南

**A. 项目团队是否已确定该场地是否包含具有高生态价值的区域？**

*1. 有为确定场地上具有高生态价值的区域而进行的研究文件。研究可能包括，但应该超越参考当地、州 / 省、联邦机构或组织指出的现场具有高生态价值的区域。示例可能包括但不限于：原始森林；对受威胁或濒危物种很重要的栖息地；生态系统内的区域支持物种、栖息地（本地、迁徙、繁殖和觅食）和 / 或重要 / 稀有 / 不寻常的地貌特征 / 过程的显著多样性；"原始"或未受人类活动不良影响的地区。*

*2. 场地内或附近具有高生态价值的区域的指数。*

B. 该项目是否减轻了任何受到干扰的具有高生态价值区域的影响？

1. 缓解计划包括：

   a. 评估对具有高生态价值区域的影响，包括计算受影响的面积。

   b. 项目将采取的监测、最小化和减轻影响的措施。

   c. 可用于实施此类措施的资源。

   d. 项目分析的替代措施，以及项目未采用此类替代措施的原因。

   e. 监管方在必要或适当时可能要求的其他措施。

2. 该计划旨在满足缓解目标。缓解计划应由具有生态、自然资源和环境栖息地专业知识，并且有证照或类似资格的专业人员制定。根据项目的背景，该要求可以由监管方批准缓解计划来替代，或者通过证明该计划符合适合的监管方制定的指导方针来满足。

3. 有场地平面图显示临时工程及邻近的具有生态价值的地点。

4. 有证明生态场地的容纳能力并未因施工活动而减少的文件。

C. 项目是否避免开发或干扰现场具有高生态价值的区域？

1. 有表明该项目不会开发任何现有高生态价值区域的文件。

2. 有证明在施工期间将保护具有高生态价值区域的文件（例如，合同文件、规范要求、承包商标准运营程序）。

D. 该项目是否在具有高生态价值的区域周围保留了有效的保护缓冲区？

1. 有显示具有高生态价值区域保护区的场地地图。

2. 有证明为该区域提供有效保护的文件。这应包括缓冲区的性质和构成。

E. 该项目的选址是否有意避开具有高生态价值的区域？

1. 有文件表明，在多大程度上有意避开具有高生态价值区域。

2. 文件必须表明业主和项目团队在选址过程中，为避免干扰具有高生态价值的区域做出了有意义的努力。

请注意，满足标准 E 是**保护**等级绩效的替代路径。通过满足标准 E 实现**保护**等级，不需要满足标准 A、C 和 D，反之亦然。

F. 项目是否显著增加了具有高生态价值的区域？

1. 有文件说明具有高生态价值区域如何增加或恢复。产生的栖息地可以是保护缓冲区的一部分。文件应包括概述位置的场地地图和描述修复方法和材料的技术摘要。

2. 该文件必须由有资质的自然资源专业人士签署，以证明修复的功能性，或由具有类似资质的监管者批准。

### 相关"ENVISION"评分项

QL1.1 提高社区生活质量

LD2.2 可持续社区计划

NW1.2 提供湿地与地表水缓冲区

NW1.4 保护未开发土地

NW3.1 增强功能栖息地

NW3.4 控制入侵物种

NW3.5 保护土壤健康

### 项目实例：
### 马歇尔敦发电站

位于美国爱荷华州马歇尔镇的马歇尔敦发电站（"Envision"白金奖，2017 年）避免在被认为具有高生态价值的土地上进行开发。在评估建造新联合循环发电厂的最佳地点时，项目团队进行了全面的选址研究，以确定最可行的地点。该电站总共考虑了 140 多个潜在选址地点，这些地点基于许多考虑因素，例如最短的输电线路、天然气管道和变电站基础设施要求。这一长串的可能地点列表被缩小到 36 个地点，并将环境因素纳入评估标准。例如，避免影响敏感的物种和避免影响保护区。最终，项目团队为电站选择了一个场地，避免了开发被认定为具有高生态价值土地的地点。

# 谢尔顿大道雨水管理项目
# 纽约史坦顿岛

纽约市谢尔顿大道雨水管理项目（"Envision"银奖，2017 年）位于史坦顿岛，由设计和建设部 (NYCDDC) 代表环境保护部 (NYCDEP) 执行，涉及创建一个自然湿地，以便更有效、可持续地管理与过滤从当地社区收集的雨水。此外，安装下水道将使 600 名当地房主脱离化粪池系统，改善水质，增加房屋价值，并消除房主管理这些系统相关的麻烦。该项目是史坦顿岛蓝带地区迄今为止最大的扩建项目，该项目是一项屡获殊荣、生态无害且具有成本效益的雨水管理方案，旨在解决突降暴雨时岛上因排水不足而频繁发生的洪水。

参与该项目规划、设计和施工的主要组织包括：设计和建设部 (NYCDDC)，负责专为暴雨和卫生下水道的设计以及施工管理；环境保护部 (NYCDEP)；Hazen and Sawyer 公司，负责雨水最佳管理实践 (BMP) 湿地的设计；和 Arcadis 公司，后者提供监理服务并指导"Envision"申请流程。

谢尔顿大道雨水管理项目在"Envision"类别中的显著绩效包括：

**生活质量：** 该项目是史坦顿岛蓝带计划的一部分，旨在以可持续发展的方式解决洪水问题并改善整个社区的水质。现有社区湿地基础设施的全貌整合在"环境影响报告"文件中得到了详细记录，该文件是对蓝带系统中湿地的整体评估。除了综合湿地，该项目还与现有的交通基础设施以及现有的住宅和商业建筑基础设施很好地融合在一起。该项目将改善蓝带地区的污水处理、排水和水质，同时不会对现有人口和相关社区基础设施产生不良影响。

**领导力：** 从市长办公室到其众多机构和办公室，包括环境保护部（NYCDEP）——纽约市管理供水的机构和设计和建设部（NYCDDC）——该市负责市政设施施工的机构，还包括谢尔顿大道项目。两个机构都对设计符合可持续发展原则的项目做出了坚定的承诺，并且其内部都拥有许多"Envision"可持续发展专业人员 (ENV SP)。

**资源分配：** 最初的概念要求建立一个全管道网络来管理史坦顿岛的雨水，这会破坏现有的湿地。蓝带计划以及扩展的谢尔顿大道项目，旨在利用现有的排水走廊和湿地作为雨水的自然输送装置，无须能源且仅需要较少的水处理工艺。

**自然界：** 湿地恢复是该项目的另一个关键组成部分。曾被外来的和入侵物种淹没的一片严重退化的湿地，得到了恢复。项目团队承担了对现有湿地潜在风险和影响的全面评估，并采取措施尽可能减轻和避免影响。此外，用湿地等雨水最佳管理实践取代现有的人造雨水池，预计此举将改善栖息地条件，对野生动物产生重大的积极影响。

项目团队还开展了对该地区的评估，以确定是否存在任何不利的地质构造和含水层。在设计项目时，项目团队通过在地表以下 12 英尺的最大深度安装管道，高于地下水位超过 45 英尺，小心避免影响地下水。此外，施工期间安装了淤泥围栏和采取其他沉积物控制措施，以防止其进入附近的水景。

**气候与韧性：** 湿地通过吸收"碳"在减少全球变暖的影响方面发挥着至关重要的作用，从而减轻气候变化的长期后果，并有助于使社区在改变的气候条件下更具韧性。谢尔顿大道雨水管理项目解决了一系列可能影响该地区的潜在严重短期危害，包括洪水、沿海风暴和极端温度，所有这些都可以通过实施雨水管理的绿色基础设施解决方案来缓解，例如，使用湿地和天然雨水输送系统，而不是传统的"灰色基础设施"。

自然界：选址

# NW1.2　提供湿地与地表水缓冲区

**20 分**

**目的**
通过提供自然缓冲区、植被和土壤保护区来保护、缓冲、加强和恢复湿地。

**指标**
在所有的湿地、海岸线和水体周围建立的自然缓冲区的类型和质量。

## 绩效等级

| 改进 | 增强 | 超越 | 保护 | 恢复 |
|---|---|---|---|---|
| A + B + C | A + B + C | A + B + C | (A + B + C) 或 D | A + B + C + E |
| (2) 缓冲区 | (5) 受管理缓冲区 | (10) 混合缓冲区 | (16) 天然缓冲区 | (20) 缓冲区恢复 |

(A) 项目团队确定现场或附近的湿地和地表水，或可能受项目影响的湿地和地表水。

(B) 项目团队为湿地和地表水确定合适的缓冲区类型和宽度。

| | | | | |
|---|---|---|---|---|
| (C) 该项目在现场至少 90% 的湿地和地表水周围提供植被或自然缓冲区。其余区域（＜10%）受工程控制保护。 它们足以共同减缓地表径流，并截留沉积物、杀虫剂和其他污染物。 除非根据标准 B 另有认定，否则最小缓冲区宽度为 50 英尺。 | (C) 该项目在所有湿地和地表水周围提供了一个管理植被的缓冲区。管理区域可能包括草地。 缓冲区的宽度足以减缓地表径流，并截留沉积物、杀虫剂和其他污染物。 除非根据标准 B 另有认定，否则最小宽度为 100 英尺。 | (C) 该项目在所有湿地和地表水周围提供了一个管理植被和自然区域混合的缓冲区。自然区域不受管理，由自然栖息地构成。 缓冲区的宽度足以减缓地表径流，并截留沉积物、杀虫剂和其他污染物。 除非根据标准 B 另有认定，否则最小宽度为 150 英尺。 | (C) 该项目为所有湿地和地表水周围的自然区域提供了缓冲区。 缓冲区的宽度足以减缓地表径流，并截留沉积物、杀虫剂和其他污染物。 除非根据标准 B 另有认定，否则最小宽度为 200 英尺。 或者 (D) 项目团队可以证明该地点是有意选择的，以避免在湿地或地表水中或附近进行开发。 | (E) 保护缓冲区的创建包括将先前开发或受干扰的区域恢复到自然状态。 项目团队也可以展示现存质量下降的缓冲区的恢复情况作为替代。 |

## 描述

湿地、海岸线和水体提供了许多重要的生态服务，包括缓解洪水问题、改善水质和提供野生动物栖息地。缓冲区保护这些元素的完整性，同时在以下方面发挥重要作用：

• 保护野生动物栖息地，提供连接栖息地走廊，并维护生物多样性——许多湿地和依赖水生的物种也需要进入河岸或高地栖息地，进行觅食、筑巢、繁殖和冬眠。

- 调节水温——缓冲区中植被的遮阴可保护水温。水温升高会危害水生生物。

- 保护水质——缓冲区控制水土流失并过滤径流中多余的养分和污染物。

- 保护水文——缓冲区调节雨水径流，帮助保护地表水和地下水的水位和流量。

- 防止人为干扰——提供缓冲区有助于保护湿地和地表水免受附近地区的影响，包括破坏植被、压实土壤、残渣、噪声和光线。

## 绩效改进

**改进：** 该项目在所有湿地和地表水周围提供全面保护。但是，在最小距离的植被或自然缓冲区无法实现的区域，允许进行工程控制。需要工程控制的总面积不超过 10%。

**增强：** 最小距离的管理植被区（即修剪的草坪或管理的景观）可以完全使湿地和地表水得到缓冲。

**超越：** 最小距离的管理植被区和自然区的混合区可以完全使湿地和地表水得到缓冲。

**保护：** 项目团队有两种选择。第一个选择是提供最小距离的完全自然的缓冲区。第二种选择是提交标准 D 的文件，证明该地点是有意选择，以避免在湿地或地表水中或附近进行开发。这包括证据表明在湿地或地表水中或附近开发是一个慎重考虑的选择，并且在规划或设计期间做出的决定，可以避开敏感地点。

**恢复：** 该项目将以前开发的区域恢复到植被缓冲区或恢复现有退化的植被缓冲区。

**适用范围：** 不包含湿地或地表水的项目，并且没有可能或认真考虑过包含湿地或地表水的选址选项的项目，可以申请将该评分项视为不适用，并提供证明文件。

## 评估标准和文件指南

**A. 项目团队是否在现场或附近确定了湿地和地表水？**

*有场地内及周边的湿地和地表水地图。*

**B. 项目团队是否确定了保护湿地和地表水所需的缓冲区类型和宽度？**

*1. 有计算建议的缓冲区类型和最小宽度或接受"Envision"最小宽度要求。*

*2. 有文件说明，项目团队在确定适当的缓冲区宽度和类型时考虑了场地条件，包括土壤类型、坡度、土地利用和植被组合。*

*3. 有文件说明，建议的缓冲区宽度和类型足以解决：杀虫剂存留；堤岸稳定；沉积物控制；养分存留；废弃物和杂物；水温；陆生野生动物和水生野生动物。*

*4. 有文件说明，项目团队在项目设计中考虑了水体酸化和／或富营养化的累积影响。*

**C. 该项目在多大程度上在湿地和地表水周围实施了保护性缓冲区？**

*1. 场地平面图显示，最终场地设计、缓冲区边界和计算出的最小缓冲区宽度，依据缓冲区边界与确定的湿地、水体或海岸线之间的最短距离计算。*

*2. 除非标准 B 中的文件另有认定，否则遵循最小宽度。*

*3. 有文件说明，缓冲区设计与绩效等级要求相匹配。请注意，随着等级的增加，评分项要求更多的保护缓冲区是自然区域而不是管理区域（例如，割过的草）。对于例外情况，项目团队可以根据标准 B 证明较大的管理植被缓冲区，如何满足与最小所需宽度自然缓冲区相同的绩效要求。*

**D. 该项目的选址是否有意避开湿地和地表水？**

*有证据表明，项目团队有意避免将项目选址在湿地和地表水的最小宽度缓冲区上或之内。证据应包括认真考虑的替代地点。*

*请注意，满足标准 D 是实现**保护**绩效等级的替代路径。通过满足标准 D 实现**保护**不需要满足标准 A、B 和 C，反之亦然。*

**E. 该项目是否涉及将缓冲区内先前开发或受干扰的地点恢复到自然状态？**

*有地图和规划显示，保护缓冲区内项目场地的已开发区域将恢复为自然状态。已开发区域包括人造地面（例如铺设的路面）和／或结构（例如设施）。项目团队可能不会将现有的植被景观（无论是人工的还是自然的）恢复到自然状态作为恢复行动的证据。*

*请注意，项目团队可能会展示质量退化的现存缓冲区的恢复情况作为替代。*

## 相关"ENVISION"评分项

RA3.1　保护水资源

NW1.1　保护具有高生态价值的场地

NW2.2　管理雨水

NW3.2　增强湿地与地表水功能

CR2.2　评估气候变化的脆弱性

自然界：选址

# NW1.3 保护基本农田

**16 分**

**目的**
识别和保护被指定为主要农田、独特农田或重要农田的土壤。

**指标**
开发过程中避免或保留的农田百分比。

## 绩效等级

| 改进 | 增强 | 超越 | 保护 | 恢复 |
|---|---|---|---|---|
| 不适用 | A + B + C | A + B + C | (A + B) 或 D | A + B + E |
| | **(2) 小于 10% 的干扰** | **(8) 小于 5% 的干扰** | **(12) 100% 避免** | **(16) 恢复生产性农田** |
| | (A) 项目团队确定指定为基本农田、独特农田或重要农田的土壤。 | | | |
| | (B) 开发或干扰的基本农田少于项目用地的 10%。 | (B) 开发或干扰的基本农田少于项目用地的 5%。 | (B) 项目避免开发或干扰现场的任何基本农田。 | |
| | (C) 因项目而永久损坏或干扰的农田通过弥补得到缓解。任何因施工影响而暂时受到干扰的农田都将得到恢复，被保留土地的容纳能力水平不会降低。 | 或 (D) 项目团队可以证明该地点是有意选择，以避开基本农田地区。 | | (E) 除了 100% 避免之外，该项目还包括为后代保护农田免受未来干扰，或将先前开发的地区恢复到连续性、功能性和生产性的农田状态。 |

## 描述

如果根据可接受的耕作方法对农田进行处理和管理，则基本农田可以通过土壤特性、生长季节和水分供应的组合，持续经济地产出高产作物。土壤特性只是将土地指定为基本农田所必需的几个标准之一。一般来说，基本农田有来自降水或灌溉的充足和可靠的供水源，有利的温度和生长季节，可接受的酸碱度，以及可接受的盐或钠含量。它的土壤可以渗透水和空气。基本农田不会长期过度侵蚀或被水浸泡，在生长季节不会经常洪水泛滥，或者可以防洪。

农田支撑着许多农村和郊区社区的经济基础。农业用地对于实现地方和国家粮食、健康和经济安全至关重要。虽然一些社区现在可能不认为农业是当地经济的重要贡献者，但他们应该关注有机农业、当地食品采购、都市农业和"慢食"/区域美食运动的趋势，这些趋势正在改变小型和本地农业的经济生命力。农业用地也可以成为具有重要文化和生态重要性的资源，例如社会遗产、风景、开放空间和社区特色。

## 绩效改进

市、州/省或联邦机构指定的基本农田、独特农田或具有当地意义的农田可用于该评分项的证明文件中。在美国，基本农田由美国农业部 (USDA) 指定；在加拿大，它由加拿大土地检查表 (CLI) 分类。美国大部分地区指定农田的名称，现在可以从美国农业部土壤调查地理 (SSURGO) 中的土壤调查数据库获取。加拿大的类似信息可以通过加拿大土壤信息服务 (CanSIS) 和农业普查来获取。许多州和省也有重要的农田的分类。在没有官方指定的国家或地区，项目团队可以根据上述基本农田的描述自行确定。

**增强：** 在确定基本农田后，项目团队遵循分层缓解原则，包括避免、最小化、恢复和弥补。项目团队必须证明他们优先考虑避免开发农田，尽可能减少并恢复剩余的临时影响，以及弥补对农田的任何永久性开发。被干扰的农田不能超过项目场地的 10%。

必须在受影响的场地或其附近完成缓解措施。缓解措施可以在现场通过限制进出和界限的保护地役权来实现，或者通过获得同等或更高质量的相邻连续地块来实现。弥补必须等同于或超过项目永久干扰的面积，并且不能是现有保护地役权的一部分。远程弥补对实现本评分项没有贡献。

**超越**：被干扰的基本农田不能超过项目场地的 5%。

**保护**：项目完全避免对场地内基本农田造成干扰，或有意选择场地以避免在主要基本农田上开发。这必须包括证据表明在基本农田上或附近开发是认真考虑的选择，并且在规划或设计期间做出的决定可以避免敏感地点。

**恢复**：该项目包括为后代保护农田，例如保护地役权。

**适用范围**：不包含基本农田的项目，以及没有可能或认真考虑过包含基本农田的选址选项的项目，可以申请该将评分项视为不适用，并提供证明文件。

## 评估标准和文件指南

**A. 项目团队是否对项目场地的土壤进行了评估，确定为基本农田、独特农田或重要农田？**
指定基本农田、独特农田或重要农田（例如，美国农业部或 CLI）区域的政府研究和/或土壤调查的结果。

**B. 项目将在多大程度上防护或保护基本农田、独特农田或重要农田？**
1. 提供计算和计划，以表明少于所需项目场地的百分比，包括农田开发。剩余避免使用的农田，必须是连续的并且在功能上是可行的，可以支持农业活动。

请注意，先前开发的土地（即建筑结构或铺砌表面）可以从计算中排除。

2. 有文件显示在施工期间不会从保留为农田的区域剥离土壤。

**C. 项目团队是否减轻了对基本农田、独特农田或重要农田的任何损害或干扰？**
1. 有文件显示，如何按照当地管辖标准在现场减少受干扰的农田。

2. 对于受施工项目永久干扰的地区，基本农田弥补标准包括：
- 保护相邻或连接的质量相似或更好的农田。
- 保留面积必须等于或超过项目干扰的面积。
- 保留的土地不能成为现有保护地役权的一部分。

3. 有文件说明，施工管理计划包括施工期间保护农田的规定。文件包括完全恢复因临时工程而受到干扰的地点。

4. 对于涉及临时干扰农田的项目，有文件说明进行了保护和恢复活动。

**D. 该项目的选址是否有意避开基本农田？**
可提供项目团队有意避免将项目选址在基本农田上的证据。证据应包括认真考虑的替代地点。

请注意，满足标准 D 是实现**保护**绩效等级的替代路径。通过满足标准 D 实现保护不需要满足标准 A 和 B，反之亦然。

**E. 该项目是为后代保留现有的农田还是恢复以前受到干扰的农田？**
有为后代保留基本农田以防止未来干扰或发展的文件。拟保留的土地不能成为现有保护地役权的一部分。在一些情况下，如果其规模与项目规模相称，项目可以提交将都市农业纳入**恢复**等级。

请注意，如果标准 A 中定义的任何重要农田受到项目的永久影响，则无法实现**恢复**。此外，**恢复**也不能通过将以前未开发的自然区域转变为农田来实现。

## 相关"ENVISION"评分项

QL1.1　提高社区生活质量
QL3.2　保护历史和文化资源
QL3.3　增强景观与地方特色
LD2.2　可持续社区计划
LD3.1　促进经济繁荣与发展
NW1.1　保护具有高生态价值的场地

自然界：选址

# NW1.4 保护未开发土地

**24 分**

**目的**
通过在以前开发的土地上建立项目来保护未开发的土地。

**指标**
位于先前开发的土地上的项目开发百分比。

## 绩效等级

| 改进 | 增强 | 超越 | 保护 | 恢复 |
|---|---|---|---|---|
| A | A | A | A | A + B |
| (3) 至少 25% 以前开发过 | (8) 至少 50% 以前开发过 | (12) 至少 75% 以前开发过 | (18) 100% 以前开发过 | (24) 恢复自然区域 |
| **(A)** 项目至少 25% 的开发面积位于先前开发的土地上。 | **(A)** 项目至少 50% 的开发面积位于先前开发的土地上。 | **(A)** 项目至少 75% 的开发面积位于先前开发的土地上。 | **(A)** 100% 的项目开发面积位于先前开发的土地上。 | |
| | | | | **(B)** 将开发区域恢复到支持或可能支持开放空间、栖息地或自然水文的条件。 |

## 描述

该评分项涉及通过将项目选址在先前开发的土地（灰地）上来保护未开发的土地（绿地）。位于先前开发的土地上的项目通常对野生动物的影响较小，可以最大限度地减少新栖息地碎裂化的可能性。

在以前开发过的土地上开发通常是对社区繁荣的投资。基础设施业主将项目选址在废弃、未充分利用或退化的财产上，可以消除降低物业价值的"眼中钉"，并用有效益的项目取而代之。项目团队应考虑将项目选址于指定或公认的城市核心 / 理想开发区的优势。此类项目通常：

- 促进城市发展和向城市区域的渠道发展，从而减少未开发土地和节约资源的压力。

- 促进市区与周边的社会经济振兴。包括改善安全、创造短期和长期的当地就业机会，以及创建或保留公园和其他休闲场所。

在选择灰场场地时，项目可能会获得以下额外利益：

- 在**自然界**类别下，项目可能会修复损坏的排水道和其他受损或受压的自然资源。

- 在**生活质量**类别下，这些项目可能会对历史上和经济上处于劣势的城市人口产生积极影响。

- 在**资源分配**类别下，位于灰场的项目可以提供现有地下和地上结构的再利用，包括建筑物、公用设施和道路。

## 绩效改进

虽然在一些情况下"灰地"一词可能指未充分利用或废弃的场地，但该评分项将所有以前开发的土地定义为灰地，这也包括被称为"棕地"的污染场地。开发区由铺装道路或建筑施工组成，而未开发区由自然或管理植被组成。出于本评分项的目的，公园的植被区被视为未开发土地，而铺砌的地区被认为是开发的。在城市地区，这些植被茂盛的开放空间发挥着重要的作用。

*改进～保护：* 本评分项等级以位于先前开发区域的项目开发百分比来区分。

*恢复：* 除了将项目开发完全选址在已开发的场地上之外，该项目还使先前开发的区域回归自然或植被区域，实现净正回报。

*适用范围：* 本评分项的评估取决于项目位于先前开发的土地上或以前未开发的土地上的程度。由于所有土地都属于这两种分类，因此很难证明该评分项不适用。无法将项目选址在已开发的土地上，不足以作为取消本评分项的理由。

## 评估标准和文件指南

### A. 该项目在多大程度上位于以前开发的土地上？

有文件显示，项目施工前开发过的场地的开发面积百分比，可归类为"灰地"。

请注意，本评分项将所有先前开发的土地视为灰地，也包括被称为"棕地"的污染场地。已开发的土地包括预先存在的铺装道路或建筑施工。专用于当前农业用途、林业用途或用作自然保护区的土地，即使包含预先存在的铺装道路或建筑施工，也不符合灰地的条件。已恢复自然状态的具有历史发展的场地，也不符合先前开发场地或灰地的资格。

### B. 项目是否已将开发区域恢复到支持自然开放空间、栖息地或自然水文的条件？

有文件显示先前的开发区域已恢复自然状态。

## 相关"ENVISION"评分项

QL3.2　保护历史和文化资源

QL3.3　增强景观与地方特色

RA1.2　使用回收利用材料

NW1.1　保护具有高生态价值的场地

NW2.1　开垦棕地

NW3.1　增强功能栖息地

NW3.3　维护洪泛区功能

NW3.5　保护土壤健康

CR2.6　增强基础设施一体化

自然界：保护

# NW2.1　开垦棕地

**22 分**

**目的**
将项目选址在归类为棕地的地点。

**指标**
棕地场地的修复程度。

## 绩效等级

| 改进<br>A | 增强<br>B + C | 超越<br>B + C | 保护<br>B + C | 恢复<br>B + C + D |
|---|---|---|---|---|
| (11) 重复利用"旧棕地" | (13) 减轻暴露 | (16) 被动修复 | (19) 主动修复 | (22) 彻底修复 |
| **(A)** 该项目位于已被他人修复的棕地。 | **(B)** 项目位于被归类为棕地或已知存在污染的地点。 | | | |
| | **(C)** 执行最低限度的封盖和补救措施，以将人类暴露风险降至安全水平。通常留在现场的污染物水平可以通过工程和／或机构控制来解决。 | **(C)** 进行被动修复以减少人类接触，并逐步去除或分解现场污染。 | **(C)** 进行主动修复，或主动和被动修复的组合，以减少人类接触，并去除或分解现场污染。 | **(C)** 主动修复，或主动和被动修复相结合，用于将整个场地土壤和／或地下水恢复到当地区域状态或不受限制使用的水平。 |
| | | | | **(D)** 场地已被监管方关闭／解除管制，或处于关闭过程中，并有长期场地管理、监测和检查计划。 |

## 描述

该评分项承认项目位于棕地时提供的难以置信的利益和服务。棕地是一种由于有害物质、污染物或污染杂质的存在而可能使其扩建、重新开发或重复利用变得复杂的地产。

棕地开发会带来某些风险和责任，可能会增加项目成本。开发商和业主需要管理与物业环境历史相关的过去和未来的环境责任。私有贷款人往往不愿意为可能受损的土地提供贷款。在某些情况下，物业的清理费用最终可能会超过物业的价值。由于环境评估和清理活动以及更复杂的许可和监管环境，棕地项目可能需要比典型项目需要更长的开发时间。但是，通常有可用的资金来源来支持或弥补这些成本。

棕地开发的环境效益包括清理或遏制以防止风险暴露，从而减少对人类和生态健康的威胁。它还可以减少有毒物质径流进入附近的水体，从而改善整体水质和栖息地。与灰地开发（**NW1.4 保护未开发土地**）一样，棕地开发通过促进向市区的开发来减少蔓延，从而减轻未开发土地的压力。在某些情况下，棕地开发还可能涉及修复和恢复受损或承受相关压力的自然资源。

棕地开发的社会经济效益包括直接从场地和邻近物业增加的地方税收。开发提高了安全性并创造了就业机会。这种类型的开发可以产生催化剂效应，刺激社区的其他投资和转型。

## 绩效改进

评估基于棕地的修复程度。对于需要提高修复水平的场地，项目会推进到更高水平。

**改进：** 场地被归类为棕地，但之前已被修复或控制。这可能包括一个已被封盖和关闭的前废弃物填埋场。

**增强：** 污染仍然存在于现场，但已被封盖并修复到预期用途所需的水平。

**超越：** 强度较低的被动措施就足够了。被动修复被定义为鼓励专注于地下自然衰减的方法及其改进。例如促进微生物生长或安装依赖天然地下水流的渗透性反应墙。

**保护：** 场地需要主动措施或主动与被动措施相结合。主动修复被定义为从现场捕获和清除污染物的方法。例如土壤气体萃取法或"泵送处理"方法。

**恢复：** 项目成功关闭了受污染的场地。确保该场地不再为后代带来潜在的风险。通常，污染的类型或程度需要多年的修复，因此可能并不总是能够达到这个等级。

**适用范围：** 无法确定合适地点的项目团队可以申请将本评分项视为不适用，并提供已做出努力的证明文件。如果没有提供证据表明曾考虑过在棕地为项目选址，则该评分项被认为是适用的，并且没有获得任何分值。

## 评估标准和文件指南

### A. 该项目是否位于目前确定为封闭棕地的地点?

有文件显示，根据联邦或州/省计划，该场地已关闭或已修复。例如，在加拿大会依据联邦污染场地清单或省棕地计划，或者在美国作为联邦或州棕地或自愿清理计划 (VCP) 的场地。

### B. 该项目是否位于目前确定为活跃棕地的地点?

1. 有文件显示，该场地已根据联邦或州/省计划被指定为活跃（未修复）棕地。

2. 对于尚未根据州/省或联邦定义指定为"棕地"的场地，项目团队可能会提供污染证据。

   a. 符合条件的场地可能包括，例如，在加拿大联邦污染场地清单或省级的棕地计划中归类为"疑似"的场地，或在国家管理的自愿清理计划 (VCP) 下的财产。

   b. 污染文件应包括描述所确定的受关注污染物的横向和纵向影响范围和浓度的信息。

例如已完成的美国测试与试验协会 (ASTM) 或加拿大标准协会 (CSA) 第一阶段和第二阶段环境场地评估 (ESA)、适当的自愿清理计划文件或场地根据适用的省级法规完成评估。

3. 提交场地业主或潜在责任方与监管方之间为减轻或修复与财产相关的污染物，所达成的任何合同协议限制、决策记录 (ROD) 或其他具有法律约束力的协议。

### C. 项目在多大程度上减轻或修复了场地?

1. 提交已获得适当监管机构批准的缓解和修复计划。

2. 有文件显示，计划在被动和/或主动修复方面达到绩效等级目标。

文件示例可能包括但不限于：

   a. 确定在"ASTM"/"CSA"第I和II阶段"ESA"期间已完成确认的关注污染物的采样。

   b. 确定所有超出监管或特定地点浓度阈值的剩余污染物的遏制、缓解和/或修复方法，无论是在现场还是有可能迁移到拟议的开发区域。

   c. 如果关注的污染物包括潜在的挥发性化合物，需要包括对蒸汽侵入路径的评估（如果适用）和缓解方法。

3. 如果适用，包括施工和施工后阶段的监测和修复计划，以确保最大限度地减少污染物迁移，并符合适用的联邦、州/省和当地的风险暴露要求以及计划的制定。

### D. 棕地场地是否已关闭或解除管制?

1. 有文件说明，适当的监管机构对场地已关闭或正在关闭/解除监管（例如，关闭报告）。

2. 如果适用，场地管理、监测和检查计划将使场地关闭/解除监管。

## 相关"ENVISION"评分项

QL1.2　加强公共卫生与安全

LD1.4　追求副产品协同效应

LD2.2　可持续社区计划

LD3.1　促进经济繁荣与发展

NW1.1　保护具有高生态价值的场地

NW2.4　保护地表与地下水质量

NW3.5　保护土壤健康

自然界：保护

## NW2.2 管理雨水

**24 分**

**目的**
尽量减少开发对雨水径流数量、速率和质量的影响。

**指标**
项目渗透、蒸发、重复利用和/或处理雨水的程度，同时不超过径流的速率或流量目标。

**绩效等级**

| 改进<br>A + B + C | 增强<br>A + B + C | 超越<br>A + B + C | 保护<br>A + B + C | 恢复<br>A + B + C + D |
|---|---|---|---|---|
| **(2) 扩展选项** | **(4) 第 85 百分位 / 2 年事件** | **(9) 第 90 百分位/10 年事件** | **(17) 第 95 百分位/50 年事件** | **(24) 第 95 百分位/100 年事件** |
| **(A)** 保留和处理第 85 百分位的本地 24 小时降雨事件。如果更严格，请确保符合当地要求。 | **(A)** 第 85 百分位的本地 24 小时降雨事件的渗透、蒸发和 / 或重复使用。<br><br>或者<br><br>如果渗透、蒸发或重复利用是不允许的或不切实际的，则对第 85 百分位的 24 小时事件的 150% 进行保留和处理。 | **(A)** 第 90 百分位的本地 24 小时降雨事件的渗透、蒸发和 / 或重复使用。<br><br>或者<br><br>如果渗透、蒸发或重复利用是不允许的或不切实际的，则对第 90 百分位的 24 小时事件进行 150% 的保留和处理。 | **(A)** 95 百分位的本地 24 小时降雨事件的渗透、蒸发和 / 或重复使用。<br><br>或者<br><br>如果渗透、蒸发或重复利用是不允许的或不切实际的，则对第 95 百分位的 24 小时事件进行 150% 的保留和处理。 | **(A)** 超过第 95 百分位的本地 24 小时降雨事件的渗透、蒸发和 / 或重复使用。<br><br>或者<br><br>如果渗透、蒸发或重复利用是不允许的或不切实际的，则对第 95% 百分位的 24 小时事件进行超过 150% 的保留和处理。 |
| **(B)** 与现有条件（绿地、灰地或棕地）相关，不超过 2 年一遇 24 小时降雨的径流速率或径流量的事件。 | **(B)** 与现有条件（绿地、灰地或棕地）相关，不超过 2—5 年一遇 24 小时降雨的径流速率或径流量的事件。 | **(B)** 与现有条件（绿地、灰地或棕地）相关，不超过 2—5 年一10 年一遇 24 小时降雨的径流速率或径流量的事件。 | **(B)** 与现有条件（绿地、灰地或棕地）相关，不超过 2 年—5 年—10 年—25 年一遇 24 小时降雨的径流速率或径流量的事件。 | **(B)** 与现有条件（绿地、灰地或棕地）相关，不超过 2年—5年—10 年—25 年 —50 年—100 年一遇 24 小时降雨的径流速率或径流量的事件。 |
| **(C)** 该项目包括施工活动的侵蚀、沉积和污染物控制计划。 | | | | |
| | | | | **(D)** 项目按照标准 A 管理或处理来自其他地点的雨水，或将场地恢复到开发前的水文条件。 |

## 描述

雨水是社区日益关注的问题和风险来源。气候变化使降水率越来越难以预测，更强烈的风暴变得普遍。历史上的设计标准和法规可能不足以让社区为未来做好准备。基础设施业主应考虑如何抓住机会改进雨水管理系统以降低他们的风险。在废水处理设施外解决雨水问题可以节省大量成本。减少废水处理的需求可以延展现有设施的能力，无须扩建即可提供足够的容量。

管理不当的雨水会对环境造成严重影响。地表径流增加通常会导致增加河流和河道侵蚀、下游洪水、水温变化（从而降低受纳水体中的溶解氧），以及到达地表水体的污染物浓度。它可以将沉积物和污染物沉积到水道中，并使历史上的冷水溪流变暖。这会对水生生物产生负面影响，因为本地物种被更耐污染物的温水物种所取代。

雨水管理的自然系统，通常被称为"绿色基础设施"，可提供多种利益。生物洼地和雨水花园可以美化社区，减少热岛效应，并提供教育公众雨水管理重要性的机会。项目团队应考虑如何采用低影响的开发措施，以减少和减轻与增加径流相关的潜在负面影响。

## 绩效改进

该评分项的评估首先要确保项目不会导致项目场地雨水径流的数量和速率增加，也不会导致离开场地的雨水质量下降。

所有项目必须在施工期间实施侵蚀、沉积和污染物控制计划，并符合所有与雨水管理相关的规定。

*改进 ~ 保护：* 本评分项的绩效等级根据项目通过使用渗透、蒸发、重复利用或处理减少从场地排放的污染量的程度来划分，同时不超过径流的速率或流量的目标。

团队通过渗透、蒸发、重复利用或相应处理来自当地 24 小时事件的越来越多的径流，以解决雨水质量问题。此外，团队通过满足日益强烈的降雨事件的现有条件，来解决径流的速率和流量。

*恢复：* 预留给这样的项目，不仅能满足项目场地要求，而且可以展示项目如何管理来自其他场地的雨水、满足更大流域需求或将场地恢复到开发前的水文条件。

*适用范围：* 本评分项适用于所有影响雨水径流的项目。在极少数情况下，与项目规模相比，对雨水径流的影响不重要的项目，团队可以申请将本评分项视为不适用，并提供证明文件。但是，审查人员可以依据项目背景自行决定什么是构成雨水径流不重要的影响。

## 评估标准和文件指南

**A. 项目场地在渗透、蒸发、重复利用和/或处理现场雨水上的程度如何？**

*1. 有场地计划和文件说明，项目中所有雨水管理策略及其在渗透、蒸发、重复利用或处理方面的功能。*

*请注意，从**增强**等级开始，标准 A 有两个合规路径；只需要满足一组要求。*

*2. 计算结果表明雨水管理系统符合成就绩效等级表中列出的暴雨事件的相关要求。*

**B. 与现有条件相比，已完成的项目在多大程度上限制了径流速率或流量？**

*1. 有现有场地规划、文件和雨水径流模式的计算。*

*2. 有设计项目场地和雨水径流模式的场地规划、文件和计算。*

*3. 计算表明项目没有超过相关 2 年、5 年、10 年、25 年、50 年和/或 100 年一遇 24 小时降雨事件的径流速率或流量。*

**C. 项目是否有包括所有施工活动的侵蚀、沉积和污染控制计划？**

*有文件说明，与项目相关的所有施工活动的侵蚀、沉积和污染物控制计划——通常称为雨水污染预防计划 (SWPPP) 或侵蚀和沉积控制计划 (ESCP)。该计划（SWPPP 或 ESCP）符合所有适用的侵蚀和沉积要求。如果项目位于施工侵蚀和沉积未受监管的地区，则该计划被证明符合行业公认的最佳实践。*

**D. 该项目是处理来自其他地点的雨水还是作为更大的雨水管理计划的一部分？**

*1. 有文件说明项目中雨水渗透、蒸发、重复利用或处理来自其他地点的雨水的策略。*

*或*

*2. 有文件说明场地水文如何恢复到开发前状态。*

*请注意，标准 D 有两个合规路径。只需要满足一组要求即可。*

## 相关"ENVISION"评分项

QL3.4　改善公共空间与便利设施

RA1.5　现场平衡土方

RA3.1　保护水资源

RA3.2　减少运营用水量

NW1.1　保护具有高生态价值的场地

NW1.2　提供湿地与地表水缓冲区

NW1.4　保护未开发土地

CR2.2　评估气候变化的脆弱性

CR2.3　评估风险与韧性

CR2.4　建立韧性目标与策略

自然界：保护

# NW2.3 减少杀虫剂与肥料的影响

**12 分**

**目的**
通过减少杀虫剂和肥料的数量，降低毒性、生物可用度和持久性来减少非点源污染。

**指标**
减少现场使用的杀虫剂和肥料的数量，降低毒性、生物可用度和持久性，选择植物物种，以及使用综合虫害管理技术。

## 绩效等级

| 改进 | 增强 | 超越 | 保护 | 恢复 |
|---|---|---|---|---|
| A + B | A + B + C | A + B + C + D | C | C |
| (1) 应用管理 | (2) 少用杀虫剂或肥料 | (5) 更好的选择，更低的使用 | (9) 不使用杀虫剂或肥料 | (12) 消除杀虫剂或肥料 |
| **(A)** 运营政策和计划旨在控制杀虫剂和肥料的施用，以免过度施用。 | | | | |
| **(B)** 采取径流控制措施，以尽量减少对地下水和地表水的污染。 | | | | |
| | **(C)** 景观设计采用需要较少肥料和杀虫剂的植物物种。 | | **(C)** 景观设计采用不需要杀虫剂或肥料的植物物种。 | **(C)** 景观设计采用不需要杀虫剂或肥料的植物物种。<br><br>这包括在先前使用过杀虫剂或肥料的场地上消除对杀虫剂和/或肥料的需求。 |
| | | **(D)** 必要时，指定具有低毒性、低持久性和/或生物可用度低的杀虫剂和肥料。 | | |

## 描述

该评分项致力于减少现场使用的杀虫剂和肥料的数量、毒性、生物可用度和持久性，包括植物物种的选择和综合虫害管理技术的使用。杀虫剂是有意释放到环境中以杀死生物的有毒物质。杀虫剂家族包括杀真菌剂、除草剂、杀虫剂、杀鼠剂等。

杀虫剂和肥料是一种重要的非点源污染物，应尽可能减少或消除它们的使用。过量使用杀虫剂和肥料会污染径流并污染溪流、河流、湖泊和地下水。如果有必要使用化学品，应使用有资质的施药者和适当的规程来采购毒性较低的杀虫剂和肥料。杀虫剂使用不当也会对人体健康构成威胁。

项目团队应该考虑如何选择更适合的植物来种植，在不施化肥的情况下生长并抵抗害虫。虫害综合管理是一种影响低的处理害虫的方法，包括选择更耐寒的抗虫植物、自然的预防和控制措施。

项目团队还应考虑减少肥料和杀虫剂使用的社会经济效益。节省了材料和人工方面的直接成本。选择土壤耐受度好和抗虫害的植物，本质上生命力更顽强，更不容易被取代。不需要肥料或杀虫剂的植物通常是社区区域特征增强的本地或归化植物。

## 绩效改进

该评分项的目的是解决杀虫剂和肥料在长期运营中的应用问题。根据评分项 **NW3.4 控制入侵物种**，允许项目最初使用杀虫剂，以根除或控制现场发现的入侵物种。同样，在有必要建立植被时，允许有控制地初步使用肥料。

***改进：*** 项目团队专注于应用控制和减少径流与污染。

***增强：*** 项目团队专门选择需要较少杀虫剂或肥料的景观绿化。

***超越：*** 在绝对必要时，会基于减少影响的原则选择杀虫剂和肥料。这可能包括毒性、持久性（即它在环境中保留多长时间）和/或生物可用度（即它被生物有机体吸收的容易程度）。

***保护：*** 景观维护不需要杀虫剂或肥料。

***恢复：*** 该项目在先前需要使用杀虫剂和肥料的地区消除了需求。例如，将现有的景观场地重新设计为采用不需要杀虫剂或肥料的植物。

***适用范围：*** 考虑项目范围是否包括外部植被区。不包括外部植被区的项目可能会申请将本评分项视为不适用，并提供证明文件。

## 评估标准和文件指南

**A. 是否制定了运营政策和计划来控制肥料和杀虫剂的使用？**
*有施用肥料和杀虫剂的运营政策和计划。*

**B. 是否实施了径流控制措施以尽量减少对地下水和地表水的污染？**
*有计划和图纸显示如何设计、安装和维护径流控制装置。*

**C. 项目团队在多大程度上设计了景观绿化以减少杀虫剂和肥料的使用？**

*1. 有景观绿化计划的文件，显示强调植物种组合中没有侵入性植物物种。*

*2. 有设计规范显示，在施工和运营期间，项目现场将使用较少、很少或不使用肥料或杀虫剂。*

*a. 允许在景观初始建设中控制使用肥料的例外情况。提供描述必要性、效益和使用期限的文件。*

*b. 允许在项目交付期间控制使用杀虫剂以清除现有入侵物种的例外情况。提供描述必要性、效益和使用期限的文件。*

*3. 有文件和详细信息表明，任何综合害虫管理方法都不需要杀虫剂。*

*4. 有文件和详细信息表明，任何天然肥料管理方法（例如堆肥）都不需要化学肥料。*

*请注意，鼓励项目团队在景观绿化选择中考虑相关问题，包括但不限于：非入侵物种、耐旱物种、本地物种、低维护物种和有助于实现绩效目标（例如减少污染物）的物种。*

**D. 项目团队在多大程度上选择（指定）了毒性、持久性和生物可用度较低的杀虫剂和肥料？**

*1. 有文件显示在完成的项目中使用的杀虫剂和肥料。*

*2. 有测量杀虫剂和肥料的毒性、持久性和生物可用度，以及推荐的施用率和程序。*

*3. 有文件显示如何将较低的毒性、持久性和生物可用度纳入杀虫剂和肥料选择。*

## 相关"ENVISION"评分项

QL1.2　加强公共卫生与安全

NW2.4　保护地表与地下水质量

NW3.5　保护土壤健康

自然界：保护

# NW2.4　保护地表与地下水质量

| | **目的** | | **指标** | |
|---|---|---|---|---|
| **20** 分 | 通过防止污染物污染地表水和地下水，并监测施工和运营期间的影响来保护水资源。 | | 为防止和监测施工和运营期间的地表水和地下水污染而制定的设计、计划和方案。 | |

## 绩效等级

| 改进 | 增强 | 超越 | 保护 | 恢复 |
|---|---|---|---|---|
| A + B | A + B + C | A + B + C + D | A + B + C + D + E | A + B + C + D + E + F |
| (2) 新路径规避 | (5) 社区支持 | (9) 降低风险 | (14) 公开报告 | (20) 质量改进 |

**(A)** 项目团队确定施工和运营期间对地表水或地下水质量的潜在影响，包括温度。

**(B)** 该项目包括溢出和泄漏分流系统、溢出预防计划和清理。该项目不会为地表水和/或地下水污染创造新的直接途径，例如：

- 径流直接进入喀斯特地貌。
- 未经处理的工业或化学品排放到无衬里的工业池塘或湖泊。
- 回注水井，除非水被处理到二级或当地法规要求的等级，以更严格的为准；或
- 化学品、副产品或压裂水、注射液。

**(C)** 根据标准 A 中确定的影响类型，该项目降低了地表水和/或地下水质量下降的风险。这应该包括水温。

**(D)** 适当的措施使地表水和/或地下水响应性质量监测和报告系统能够向公众提供水质数据。

**(E)** 该项目已积极消除至少一种有害和/或潜在污染物质的来源，或用无害或无污染物质或材料替代它们。

**(F)** 项目改善地表水和/或地下水质量，超出现有条件。

## 描述

　　该评分项的目标是通过采取措施防止污染物污染地表水和地下水，并监测施工和运营期间的影响来保护水资源。地下水是一种广泛使用的饮用水源。保护井口和地下水补给区减少了地下水污染的机会，并保护了自然水净化过程。此外，水生生态系统依赖于一组特定的水条件。任何这些条件因素的变化都会对水生生物和地下水质量产生不利影响。水生生态系统受到 pH 值变化、水透明度降低、温度升高、溶解固体、大肠菌群、有毒物质和营养物质（尤其是磷和氮）的威胁。

　　泄漏、溢出和其他污染源会造成严重的环境、社会问题和经济成本，而预防措施几乎总是比清理措施更经济。污染有多种形式，但会杀死动植物、破坏栖息地，并导致人类生病或过早死亡。

　　关注含有潜在污染物质的设备和设施，包括燃料和化学品储存、管道、原材料堆和加工区。在施工阶段，地下水和地表水污染的潜在来源包括储罐、管道和施工车辆的溢出和泄漏；从原材料或废料中浸出的污染物；从拆除以前完工的项目中泄露的污染物。

## 绩效改进

*改进：* 项目团队开始时不引入新的污染途径。

*增强：* 项目团队专注于显著降低污染风险，优先考虑减少或消除运营中的潜在污染物质。如果不能这样做，他们会寻求回收这些物质，将其留在运营中，或将它们运离现场，用于其他的应用。项目团队采取预防措施，持续识别含有潜在污染物质的设备和设施，并将它们放置在远离敏感环境的地方。径流截流器和排水通道的设计应能容纳雨水径流或冰雪融化、潜在的泄漏和渗漏中的污染物。"水温"被认为是一种潜在的"污染物"。

*超越：* 主动监测地表水、地下水和/或潜在污染源，以支持预防和应对计划。

*保护：* 已采取措施消除或替代项目中的危险物质或潜在污染源。

*恢复：* 项目改善地表水或地下水质量，例如，通过清理先前受污染的土地、恢复井口和地下水补给区保护、安装土地使用的控制措施，来防止未来的污染。恢复还可能包括移除储料堆、改变地表径流路线或恢复地下水渗透模式。

*适用范围：* 本评分项适用于所有包含或使用危险和/或潜在污染物质，有可能污染水源的项目。除了化学品的使用，项目团队还应考虑从材料中浸出的化学品如何成为污染源。

## 评估标准和文件指南

**A. 项目团队是否确认了施工和运营期间地表水和/或地下水污染的可能性？**

*1. 考虑到含水层的复杂性，有文件说明水文和/或水文地质的划定研究。请注意，地方政府可能已经进行了划定。*

*2. 有文件解释对地表水和/或地下水质量的潜在影响、风险和后果。"水温"应视为潜在影响。*

**B. 项目是否包括溢出和泄漏的预防与响应计划，并避免在施工和运营期间创造新的污染途径？**

*1. 有文件说明该项目不涉及以下任何一项：*

 *a. 没有径流直接进入喀斯特地貌。*

 *b. 没有未经处理的工业或化学品排放到无衬里的工业池塘或湖泊。*

 *c. 除非水被处理到二级水平，否则没有回注水井。*

 *d. 没有化学或压裂注水。*

*2. 有文件表明溢出和泄漏的预防与响应计划已就绪。*

*3. 如果适用，有文件显示储料堆的放置和潜在污染径流的处理（例如，计划和图纸）。*

**C. 项目在多大程度上降低了施工和运营期间地表水和/或地下水质量下降的风险？**

*1. 有文件说明旨在降低地表水和/或地下水质量退化风险的项目规划、设计或施工决策。这些行动可能包括但不限于：*

 *a. 项目选址要避开重要的地下水补给区（例如，喀斯特地貌）。*

 *b. 将含有潜在污染物质的设备和设施远离敏感环境。*

 *c. 安装径流截流器和排水渠，旨在容纳雨水径流或冰融化、潜在溢出和泄漏中的污染物。*

 *d. 安装自然系统以捕获或防止潜在污染物质到达地表水和/或地下水源。*

 *e. 显著减少或消除运营中的潜在污染物质。*

 *f. 回收潜在的污染物质，包括将它们保留在运营中或运离现场用于其他的应用。*

*2. 对于位于地下水用作饮用水源的地区的项目，有文件说明井盖和地下水补给区的保护计划，以及包括保护区在内的其他要求。*

**D. 项目中是否采用了充分且响应迅速的地表水和/或地下水质量监测和报告系统？**

*1. 有文件说明地表水和/或地下水质量监测计划或污染物源监测。这可能包括对排放到受纳水域和/或受纳水域本身进行监测的文件，以验证污染负荷量、生物影响、水温以及对受纳水流的影响。*

*2. 有文件说明，监测频率和水平足以解决标准 A 中提出的潜在水质影响问题。*

*请注意，如果项目团队已将地表水或地下水污染的可能性降低/解决到持续监测不再必要的程度，则标准 D 可以例外。例如，如果该项目能够消除对潜在污染材料的需求。*

**E. 项目是否积极消除了至少一种有害和/或潜在污染物质的来源，或用无害或无污染的物质或材料替代它们？**

*有文件说明，项目团队积极设计项目以消除对有害或潜在污染物质或材料的需求。项目团队还可以证明他们已经用无害或无污染的物质替代了潜在的污染源。在某些情况下，项目团队可能会证明替代品虽然在技术上仍然存在危险，但已大大减少或消除了地下水或地表水污染的可能性，从而满足了本评分项的目的。*

**F. 该项目是否改善了地表水和/或地下水质量?**

　*1. 在项目开发之前记录水质基线。*

　*2. 有文件表明,与先前存在基线相比,该项目改善了现场或流域的整体水质。改进水质的例子可能包括但不限于:*

　　*a. 实施土地的使用控制。*

　　*b. 恢复退化的自然系统。*

　　*c. 安装清洁或去除地表水和/或地下水中污染物的系统。*

　　*d. 清理污染区域。*

　　*e. 安装以防止现有(非项目相关)污染物进入受纳水体或改变受纳水流的系统。*

## 相关"ENVISION"评分项

QL1.2　加强公共卫生与安全

RA1.5　现场平衡土方

RA3.1　保护水资源

NW1.1　保护具有高生态价值的场地

NW2.1　开垦棕地

NW2.3　减少杀虫剂与肥料的影响

NW3.2　增强湿地与地表水功能

**项目实例：**
**杜比尤克太阳能项目**

　　爱荷华州的杜比尤克太阳能项目（"Envision" 白金奖，2018 年）通过在太阳能电池板下方和阵列周围的区域种植原生草原草和本土植物，增加了陆地栖息地的数量和连通性。这些本地植物取代了场地一部分的种植行间作物和非本地的无芒雀麦，并在场地的另一部分替代了入侵物种。鉴于该项目位于密西西比河上游迁徙走廊内，预计一旦建成，这些植物将为候鸟和蝴蝶提供良好的觅食栖息地，以及该地区对传粉者也很有吸引力。项目业主还与当地一家养蜂场合作在太阳板上安装了几个蜜蜂蜂箱。

**项目实例：**
**中蓝河项目**

　　中蓝河（"Envision" 白金奖，2016 年）绿色基础设施项目，通过将传统维护的草皮转化为原生景观，在场地的公园部分创造了功能栖息地以支持当地的动物群。此外，通过在邻近住宅区环境中应用较小雨水流过的管理实践，提供了比项目以前时期更多的栖息地连通性。项目中涵盖的本地草种植计划为各种物种提供食物和栖息所，包括蝴蝶、其他昆虫和鸟类。

自然界：生态

# NW3.1 增强功能栖息地

**18 分**

**目的**
保护和改善陆地上（陆地）栖息地的功能。

**指标**
为保护或提高功能性栖息地的净面积和质量而处理的栖息地功能数量。

## 绩效等级

| 改进 | 增强 | 超越 | 保护 | 恢复 |
|---|---|---|---|---|
| A + B | A + B + (C, D, 或 E) | A + B + (C, D, 或 E) | A + B + C + D + E | A + B + C + D + E + F |
| (2) 减轻影响 | (5) 一种生态系统功能 | (9) 两种生态系统功能 | (15) 三种生态系统功能 | (18) 恢复和创造栖息地 |

**(A)** 项目团队确定项目现场或附近的现有栖息地类型。努力避免和尽量减少对现有陆地栖息地的影响。

**(B)** 缓解措施确保标准 C、D 和 E 中定义的现有栖息地功能得到维护（即不会退化或丧失）。

缓解措施必须使用在场地上或场地附近，并遵循避免、最小化、恢复和弥补的优先层级顺序。

**(B)** 该项目确保现有栖息地不会受到干扰或破坏。

与现有条件相比，**(C, D 或 E)** 增强一种以上生态系统功能：
- 数量 (C)
- 质量 (D)
- 连通性 (E)

与现有条件相比，**(C, D 或 E)** 增强两种以上生态系统功能：
- 数量 (C)
- 质量 (D)
- 连通性 (E)

与现有条件相比，**(C、D 和 E)** 增强所有三种生态系统功能：
- 数量 (C)
- 质量 (D)
- 连通性 (E)

**(F)** 项目将开发的土地归还自然栖息地，或将现有栖息地留作永久保留和保护。

## 描述

该评分分项涉及保护陆上（陆地）栖息地的生态系统功能。它区别于涵盖保护水生（水）栖息地生态系统功能的 NW3.2 增强湿地与地表水功能。考虑基础设施开发对栖息地的影响往往局限于土地开发的直接影响。然而，开发使适宜栖息地的区域变得破碎和缩小。当栖息地碎片（简称：碎片）不是单独大到足以支持一个物种的数量时，碎片之间的连通性对生存至关重要。基础设施项目应优先保护和扩大栖息地，连接碎片，促进碎片之间的安全移动，以创建功能性栖息地。功能性栖息地支持本地生物在生命周期所有阶段的基本需求，并为动植物提供所需的栖息地连通性。保护和连接栖息地对生物多样性至关重要，因为它：

- 保护基本的自然生态系统进程和组成部分，以满足生物体在其生命周期内的一系列需求。
- 为大范围物种提供足够的栖息地（有些动物需要大范围的栖息地）。
- 促进碎片之间的遗传多样性和连通性，允许同一物种的不同族群相互作用和繁殖。

项目团队应考虑维护生物多样性和功能性栖息地如何为区域增加价值。功能性栖息地丰富了社区的质量，使它们成为更适合居住和参观的地方。项目地点可以成为学校教育旅行，以及观鸟者或其他野生动物爱好者的目的地。

## 绩效改进

**改进：** 该项目不会导致现有栖息地数量或质量的净损失。各项目团队遵循缓解层级顺序，表明他们优先考虑尽可能避免对现有栖息地的干扰，将剩余的临时影响降至最低并得到恢复，并且弥补了对栖息地的任何永久性干扰。

缓解弥补可以通过提供保护地役权在现场实现，该地役权提供限制进出通道和界限，或通过获得同等或更高质量的相邻连续地块来实现。弥补必须等于或超过受项目干扰的区域，并且不能是现有保护地役权的一部分。远程弥补无助于获得本评分项。

缓解计划必须得到栖息地专业人员的批准。栖息地专业人员可能包括但不限于保护科学家、专业林务员、环境学家/生态学家、野生动物生物学家、认证湿地科学家、专业水文学家或专业地质学家。

**增强~保护：** 等级由增强的生态系统功能的数量来区分：数量、质量和/或连通性。

**恢复：** 该项目将现有的开发恢复到自然栖息地，或将现有栖息地留作永久保护。

**适用范围：** 考虑项目是否包含或影响自然栖息地。不包含或影响自然栖息地的项目可能会申请将本评分项视为不适用，并提供证明文件。

## 评估标准和文件指南

**A. 项目团队是否确定了现有的陆地栖息地，并确定了项目选址以尽量减少影响？**

1. 有文件显示现场和周边地区的重要栖息地区域，确定栖息地区域之间的潜在和/或可能的移动走廊，以及现场对这些走廊的潜在阻碍。

2. 栖息地评估必须由经过培训、认证或许可的栖息地专业人员负责。

3. 有与地方和州/省机构合作的文件。

**B. 该项目是否减轻了对功能性陆上（陆地）栖息地的所有干扰？**

1. 有文件显示开发将产生的新影响或障碍，以及将采取的具体行动以最大限度地减少或减轻这些影响或障碍。

2. 可接受的缓解措施必须在现场、相邻的邻近地块或受影响的景观内。缓解措施必须保护净栖息地质量、数量和连通性，为动物在开发完成后进入开发前的栖息地提供一种方式。影响敏感或受保护栖息地的缓解计划必须由经过培训、认证或许可的栖息地专业人员制定，或由相关监管方批准。

3. 有监测计划确保缓解措施有效保护栖息地质量和连通性。

**C. 该项目是否增加了陆地栖息地的数量？**

1. 有场地规划和文件描述为提供新栖息地而采取的措施。

2. 确定将受益于新栖息地的物种。

**D. 该项目是否改善了任何现有或拟建的新陆地栖息地的质量？**

1. 有场地规划和文件描述为改善项目现有栖息地质量而采取的措施。如果为项目提议新的栖息地，记录为提高提议的栖息地质量而采取的措施。

2. 有文件说明改善栖息地的努力及其对现场物种的预期影响。

3. 有监测或维护计划，如适用，以确保为改善栖息地质量而采取的措施以达到其绩效目标。

**E. 该项目是否促进了陆地栖息地之间的移动、提供了新的联系方式或消除了障碍，以改善栖息地的连通性？**

1. 有文件说明，栖息地之间提供的新联系方式及其对当地野生动物的适宜性，和/或消除现有的移动障碍和改善栖息地的连通性。

2. 有监测计划确认改善栖息地连通性。

**F. 项目是将开发的土地恢复为自然栖息地，还是将现有栖息地留作永久保留和保护？**

有文件说明以前开发的土地恢复到支持栖息地发展的自然状态。或者，有文件说明栖息地已被留出用于永久保留和保护。

## 相关"ENVISION"评分项

QL1.4　最大限度地减少噪声与振动

QL1.5　最大限度地减少光污染

NW1.1　保护具有高生态价值的场地

NW1.4　保护未开发土地

NW3.4　控制入侵物种

自然界：生态

# NW3.2　增强湿地与地表水功能

| **20 分** | **目的** 维护和恢复河流、湿地、水体及其河岸地区的生态系统功能。 | **指标** 维护和恢复的功能数量。 |

**绩效等级**

| 改进 | 增强 | 超越 | 保护 | 恢复 |
|---|---|---|---|---|
| A + B + (C, D, E 或 F) | A + B + (C, D, E 或 F) | A + B + (C, D, E 或 F) | A + B + C + D + E + F | A + B + C + D + E + F |
| (3) 增强一种生态系统功能 | (7) 增强两大生态功能 | (12) 增强三大生态功能 | (18) 增强四大生态功能 | (20) 恢复生态系统功能 |
| **(A)** 项目团队确定项目对水文联系、水质、水生栖息地和沉积物运输的影响。 | | | | |
| **(B)** 努力避免和尽量减少对湿地和地表水功能的负面影响，并弥补剩余的不可避免的损失。<br><br>缓解措施必须保护净水生栖息地的质量和数量，并遵循避免、最小化、恢复和补偿的优先层级顺序。 | | | **(B)** 项目确保现有湿地或地表水功能不会因项目而受到干扰或破坏。 | |
| **(C、D、E 或 F)** 积极保护一种生态系统功能。<br><br>• 水文连接 (C)。<br>• 水质 (D)。<br>• 水生 / 河岸栖息地 (E)。<br>• 沉积物运输 / 沉积物 (F)。 | **(C、D、E 或 F)** 积极保护两大生态系统功能。<br><br>• 水文连接 (C)。<br>• 水质 (D)。<br>• 水生 / 河岸栖息地 (E)。<br>• 沉积物运输 / 沉积物 (F)。 | **(C、D、E 或 F)** 积极保护三大生态系统功能。<br><br>• 水文连接 (C)。<br>• 水质 (D)。<br>• 水生 / 河岸栖息地 (E)。<br>• 沉积物运输 / 沉积物 (F)。 | **(C、D、E、F)** 积极保护四大生态系统功能。<br><br>• 水文连接 (C)。<br>• 水质 (D)。<br>• 水生 / 河岸栖息地 (E)。<br>• 沉积物运输 / 沉积物 (F)。 | **(C、D、E、F)** 积极保护四大生态系统功能。<br><br>• 水文连接 (C)。<br>• 水质 (D)。<br>• 水生 / 河岸栖息地 (E)。<br>• 沉积物运输 / 沉积物 (F)。<br><br>除了保护所有现有的湿地和地表水功能外，该项目还可以证明，它已经恢复了至少一种以前退化的湿地和 / 或地表水功能。 |

**描述**

该评分项致力于保护和恢复溪流、湿地、水体及其河岸地区的生态系统功能。项目团队应优先实施控制和保障措施，以维持任何现有的自然水文功能，并考虑加强先前退化的功能的机会。

保护或恢复自然湿地和地表水功能的社会经济效益，可能包括改善水质、提高水生物种的多样性、更明显的自然水流，以及减少对工程沉积物控制的需求。这些都增加了场地和周边地区的休闲价值、运动钓鱼价值、美学价值和财产价值，同时降低了维护和修复成本。

**绩效改进**

该评分项的评估首先要确保项目不会导致湿地或地表水的数量或质量净损失。项目团队必须遵循缓解层级顺序，包括避免、最小化、恢复和弥补。

缓解措施中的弥补可以通过提供保护地役权在现场实现，该地役权提供限制进出通道和界限，或通过获得同等或更高质量的相邻连续地块来实现。弥补面积必须等于或超过受项目干扰的区域面积，并且不能是现有保护地役权的一部分。远程弥补无助于获得本评分项。湿地缓解计划必须得到有执照的专业人员的批准。

*改进 ~ 保护：* 优先考虑保护现有的生态系统功能。按四种生态系统功能的保护来区分等级：

- 水文连接——在解决水文连接问题时，项目团队应考虑到许多健康的水道和湿地的大部分正常流量来自地下的源头。

- 水质——这可以通过显示水道正常流量的当前来源、其水源的水质以及如何保护或提高水质来记录。在某些地区，这可能意味着断开地表水直接排放和创建最佳的渗透管理实践，通过地下水排放到水体，有助于去除污染物和冷却雨水。

- 水生/河岸栖息地——为了保护或改善水生和河岸栖息地，需要考虑过去的基础设施项目可能已经移除了自然浅滩、水池，以及河流和溪流的蜿蜒走势，这对提供健康的生态系统很重要。

- 沉积物运输/沉积物——水道不仅可以运输水，还可以运输沉积物，水道内沉积物运输对于健康的功能性生态系统很重要。

在本评分项的背景下，保护湿地和地表水功能并不是避开的同义词。项目必须包括策略、控制、保障或其他措施，以证明对一项或多项功能的积极保护。避开湿地和地表水在评分项 **NW1.2 提供湿地与地表水缓冲区** 中得到认可。

*恢复：* 该评分项优先保护湿地和地表水现有的自然生态系统功能。但是，有时项目有机会恢复一个或多个退化的功能。

*适用范围：* 考虑项目是否包含或影响湿地或地表水。包括直接、间接和/或累积影响。不包含自然湿地或地表水的项目或对其产生影响的项目，可以申请将本评分项视为不适用，并提供证明文件。

## 评估标准和文件指南

**A. 项目团队是否确定了对湿地和地表水功能的影响？**

有文件确定对湿地和地表水功能的所有潜在影响，包括水文连接、水质、水生栖息地和沉积物运输。

**B. 项目是否尽量减少和减轻对湿地和地表水功能的干扰？**

1. 有文件说明为尽量减少对湿地和地表水功能的干扰而实施的策略：水文连接、水质、水生栖息地和沉积物运输。

2. 有弥补湿地和地表水功能不可避免损失的缓解措施文件。

**C. 该项目是否保护或恢复了水文连接？**

有文件显示项目将如何保护或恢复水文连接。这可能包括：

a. 对于溪流、河流和湖泊，有文件显示水道如何连接或建议连接到其河岸边的泛滥平原。项目团队可以使用六个月到两年频率的流量事件。

b. 对于湿地，有文件显示排水湿地的结构将被移除，和/或地下水或地表水的适当来源被重新连接、转移或维护。

**D. 该项目是否保护或恢复水质？**

有文件显示水道正常流量的当前来源、其水源水质，以及如何保护或恢复水质。

**E. 该项目是否保护或恢复了水生栖息地？**

由公认有资质的专业人员对水体和参考区域进行的栖息地调查，以及通过种植和适当的物理改造来保护或恢复水生和河岸种栖息地的计划。此调查可能包括位置和针对栖息地连通性现有障碍物的建议措施，如水坝、道路结构和其他可能阻止水生或海岸线物种迁徙的基础设施。

**F. 项目是否保护沉积物运输和减少沉积物？**

1. 有文件表明，拟议项目不会干扰沉积物运输。项目还应考虑沉积物。

2. 有文件说明，现有的沉积物阻塞源头或沉积物将被清除或减轻，如果合适，沉积物将被清除。

3. 需要合格的资源专业人员的报告作为文件的一部分（例如，具有沉积物运输知识和经验的工程师）。

## 相关"ENVISION"评分项

QL3.4　改善公共空间与便利设施

RA3.1　保护水资源

NW1.1　保护具有高生态价值的场地

NW1.2　提供湿地与地表水缓冲区

NW2.4　保护地表与地下水质量

### 项目实例：
### 谢尔顿大道（Sheldon Avenue）项目

美国纽约市史坦顿岛的谢尔顿大道雨水管理项目（"Envision"银奖，2017 年），一项综合评估显示其周边溪流水质不佳的原因是化粪池系统故障、私人污水处理厂故障和雨水下水道非法连接。通过将下水道与雨水的扩展滞留池相结合，该项目大大提高了水质标准。用绿色基础设施湿地取代现有的雨水池也改善了该地区的栖息地。

自然界：生态

## NW3.3　维护洪泛区功能

| **14 分** | **目的**<br>通过限制洪泛区的开发和开发影响来保护洪泛区的功能。 | **指标**<br>努力避开洪泛区或维持自然作用的洪泛区功能。 |

**绩效等级**

| 改进<br>A + B | 增强<br>A + B + C | 超越<br>A + B + C | 保护<br>(A + B + C) 或 D | 恢复<br>A + B + C + E |
|---|---|---|---|---|
| (1) 75% 回避 | (3) 85% 回避 | (7) 95% 回避 | (11) 洪泛区保护 | (14) 洪泛区恢复 |

(A) 项目团队确定了百年一遇或设计频率的洪泛区。考虑了未来的洪泛区情景。

| (B) 项目场地保护至少 75% 的洪泛区内的自然/植被面积。 | (B) 项目场地保护至少 85% 的洪泛区内的自然/植被面积。 | (B) 项目场地保护至少 95% 的洪泛区内的自然/植被面积。 | (B) 项目场地在洪泛区内保护了 100% 的自然/植被面积。 | (B) 项目避免在洪泛区内开发任何现有的自然/植被区。 |

(C) 项目减轻对洪泛区功能的影响，包括运输和储存。整个洪泛区功能并未因该项目而减弱。10 年以上和以下一遇洪水的功能都应保护。

| | | | 或<br>(D) 项目团队可以证明该地点是有意选择的，以避免在百年一遇或设计频率的洪泛区或附近进行开发。 | (E) 从洪泛区移除施工物，或将先前开发的区域恢复到自然/植被区，以改善洪泛区功能。 |

### 描述

洪泛区是重要的水文、环境敏感和生态生产力的区域，洪水是每条河流和沿海地区的自然发生过程。在洪泛区内的开发如果忽视了这些生态系统功能，通常会限制或约束洪水的自然收益，同时使人员和财产面临更大的风险。项目团队应考虑如何维护自然洪泛区，以提供环境效益，保护人类健康和安全，并降低洪水破坏的风险和成本。

气候变化使降水率越来越难以预测，更强烈的风暴变得越来越普遍。这反过来又会影响洪水的频率和严重程度。历史性的设计标准和法规可能不足以让社区为未来做好准备。

如果可能，项目团队应避免在洪泛区开发。此外，基础设施规划应引导社区的增长和发展远离泛滥平原。一些基础设施项目可能无法避开洪泛区（例如，道路和公用设施交叉口、废水处理设施、港口和其他依赖水的结构）。然而，这些结构设计应尽量减少对水道交叉口和洪泛区的影响。所有项目的目标应该是维护或加强洪泛区蓄水，不增加洪水高程。基础设施业主和项目团队应该考虑这些措施如何保护资产和更广泛的社区。

### 绩效改进

*改进 ~ 超越：* 评估首先确定百年一遇或设计频率的洪泛区。洪泛区数据可能不一致或过时。项目团队应该在他们的设计中考虑气候变化将如何影响洪水水位。

渗透洪水是洪泛区最关键的功能之一，该功能在标准 B 中通过量化保留在现场的植被面积数量来解决。这是基于项目开发之前的现有条件。不透水表面的最大化很重要，包括在标准 C 中。

***保护：*** 项目在洪泛区内保留项目场地的净植被面积并减轻项目影响，或选址有意避免洪泛区开发。

***恢复：*** 项目将开发的不透水表面恢复到自然植被状态。

***适用范围：*** 不在洪泛区范围内且不影响洪泛区功能的项目，可申请将本评分项视为不适用，并提供证明文件。

一些不直接位于洪泛区内的项目，可能仍会通过处理雨水径流对洪水和洪泛区功能产生影响。如果这些项目能够证明与洪泛区的直接联系，它们也可以在本评分项中追求"绩效"。本评分项与 **NW2.2 管理雨水**之间有很强的联系，并且一些项目的组成部分和策略可能适用于这两个评分项。

## 评估标准和文件指南

**A. 项目团队是否确定了与项目位置相关的百年一遇或设计频率的洪泛区？**

1. 有文件显示，项目相对于百年一遇或设计的洪泛区（以更严格者为准）的位置。鼓励项目使用现有的信息。如果不划定百年一遇的洪水，项目团队可以使用记录的洪水水位加 3 英尺。

2. 确认预测的气候变化是否会显著影响洪泛区地图，以及对项目的潜在影响。

**B. 该项目在多大程度上保护了洪泛区内的植被区？**

1. 有标明项目开发前洪泛区内自然／植被区面积的场地地图。

2. 有标明项目开发后洪泛区内自然／植被区面积的场地地图。

3. 计算开发后现有植被面积的百分比。

请注意，对于**恢复**等级，该项目避免在洪泛区内开发任何现有的植被区。

或

4. 没有项目开发将在洪泛区内发生的文件。标准 B 的替代文件选项，应仅由位于洪泛区之外但仍有助于维持洪泛区功能的项目采用。

**C. 项目是否减轻了对洪泛区功能的影响？**

1. 有文件说明，该项目保留了洪泛区运输功能和洪泛区存储功能。对于场地较大的项目，文件还应证明对 10 年以上和以下一遇的洪水都保留了输送和储存功能（即，项目不会将净储存容量从较低海拔转移到较高海拔，从而移除较高频率洪水的储存容量）。

2. 有文件说明任何减轻对洪泛区功能影响的额外努力。缓解措施可能包括但不限于：

   a. 维持或增加洪泛区蓄水能力。

   b. 保持开发前的洪泛区渗入，例如不透水表面的数量、植被和土壤保护区，以及其他允许自然洪水的渗透和过滤污染物的方法。

   c. 维持或改善栖息地，例如洪泛区水道内和沿线的河岸缓冲区。

**D. 该项目的选址是否有意避开洪泛区？**

有文件表明该项目的选址有意避开洪泛区。文件必须表明业主和项目团队选址过程中做出了有意义的努力，来避免开发或影响洪泛区。

请注意，满足标准 D 是实现**保护**绩效等级的替代路径。通过满足标准 D 实现**保护**等级不需要满足标准 A、B 和 C，反之亦然。

**E. 该项目是否从洪泛区移除施工物或将先前开发的区域恢复为植被状态？**

1. 有场地地图指示项目开发前洪泛区内结构或不透水／植被区的位置。

2. 有场地地图指示项目开发后洪泛区内结构或不透水／植被区的位置。

## 相关"ENVISION"评分项

NW1.1　保护具有高生态价值的场地

NW1.4　保护未开发土地

自然界：生态

# NW3.4　控制入侵物种

**12 分**

**目的**
使用适当的非入侵物种，并控制或消除现有的入侵物种。

**指标**
入侵物种减少或消除的程度。

## 绩效等级

| 改进 | 增强 | 超越 | 保护 | 恢复 |
|---|---|---|---|---|
| A | A + B | A + B + C | A + B + C + D + E | A + B + C + D + E + F |
| (1) 预防 | (2) 评估与预防 | (6) 方案控制 | (9) 轻微侵染控制 | (12) 主要侵染控制 |

**(A)** 应采用最佳做法来防止将已知入侵物种无意引入该地点。园林绿化仅利用已知的非侵入性物种。

施工管理计划或政策包括防止引入入侵物种（植物或动物）的规定。

**(B)** 识别、绘制和 / 或记录现场入侵物种侵染情况，或与当地、州 / 省和 / 或联邦机构合作。

**(C)** 在施工前和施工期间，制定并实施控制现场入侵物种轻微侵染的计划。

**(D)** 该项目通过支持本地和 / 或非入侵物种的建立来防止未来的侵染。

**(E)** 如果种群持续存在，通过至少 3 年的管理计划进行长期控制，以防止引入或重新引入入侵物种并执行后续控制行动。

**(F)** 此外，该项目实施了类似方案，控制现场的主要侵染，或水生入侵物种。

### 描述

入侵物种包括对它们侵入的栖息地或生物区产生不利影响的非本土植物、动物、昆虫和水生生物。入侵物种可能会主宰新区域，通过在营养、光线、物理空间、水或食物方面与本地物种竞争，迫使本地现有物种被淘汰。入侵物种可能通过多种机制入侵和战胜本地物种，包括快速繁殖和扩散、直接竞争和 / 或抑制，以及快速适应各种环境条件和食物类型的能力。限制入侵物种传播的两种主要方法包括保护现有的健康栖息地免受干扰和避免引入入侵物种。

非本地入侵物种会导致本地物种减少或灭绝，或者改变生态系统的功能，改变火灾特征、养分循环和水文。侵入性植物物种可能通过改变可用的食物系统和使栖息地退化来影响动物种群。如果不加以控制的话，入侵物种可能会对项目或整个社区产生直接的运营和维护成本。

在某些情况下，依赖生态系统服务的整个行业（渔业、林业、农业等）可能会受到入侵物种的影响。

### 绩效改进

**改进：** 通常，入侵物种是通过运输通道和施工期间受干扰的地点引入的。制定施工管理计划以防止意外将入侵物种引入现场。

此外，一个地区或气候中常见的物种在引入另一个地区或气候时，可能变得具有入侵性。应检查景观规划以确保它们不会无意中将具有入侵性的物种引入到当地环境中。

**增强：** 项目团队识别并绘制现场入侵物种的位置。

该评分项的评估方法区分主要和次要侵染以及解决侵染的不同方法。轻微侵染是指可以在项目交付期间或通过 3 年的根除、监测和管理计划完全根除的侵染。主要侵染是那些可能需要业主无限期持续管理的侵染。

**超越：** 该项目解决了现场入侵物种的任何轻微侵染。

**保护：** 该项目保护现有的健康栖息地免受干扰。入侵物种更难以在密集、自然和健康的生态系统中立足。虽然这并不总是需要本土植物，但项目团队应该考虑重新引入或扩大使用本土植物的价值。

**恢复：** 该项目包括对主要侵染进行持续管理的计划。项目采取初始控制步骤，并制定长期管理计划。

**适用范围：** 该评分项适用于所有场地包含入侵物种的项目。进行现场调查但未确定现有入侵物种的项目团队，可以申请将本评分项视为不适用，并提供证明文件。

## 评估标准和文件指南

**A. 该项目是否避免将入侵物种引入现场？**

1. 有文件显示，引入该场地的所有物种的类型和数量。例如，一个包括所有植被物种的景观规划，表明不会种植入侵物种。

2. 有文件说明现场上使用的物种是非侵入性的。

3. 有防止引入入侵物种的施工管理计划或政策。该计划包括最好的实践经验，以确保现场使用的施工材料和设备不含入侵物种和种子。

**B. 项目团队是否进行了现场评估以确定是否存在入侵物种？**

1. 绘制在现场发现的所有入侵物种种群的地图。

    a. 文件应确定轻微或严重侵染的种群。超过一公顷的侵染通常被认为是严重的。但是，例外情况可以通过说明侵染的类型和建立相应等级来进行处理。

    b. 文件应包括受过训练的生物学家、生态学家或环境专业人员的评估，种群是否可以被消灭或仅被控制。

2. 有文件说明，与州或地方机构的合作，或进行现场评估的生物学家、生态学家或环境专业人员的资质。

**C. 项目是否在施工前、施工期间和施工后对现有入侵物种的侵扰实施控制？**

1. 有计划文件说明在施工前和施工期间清除入侵物种轻微侵染，以防止其发展为重大侵染。计划可能包括规范、合同语言或运营管理计划。

2. 有文件说明施工后的跟进计划，以清除在初步控制后重新出现的任何入侵物种。计划可能包括规范要求、合同语言或运营管理计划。

3. 有文件说明，在施工期间对现场发现的任何入侵物种的主要侵染进行控制、遏制或抑制的活动。

**D. 项目是否通过建立本地和/或非入侵物种来防止未来的侵扰？**

1. 有文件说明将本地物种纳入项目美化景观。项目团队应认识到本标准的目的是通过建立或保护本地或归化物种的健康系统，来防止未来入侵物种的引入。

文件应侧重于如何有意识地设计景观美化或维护计划，以提高场地对侵染的抵御能力。

2. 有计划显示现有非入侵物种的区域，这些区域将被保护，不受干扰。

**E. 该项目是否提供长期控制措施以防止重新引入入侵物种？**

有至少 3 年的计划，解决以下问题：

   a. 减少入侵物种在最初清除后，在现场重新入侵和传播的可能性的预防策略。

   b. 早期检测和管理策略，用于监测和清除未来出现在现场的入侵物种。

   c. 修复和恢复方法，以支持在现场长期重建本地或归化物种。

**F. 项目是否包括在施工后持续控制、抑制或遏制入侵物种的主要侵染？**

有文件说明对入侵物种主要侵染的持续控制、抑制或遏制计划。

## 相关"ENVISION"评分项

NW3.1　增强功能栖息地

NW1.1　保护具有高生态价值的场地

### 项目实例：
### 综合管道项目

塔兰特地区水区的综合管道项目（"Envision" 白金奖，2016 年）是德克萨斯州的一个输水系统，仅使用适合当地的草来恢复沿途的道路。确定了几种入侵物种，并进行了广泛的研究，以建立对这些物种的长期管理、控制和消除计划。策略包括屏障方法、防止贻贝附着的特殊涂层，以及在进水结构和水库采样的监测方案。

自然界：生态

## NW3.5　保护土壤健康

**8 分**

**目的**
保护场地土壤的组成、结构和功能。

**指标**
对土壤健康的破坏最小化和恢复的程度。

### 绩效等级

| 改进 | 增强 | 超越 | 保护 | 恢复 |
|---|---|---|---|---|
| 不适用 | A + B | A + B + C | A + B + C | A + B + C + D |
| | (3) 恢复土壤 | (4) 特别特征计划 | (6) 最佳管理实践 | (8) 土壤修复 |

**(A)** 该项目限制了受开发活动干扰的区域。

**(B)** 在施工期间受到干扰的植被区域在施工后被 100% 恢复到适当的土壤类型、结构和功能，以支持植物和树木的健康生长。

**(C)** 制定并实施土壤保护计划或政策。该计划/政策"特别"包括任何特殊的景观特征。

**(C)** 制定并实施土壤保护计划或政策。该计划/政策"特别"包括任何特殊的景观特征。

该计划被扩展以符合当地土壤保护机构的最佳管理实践，或者在经过认证的土壤科学家的指导下进行审查或准备。

**(D)** 所有受先前开发干扰和规划为植被区的区域均已恢复为适当的土壤类型、结构和功能，以支持植物和树木的生长。

### 描述

气候、生物、地形、母质和时间 (CORPT) 是土壤形成的因素。给予足够的时间，如果所有其他因素保持不变，受到机械干扰的土壤可以自然恢复。然而，由于土壤形成缓慢，土壤恢复的自然过程可能需要数千年。各种人类活动可用于增强被机械干扰的土壤的功能，使其像受到干扰前一样发挥作用。这个过程被称为"土壤修复"。应使用哪些活动的细节，高度依赖于原始土壤类型、它的构成因素以及土地管理者希望恢复的功能。在该评分分项的上下文中，土壤恢复是指土壤的质量和状况，而不是指将土壤保护在现场（这在 **RA1.5 现场平衡土方** 中进行了描述）。

施工活动会以多种方式干扰土壤健康，最常见的是压实。受干扰的土壤不能像天然的、未受干扰的土壤一样容纳水、养分或碳。受干扰的土壤吸收洪水或保持植被的能力被削弱。施工设备的压实能够杀死周围的植物和树木，并阻止未来的植物生长。

### 绩效改进

该评分分项评估植被区土壤支持健康植物和树木的能力。这是指在施工后仍保留为植被区的区域。它不包括位于铺路或施工下的土壤。

***增强：*** 该项目完全恢复了任何受干扰的土壤。这可能包括用于临时集结、施工设备通道、材料储存或其他的区域。

***超越：*** 保护计划到位，以尽可能防止干扰，特别是在特殊景观特征周围。

***保护：*** 土壤保护计划基于当地土壤保护机构的最佳实践或由经过认证的土壤科学家审查/准备。

***恢复：*** 场地受先前开发干扰的土壤恢复到健康植被的状态。

***适用范围：*** 该评分项适用于所有在施工期间影响土壤的项目。不影响土壤的项目（例如，现有设施的内部整修）可申请将本评分项视为不适用，并提供相应证明文件。

## 评估标准和文件指南

**A. 项目团队是否限制了受开发活动干扰的区域？**

 *1. 有场地计划和文件显示总植被面积和将受到干扰的百分比。*

 *2. 有文件显示，开发计划将如何通过项目设计或施工管理限制干扰土壤。*

**B. 受开发活动干扰的植被区是否恢复到适当的土壤类型、结构和功能，以支持植物和树木的健康生长？**

 *1. 有计划和规范表明，至少 95% 的工地建成后的植被区，包括受开发干扰的区域，将恢复到可以支持植物和树木健康生长的条件。土壤必须重新用于与其原始功能相当的功能（即，表土用作表土，底土用作底土，或将底土修改为功能性表土）。*

 *2. 有文件说明，植被破坏区的自然土壤将尽可能在现场保存和重复利用。*

 *3. 有文件说明，包括场地平面图，显示土壤类型、结构和功能是如何恢复的。土壤恢复活动至少构成 95% 的工地建成后的植被区域。土壤必须重新用于与其原始功能相当的功能（即，表土用作表土，底土用作底土，或将底土修改为功能性表土）。*

**C. 项目团队是否实施了土壤保护计划或政策？**

 *1. 有文件说明，土壤保护计划或政策至少确定特殊景观特征，并包括最佳管理实践，以防止其保护区内的土壤破坏。*

 *2. 有文件说明，根据当地土壤保护组织机构，土壤保护计划或政策是全面的并符合最佳管理实践，或已在得到认证的土壤科学家的指导下进行审查或准备。*

**D. 项目是否恢复了受先前开发干扰的植被区的适当土壤类型、结构和功能？**

 *1. 有计划和文件显示场地现有状况，并清楚地确定以前受开发干扰的区域。*

 *2. 有文件说明，该项目涉及将先前受到干扰的地区恢复到可以支持植物和树木健康生长的条件。*

 *3. 在经过认证的土壤科学家的指导下，针对指定的非硬景观区域的土壤恢复计划得到了审核与准备。土壤必须表现出功能性（例如，恢复的土壤作为参考土壤，具有适当的持水能力、养分保护能力和侵蚀预防能力）。*

## 相关"ENVISION"评分项

RA1.5　现场平衡土方

NW1.1　保护具有高生态价值的场地

NW1.4　保护未开发土地

NW2.1　开垦棕地

NW2.3　减少杀虫剂与肥料的影响

自然界：创新

# NW0.0　创新或超过评分项要求

**+10 分**

**目的**
奖励超出体系预期的卓越表现，以及推进最先进可持续基础设施的创新方法的应用。

**指标**
项目的可持续发展绩效是否符合创新、卓越绩效或者不被现有评分项所认可。

## 绩效等级

| 创新 |
|---|
| A 或 B 或 C |
| **(+1~10) 创新或超过评分项要求** |
| **(A)** 实施在使用和应用方面或当地法规或文化背景下的创新方法、技术或措施。 |
| 或 |
| **(B)** 实施一个或多个超过"自然界"评分项标准的最高现有要求的措施。 |
| 或 |
| **(C)** 解决"Envision"框架体系中目前尚未认可的可持续发展的其他方面的问题。 |

## 描述

本评分项适用于以下项目情况：

1. 采用了创新的方法、资源、技术或流程，这些方法、技术或流程在其应用或当地法规及文化背景下均属于创新成果。

2. 超出一个或多个评分项分数的绩效要求；和 / 或

3. 解决"Envision"框架体系目前还未认可的可持续发展的其他方面。

本项分值不计算在总体适用分值内，属于奖励加分。鉴于该评分项的性质，可以用不同形式的文件说明，旨在鼓励创造性的基础设施的解决方案，需要完整的文件。项目团队在申请本评分项时，可以选择以上三个方面的一个或多个进行说明，也可以在同一选项做出多项选择。奖励分值最高为 10 分。

## 绩效改进

**创新：**

为了获得本评分项，项目需采用创新的方法、资源、技术或流程（例如，将创新方法用于既有技术，或在现有政策、法规或普遍意见尚不支持的地区，成功地应用了新的技术或方法）。在这种情况下，必须证明该技术的应用在现在和未来都将持续满足项目绩效的预期，且不会对当地或全球环境、经济或社区产生相应的负面影响。

项目可以通过以下几种方式展示其实施创新的方法、技术或流程：

- 该项目是某项新技术或新方法最早的使用者，这些新技术或方法可以在没有负面影响权衡的情况下显著提高项目绩效。

- 该项目使用的技术或方法可能是世界其他地方或地区的通用做法，但在本项目的范围内（气候、法规、政策、政治支持、公众舆论等）尚未获得认可。在这一背景下，项目团队将付出巨大的努力以证明技术或方法的有效性，并为将来广泛采用提供先例。

- 项目团队采取重要步骤，在执行项目过程中制定了相应的研究目标，与大学或研究机构合作，以提高该专业领域的基础知识水平。尚未公开的专利研究不能获得该评分项。

项目团队还须证明创新是有目的的。可以通过以下两种方式来证明：

- 解决重大问题、克服障碍或消除限制——项目团队证明以前未能在项目上采用的新方法、技术或流程，可以通过在本项目上的使用，解决了重大问题、克服了障碍或者消除了某些限制。

- 制定可扩展的，和 / 或有可转让的解决方案——项目团队证明了在项目中实行的新方法、技术或流程或可在各种规模的项目中进行推广，和 / 或在多个领域的多种基础设施项目中应用和转让。

***卓越绩效：***

要获得卓越绩效分值，项目必须达到一个或多个"自然界"评分项的最高水准的绩效等级。例如，在 **MW1.1 保护具有高生态价值的场地**的评分项中申请获得本奖励分值的项目，必须扩大具有高生态价值区域进行持续地保护。在这种情况下，那些在保护具有高生态价值的土地或扩展栖息地方面进行投资并产生积极影响以确保加分的项目，有可能会追求卓越绩效。仅仅满足需要的基本主要功能的项目难以追求卓越绩效。例如，除非需要进行广泛的恢复，否则提供基本栖息地的自然保护区可能不符合条件。

在"自然界"方面获得卓越绩效可能包括，但不限于：

- 为永久保护重要自然资源做出重大努力的项目。
- 控制入侵物种的努力是项目的一个重要方面。
- 避免陆地或水生栖息地需要付出额外的努力和 / 或实施创新方法的项目。

***解决可持续发展的其他方面：***

要想在这种途径下获得奖励分，项目团队必须证明他们正在解决一个或多个方面的可持续发展问题，而这些方面目前还没有得到"Envision"的认可。可持续发展绩效必须与自然界有关。对于目前"Envision"框架体系尚未涉及的可持续发展问题，可被认为是新的，在这种情况下，可能会遵循创新路径的要求。例如，一个项目可能会获得以下奖励分值：

- 计算新的或未来的洪泛区条件。
- 都市农业计划。
- 堆肥计划。
- 建立传粉昆虫栖息地。

## 评估标准和文件指南

**A 该项目在多大程度上运用了创新方法、技术或流程来解决重大问题，克服障碍或限制，或提供具有推广和可转让的解决方案？**

1. *有文件说明创新技术和方法的应用情况。详细描述关于此应用将如何在全球范围内，或在该项目独特背景下，改进现有的常规做法，提供理由说明为什么该应用，不管是作为一种技术或方法，还是在该项目的背景下（气候、政治、文化等）都是创新性的。*

2. *有文件说明，以前未能在项目上采用的新方法、技术或流程，通过在本项目上的使用，解决了重大问题，克服了障碍或者消除了某些限制。或有文件说明，在项目上实现的新方法、技术或流程是可推广的，能在不同规模或者多个行业的基础设施项目中推广应用和转让。*

**B. 该项目在多大程度上超过了所给评分项的最高绩效等级？**

*有详细文件说明，项目如何超过了自然界评分项所给出的现有要求。*

**C. 该项目在多大程度上解决了"Envision"框架体系当前尚未解决的可持续发展问题？**

1. *有详细文件说明，该项目如何解决了"Envision"框架体系当前尚未解决的可持续发展问题。*

2. *有文件说明该方面如何与"自然界"类别相关。*

# 气候与韧性

—

气候与韧性的范围分为两个方面：一方面是最大限度减少导致气候变化和其他短期和长期风险的排放物；另一方面是确保基础设施项目是有韧性的。为了实现"有韧性"，基础设施需要信息化、智能化而且具有坚固性、冗余性、灵活性、综合性和包容性。气候与韧性类别分为两个子类别，即**排放**与**韧性**。

—

**10** 个评分项

**图片说明**
华盛顿州波特兰通用电气公司土坎嫩河风力发电厂（"Envision"金奖，2015年）

1. 项目是否可以减少温室气体排放量？
2. 项目是否可以减少空气污染物排放量？
3. 项目是否选址时避开了不适宜的场地？
4. 项目是否可以减少气候脆弱性？
5. 项目是否具备韧性和适应性？

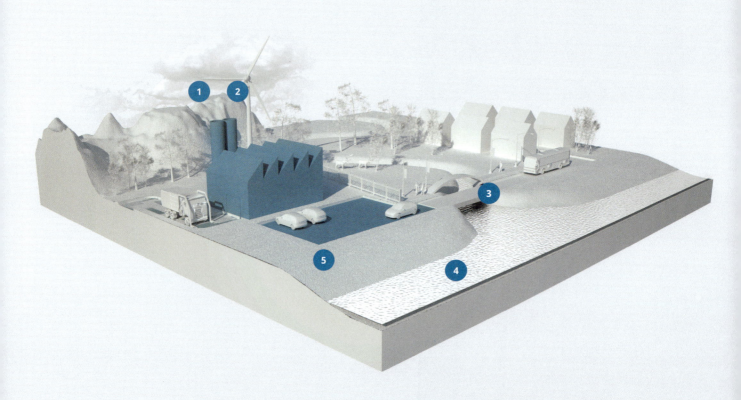

## 排放

本子类别的目的旨在促进降低有害物的排放和碳排放的影响，并加深对其理解。尽管减少排放、污染物和隐含碳不会对特定项目的结果产生直接的影响，但可以远远超越项目自身范围，为降低全球风险做出贡献。

## 韧性

韧性既包括项目能够抵御短期风险（如洪水、火灾）的能力，也包括项目对长期不断变化的周边环境的适应能力，如天气模式改变、海平面上升和气候变化。在了解风险类型及风险发生概率的基础上，项目团队可以对项目进行更为前瞻性的设计，使项目能够预测并抵御风险，降低项目的脆弱性。最大限度地增强项目的韧性，一方面可以延长项目的使用寿命，另一方面可以更好地满足社区的未来需求。

# 气候与韧性

**排放**

CR1.1　减少净隐含碳排放

CR1.2　减少温室气体排放

CR1.3　减少空气污染物排放

**韧性**

CR2.1　避免不适宜的项目开发

CR2.2　评估气候变化的脆弱性

CR2.3　评估风险与韧性

CR2.4　建立韧性目标与策略

CR2.5　最大限度地提高韧性

CR2.6　增强基础设施一体化

CR0.0　创新或超过评分项要求

气候与韧性：排放

# CR1.1 减少净隐含碳排放

**20 分**

**目的**
减少项目全生命周期材料提取、提炼/制造和运输的影响。

**指标**
材料中净隐含碳排放量减少的百分比。

## 绩效等级

| 改进 | 增强 | 超越 | 保护 | 恢复 |
|---|---|---|---|---|
| A + B + C | A + B + C | A + B + C | A + B + C | 不适用 |
| (5) 至少减少5% | (10) 至少减少15% | (15) 至少减少30% | (20) 至少减少50% | |
| **(A)** 项目团队确定在项目施工和运营期间的主要材料，并确定哪些材料是净隐含碳排放量的主要贡献者（合计应 >80%）。 ||||| 
| **(B)** 在标准 A 中所确定的主要材料中，通过计算或直接由已经验证的来源获得的隐含碳排放量，包括：<br>• 生产过程中的隐含碳，包括原材料提取、提纯和制造。<br>• 将材料运输到项目地点的隐含碳。<br>• 在项目全生命周期内材料的替换、修理或翻新过程中产生的隐含碳。 ||||| 
| **(C)** 经项目团队论证，项目全生命周期材料隐含碳排放量比基准情况减少至少 5%，以二氧化碳当量（吨）计。 | **(C)** 经项目团队论证，项目全生命周期材料隐含碳排放量比基准情况减少至少 15%，以二氧化碳当量（吨）计。 | **(C)** 经项目团队论证，项目全生命周期材料隐含碳排放量比基准情况减少至少 30%，以二氧化碳当量（吨）计。 | **(C)** 经项目团队论证，项目全生命周期材料隐含碳排放量比基准情况减少至少 50%，以二氧化碳当量（吨）计。 | |

## 描述

本评分项侧重于项目全生命周期耗用材料的隐含碳排放量。为了减少耗用材料对环境的影响，建议尽量采用当地材料，提高材料使用效率，并采用"低影响"的材料。在计算中，以碳排放量为度量指标单位，用以比较整个材料消耗供应链的各种影响。这个供应链的第一个阶段为原材料的提取/采集、提炼和制造成产品，第二个阶段是将材料从制造商运至它们在现场的最终目的地。通过设计，可以减少项目材料用量、提高材料使用效率、增加低碳材料的使用、减少运输距离，从而降低项目对环境的整体影响。

在项目全生命周期均应注意材料的使用，包括必要的材料更换或更新。一般情况下，如果材料耐久性较好，不太需要维修和更换，则其初始隐含碳略高，而在全生命周期中的净隐含碳量较低。

## 绩效改进

**改进~保护：** 绩效改进的等级按照材料隐含碳排放量比基准情况减少的百分比确定。由于大多数基础设施项目中并没有关于材料碳强度的行业标准，因此项目团队需计算一个适当的基准情况。本手指导册前面章节详细解释的建立基准情况的方法，包括：①现有条件；②认真考虑的替代方案；③标准实践；④可比较的现有项目/设施。"Envision"支持数据收集，以便最终为项目团队和整个行业提供基础数据。这也是"Envision"需要在可接受的标准单元中提交计算过程的原因。

由于材料碳强度数据非常有限，且一些项目可能涉及成百上千的材料产品，因此，ISI 允许采用简化方法计算这一评分项。项目团队可以确定一份主要材料/产品清单，这些材料的隐含碳排放量占到总碳排放量的 80% 以上。如果从制造商处无法获得隐含碳排放量或碳强度的数据，项目团队可以使用来源于研究及材料数据库的平均值或通用数据。项目团队在此评分项中应跟踪、记录和清楚解释其应用计算材料强度的方法。

将材料运输到项目所在地也会大量增加材料中的隐含碳排放量。如果选用当地或本区域内的材料，甚至在项目所在地采购或在项目现场加工制造，不仅可以减少长途运输对碳排放的影响，还有利于当地经济的发展。值得注意的是，尽管出于上述原因，通常可以考虑采用当地材料，但是选用当地材料可能会导致项目的耐久性、安全性降低或使用年限减少，从而对业绩产生负面影响。材料运输到项目现场过程中产生的碳排放量会被特别列出，可以根据运距、运量以及运输过程中采用公路、航空、铁路和水运不同方式所消耗的燃油简单计算，也可以分开单独计算，与从较远距离采购低碳排放材料进行对比。项目团队应考虑选择减少材料净隐含碳排放总量的方案。

**适用范围：** 本评分项适用于所有在施工或运营过程中使用或消耗物质材料的项目。

## 评估标准和文件指南

### A. 项目团队是否已确定项目施工和运营过程中主要的隐含碳排放材料？

1. 有文件说明项目在施工和全部运营期间使用的主要碳排放材料。内容包括：

   a. 采用的材料。

   b. 对所采用的材料用量进行估算。需要注意的是，某些在项目运营过程中耗用的材料需要乘以在项目生命周期中使用的频率。材料用量估算值应包括预期的维修和保养（如重铺路面）。

   c. 对材料的隐含碳排放量进行估算。在估算过程中可以使用已公布信息，如区域、全国或全球的平均值。

2. 将隐含碳排放量占到项目估算的碳排放总量 80% 以上的材料加以识别。

### B. 项目团队是否计算了主要材料的隐含碳排放总量？

计算在标准 A 中已确定的项目生命周期中（包括施工期和运营期）的碳排放主要来源材料的隐含碳排放指标，包括：

   a. 在生产过程中的碳排放量，包括原材料的提取、提纯和制造，以及二级或三级加工。

   b. 将材料从产地运输到项目现场过程中产生的碳排放量，包括中转地。

具体的碳排放数据可以来源于制造商、可靠度高的数据库及隐含能源软件，或者来自项目团队的计算。如果在评估时某些特定类型材料的碳排放值无法准确获得，计算结果可以表示为一个范围值，或其他可替代材料的计算值。以二氧化碳当量（吨）计。

### C. 项目施工和运营期减少材料的隐含碳排放达到何种程度？

1. 有文件说明项目是否已确定减少碳排放的具体目标。

2. 有文件说明减少碳排放量的策略与计划。包括但不限于：

   a. 确定项目合理规模，以减少材料用量。

   b. 通过设计减少材料用量。

   c. 选用碳排放量更低的材料。

   d. 减少维修保养过程中的材料用量。

   e. 减少施工过程中对材料的浪费。

   f. 减少运营过程中对材料的浪费。

   g. 采购当地材料，以减少运输过程中的碳排放量。

   h. 采用低碳运输方式。

3. 计算碳排放量减少程度。计算项目全部材料的碳排放量，对比基准情况下碳排放量的减少程度，以二氧化碳当量（吨）计。

## 相关"ENVISION"评分项

LD2.3　长期监测与维护计划

LD2.4　项目生命周期结束计划

CR1.2　减少温室气体排放

CR1.3　减少空气污染物排放

气候与韧性：排放

# CR1.2　减少温室气体排放

**26 分**

**目的**
在项目运营过程中减少温室气体排放，降低项目对气候变化的不利影响。

**指标**
在运营期温室气体排放减少的百分比。

## 绩效等级

| 改进<br>A + B | 增强<br>A + B | 超越<br>A + B | 保护<br>A + B | 恢复<br>A + B |
|---|---|---|---|---|
| (8) 至少减少10% | (13) 至少减少25% | (18) 至少减少50% | (22) 减少100% | (26) 碳排放为负值 |
| (A) 经项目团队论证，项目运营期二氧化碳当量值比基准情况减少至少 10%，以二氧化碳当量（吨）计。 | (A) 经项目团队论证，项目运营期二氧化碳当量值比基准情况减少至少 25%，以二氧化碳当量（吨）计。 | (A) 经项目团队论证，项目运营期二氧化碳当量值比基准情况减少至少 50%，以二氧化碳当量（吨）计。 | (A) 经项目团队论证，项目运营期二氧化碳当量值比基准情况减少 100%，以二氧化碳当量（吨）计。 | (A) 整个项目的碳排放为负值（如封存/减少的二氧化碳当量在项目运营期多于产生的二氧化碳当量）。 |

(B) 项目团队根据项目设计计算项目年温室气体排放量，用于形成报告，包括与项目运营相关的直接和间接温室气体排放量以及碳封存量，以二氧化碳当量（吨）计。

## 描述

本评分项说明项目运营期温室气体排放量及项目对减少气候变化的影响。材料隐含碳排放量在 CR1.1 减少净隐含碳排放中专门说明；施工过程中温室气体排放量在 RA2.2 降低施工能耗中专门说明。

二氧化碳（$CO_2$）和其他温室气体（GHGs）排放量的增加使大气中的二氧化碳浓度明显上升，加剧了温室效应，并因地球表面温度增加而导致一系列连带反应，例如，冰川融化、北极海冰融化、海平面上升、海洋温度上升、海洋酸度增加、植被模式改变、疾病传播范围扩大、雪融量减少、降雨模式改变、洪水增多、风暴强度及频率增加等。由此可能带来很多意想不到的后果，如历史同期的降雪变成降雨导致洪灾增加、蒸发量增加和雪融量减少导致干旱、海洋酸化导致珊瑚礁和水生生物多样性损失，以及气温升高导致农作物减产而造成粮食短缺等。减少温室气体排放将有助于缓解未来气候变化的影响。

## 绩效改进

**改进～恢复：** 本评分项绩效改进的等级按照温室气体排放量比基准值减少的百分比确定。由于大多数基础设施项目中并没有关于温室气体排放量计算的行业标准，因此，项目团队需计算一个适当的基准情况。本指导手册前面章节详细解释了建立基准情况的方法，包括现有条件（或无项目情况）、认真考虑的替代方案、标准实践或可比较的现有项目/设施。"Envision"支持数据收集，以便最终为项目团队和整个行业提供基础数据。这也是"Envision"需要在可接受的标准单元中提交计算过程的原因。

温室气体排放量根据其全球变暖潜力值（GWP）计算，以二氧化碳当量（$CO_2e$）计。所有温室气体排放量均量化为二氧化碳当量（吨）。另一方面，不可避免的二氧化碳排放量也可以通过碳封存来弥补，即减少大气中的二氧化碳含量（如种植树木吸收二氧化碳）。

项目团队在采取弥补措施时，应注意避免对温室气体排放减少量的重复计算。例如，在 25 年的项目运营期内，项目温室气体排放量比基准情况减少 50%，则描述项目达到的效果是减少了 50% 温室气体排放量。如果认为项目产生的排放量是 50%，减少了 50%，实现了零排放（即减少 100%），则进行了重复计算，是不正确的。

**适用范围：** 本评分项适用于在运营期消耗能源、燃油或产生温室气体的所有项目。在运营期不产生温室气体的项目可提交证明文件描述不适用本评分项。如果项目通过规划和决策，选用了无温室气体排放的方案，可以提供证明文件，申请项目在本评分项达到**保护**等级。

## 评估标准和文件指南

### A. 在运营期项目在多大程度上减少温室气体排放？

1. 计算项目在一定运营期内（如 25 年）基准情况下温室气体的排放量。

2. 提交以下计算数据：

   a. 项目生命周期内预估的年平均温室气体排放量。

   b. 计算时涵盖的项目运营期（如 2025~2050 年）；以及

   c. 计算在相同时间段内，对比基准情况，温室气体排放量减少的百分比。

计算应包含任何自然或机械的碳封存方法，也可以包含购买的碳补偿。

在某些情况下，预估的温室气体排放需求或数量在项目生命周期内将有所增加，则项目团队可以按基本单位计算减排量（如旅客行驶里程数、每处理单位重量水等）。

### B. 项目是否计算并报告了项目每年的温室气体排放量？

计算项目生命周期内每年的温室气体排放量，所有的排放值均以二氧化碳当量（$CO_2e$）计。计算包括各类设施本身产生的排放量、项目拥有或项目使用机动车的排放量，也包括不在项目所在地产生，但由项目间接需要消耗能源而导致的排放量。如适用，可按以下类别进行分类：

a. 非项目所在地的能源生产。

b. 固定燃料燃烧排放（在设施内为了能源生产而发生的非车辆燃料燃烧）。

c. 运营运输排放。

d. 废弃物处置排放。

e. 废水处理排放。

f. 生物质排放。

g. 工业加工排放。

h. 逃逸性排放。

### 相关"ENVISION"评分项

QL2.2 　鼓励可持续交通

LD2.1 　建立可持续发展管理计划

CR1.1 　减少净隐含碳排放

RA1.5 　现场平衡土方

RA3.2 　减少运营用水量

RA3.3 　减少施工用水量

### 项目实例：
### 荷兰小镇能源园区项目

为满足社区不断增长的能源需求，美国密歇根州荷兰小镇公共工程局进行了深入的研究。2012 年，公共工程局开展了一项综合性可持续投资回报（SROI）的研究，决定是否采用较低成本与较低碳排放的方案，代替原计划的火力发电方案。通过"SROI"研究，决定建造天然气联合循环（NGCC）电站，即荷兰小镇能源园区（"Envision"白金奖，2016 年）。项目团队对天然气联合循环发电和火力发电两个方案的温室气体排放量进行了全生命周期评估（LCA），LCA 表明，天然气联合循环发电的温室气体排放量可以减少 50% 以上。

气候与韧性：排放

# CR1.3 减少空气污染物排放

**18 分**

**目的**
减少空气污染物排放，包括颗粒物（包括灰尘）、地面臭氧、一氧化碳、硫氧化物、氮氧化物、铅和挥发性有机化合物。

**指标**
对比基准情况，空气污染物排放的减少量。

## 绩效等级

| 改进 | 增强 | 超越 | 保护 | 恢复 |
|---|---|---|---|---|
| A + B | A + B + C | A + B + C + D | A + B + C + D | A + B + C + D + E |
| (2) 超过基本要求 | (4) 持续监测 | (9) 挥发性有机化合物（VOC）最小化 | (14) 消除空气污染物 | (18) 改善空气质量 |

**(A)** 项目符合所有适用的空气质量标准和空气污染物排放法规。

**(B)** 在运营过程中项目采用减少空气污染物排放的策略。

**(B)** 项目通过采用最佳可行性控制体系和最佳管理实践来减少空气污染物排放。

**(B)** 空气污染控制在95%以内，或者与相似类型的项目比较，本项目的空气污染可达到最低等级。

**(B)** 项目在设计中考虑消除空气污染物来源，选择无污染的替代方案，或与基准情况相比，空气污染物排放净减少98%以上。

**(C)** 具备持续监测体系，可以检测各类空气污染物直接来源。

具备工作流程，可以识别和描述污染物的变化情况，以确保项目的绩效目标。

**(D)** 项目团队评估有害于人类健康的挥发性有机化合物是否对项目有实质性的影响，如果是，则采用有效的实施策略，在施工期间和/或在已完成项目所占用的空间内减少其使用量。

**(E)** 项目可直接消除既有空气污染物，或可捕获、存储或处置空气污染物，从而产生积极影响，提高空气质量。

## 描述

本评分项涉及的污染物包括一氧化碳、氧化氮、二氧化硫、PM10以下的悬浮颗粒物、臭氧、铅和挥发性有机化合物。这些空气污染物损害人类健康、不动产和环境，特别会对老人、儿童以及患有哮喘、慢性支气管炎和肺气肿等肺部疾病的人造成不良影响。此外，灰尘和各种气味引起附近居民的厌恶，降低房产价值，加重上述肺部疾病。

## 绩效改进

评估本评分项时，首先需要描述现行适用的空气质量标准和/或规定。需要注意的是，本体系中"最佳可采用的控制技术"及"可达到的最低排放率"等术语或术语的不同表达方式与"美国环保署指南"中的类似名称没有关系。这些术语可以直接按其字面意思理解。项目团队只需提供与项目相关的空气污染物的证明文件。如果该项目不涉及某些在本评分项列出的空气污染物，则可在文件中加以澄清。

***改进：*** 在运营过程中项目采用减少空气污染物的实施策略。

***增强：*** 对某些类型的基础设施而言，建立空气污染物排放全生命周期模型可能具有挑战性。如果项目团队在适当的监测和维护条件下，采用了当前最可行的控制系统、技术或方法，从而在项目全生命周期内大幅减少空气污染物排放，那么可以获得增强等级的确认。项目团队需要提供文件，描述采取的措施是如何代表行业最佳实践。

***超越：*** 对某些项目而言，不可能完全消除空气污染物排放。但是，如果这些项目能将空气污染物排放水平降至尽可能低的水平，而达到同行业最佳状态，或者污染物排放降低水平超过 95% 的类似项目，则可确认该项目属于超越等级。这可能包括，例如，用当前最先进的系统替换旧系统。项目团队需要提供支持性文件，以描述其项目如何达到同行业最佳状况。

***保护：*** 项目完全消除空气污染物的排放。这往往是选择了无污染的替代方案。与这一等级基准水平相比，项目应至少减少 98% 的排放量。

挥发性有机化合物对建筑物 / 设施使用者的健康有不良影响，某些情况下，对施工工人的健康也会产生不良影响。

***恢复：*** 消除现有的空气污染物，或安全储存 / 重新利用空气污染物的项目实例极为罕见。需要注意的是，用低污染排放源替代既有的空气污染源，属于空气污染排放量减少而非"消除"。

***适用范围：*** 本评分项适用于所有直接产生符合标准的任何污染物的项目。不产生空气污染物排放的项目可以申请将本评分项视为不适用，并提供证明文件。但是，如果项目不产生空气污染物排放，是因为在内部规划决策阶段选择无污染物的替代方案，则可申请**保护**等级，并提供相应的证明文件。

## 评估标准和文件指南

**A. 项目是否符合所有相关的空气质量最低标准及规定？**

1. 有文件列明与项目相关的地方、区域或国家标准和法规。

2. 有文件表明项目已经达到或将可达到所有相关的标准和法规。

**B. 运营期间，项目在多大程度上减少空气污染物排放？**

1. 估算在项目生命周期每年排放的空气污染物。

2. 有文件说明项目用于减少空气污染排放物的所有策略。

 a. 有文件表明项目采用了当前最佳可行的控制系统或最优的管理实践（**增强**）。

或

 b. 有文件表明空气污染物控制水平超过 95% 同类型项目或者与同类型项目相比，排放物达到当前最低水平（**超越**）。

或

 c. 有文件说明项目消除了所有的空气污染物，或选择了无排放方案，或与基准水平相比至少减少 98% 的污染物排放量（**保护**和**恢复**）。

**C. 项目是否对直接的空气污染物排放进行持续的监测和管理？**

1. 有文件说明，项目在运营期具有监测任何直接排放的空气污染物的系统。

2. 有文件说明为确认和应对排放变化而设计的流程、程序和系统，以便维护效果。

*需要注意的是，如项目不产生空气污染物，则无须监测。证明该项目不产生空气污染物排放的文件，即可满足申请保护或恢复等级的标准 C。如项目产生空气污染物，但通过控制系统实现了零排放，则仍需满足监测要求。*

**D. 项目团队是否评估挥发性有机化合物对施工工人及项目运营者健康的影响？**

*有文件说明，在项目生命周期中，对含有挥发性有机化合物（VOCs）的产品和材料的使用及其对人体健康的潜在影响进行了评估。如果在施工或者运营期间存在"VOCs"，文件必须包括以下内容：*

 a. 制定了在施工过程中限制使用挥发性有机化合物或者控制其暴露的规范。

 b. 对于在室内的项目和设施，文件应记录为减少挥发性有机化合物而在材料选择方面采取的措施。

**E. 项目是否消除了现有的空气污染源？**

*有文件说明，项目如何直接消除空气污染源或捕捉和封存空气污染物以取得净积极影响。*

## 相关"ENVISION"评分项

QL1.2　加强公众卫生与安全

QL2.2　鼓励可持续交通

LD2.1　建立可持续发展管理计划

RA2.1　降低运营能耗

RA2.3　使用可再生能源

气候与韧性：韧性

# CR2.1 避免不适宜的项目开发

**16 分**

**目的**
最大限度地减少或避免在易受危害的地点开发项目。

**指标**
项目设计或选址时，避免或减轻场地相关风险的程度。

## 绩效等级

| 改进 | 增强 | 超越 | 保护 | 恢复 |
|---|---|---|---|---|
| A + B | A + B + C | A + B + C + D | A + B + C + E | A + B + C + F |
| (3) 替代评估 | (6) 风险缓解 | (8) 风险最低的替代方案 | (12) 避免不适宜的项目开发 | (16) 策略性撤出 |

**(A)** 在规划和项目选址过程中，项目团队要识别潜在的选址风险，确定项目对于风险的脆弱性，以及项目加剧风险的可能性（例如，在洪泛区上修建不透水面层，在不稳定的山坡上建造房屋等）。潜在的不良场地包括但不限于：

- 陡坡 (>20°)。
- 永冻层。
- 不良地质（如土壤液化、塌陷或天坑等风险）。
- 洪水多发区。
- 存在风险的沿海区域（海岸风暴潮、海岸侵蚀）。

**(B)** 项目团队对选址方案进行评估，以避免风险、使风险最小，或选择不太容易引起或加剧场地灾害的方案。

**(C)** 项目包括具体的策略以减轻场地灾害对项目的影响（例如，将施工物及设备放置在洪水水位以上），以及项目开发对场地灾害的影响（例如，陡坡上的侵蚀控制）。一般包括监测和响应计划。

| | **(D)** 基于标准 C 中确认的备选方案，项目团队可以描述选定的项目和场地实现了场地风险的最小暴露，同时要满足项目的目标和要求。 | **(E)** 项目团队有意识的选址以完全避开场地灾害。 | **(F)** 为避免损失，项目专门将现存结构物从容易经常发生损失的区域和/或未来容易出现高风险的区域进行调整和迁移。 |
|---|---|---|---|

## 描述

本评分项说明基础设施选址如何显著降低风险，并提高项目的韧性。项目施工应尽量避免陡坡、永久冻土或洪水多发区。项目团队开展工作时，不仅要考虑某些场地会增加项目资产的暴露风险，也要考虑在这些场地的项目开发，可能也会给周边地区带来额外的环境、社会以及经济方面的风险。例如，位于陡峭斜坡上的项目本身不仅有风险，而且有可能加重土壤侵蚀，引起滑坡。项目团队需考虑到在风险区域内开发项目时，可能会导致开发成本的增加。

只要有可能，基础设施应避免在易受灾害影响的地区开发。对于一些易受灾地区，甚至可以考虑"策略性或管理性撤出"，即将项目开发从易受害地区（如经常发生水灾的地区）或未来可能发生灾害的地区（例如受海平面上升影响的低洼沿海地区）进行系统性的撤出和迁移。

## 绩效改进

***改进：*** 第一步是识别潜在灾害并考虑替代方案。选址风险是场地和项目两者脆弱性的组合。除了分析场地，项目团队还应该考虑项目替代方案是否会减少或消除场地风险。

***增强：*** 可供基础设施选择的场地通常是有限的。但是，项目团队可以采用策略以减少场地灾害的影响。

***超越：*** 每个场地均有潜在风险，选址可以是一种权衡。项目团队可以证明，对比考虑过的替代方案，所选择的项目和场地暴露的风险最小。

***保护：*** 在选址时专门选择了可以避免场地灾害的方案。

***恢复：*** 项目从灾害易发生的地区策略性的撤出，从易受损害区域或未来有受损害风险的区域转移结构物，以及相关的项目开发和其他活动。

***适用范围：*** 对于没有位于场地灾害风险区域的项目，无法描述其主动避免了场地灾害，则可以申请将本评分项视为不适用，并提供证明文件。

## 评估标准和文件指南

**A. 项目团队是否确定了潜在的选址风险、项目的灾害脆弱性以及项目加剧灾害的可能性？**

*1. 有文件说明确认的场地风险。*

*2. 有文件说明项目的脆弱性以及针对选址灾害的替代方案。*

*3. 有文件说明项目团队考虑了项目加剧潜在选址灾害的可能性。例如，建在山坡上的项目可能会增加土壤侵蚀，增加滑坡风险，或在滑坡发生时增加山坡上所开发项目的损害。*

**B. 项目团队能否证明选址和项目备选方案经过了认真考虑，将风险"暴露"最小化？**

*有文件描述，项目和选址替代方案经过了考虑，以便通过尽可能多的实践将选址灾害的风险暴露最小化（例如，审查会议、备选方案分析和场地研究等）。*

**C. 项目团队是否采取了减轻场地灾害影响的措施？**

*1. 有文件说明，项目团队为减少风险而采取的策略和控制措施。对于某些灾害，还可能包括监测和响应计划。*

*2. 有文件说明，项目团队专门确定项目是否有加剧灾害的可能性。如果有，项目团队采取了缓解措施以减少项目带来的负面影响。*

**D. 项目团队能否证明，选择的项目及其场地在满足项目要求的同时，场地灾害的风险暴露最小化。**

*对于根据标准 B 中确定的备选场地和项目，项目团队能够提供证据，证明选定的项目和场地不仅风险最小，且仍能满足项目需求。在某些情况下，项目团队可以提供证据，描述某些结构物只能位于存在场地风险的区域；或者在某些情况下，项目团队可以证明，其他位于低风险区域的备选方案不能满足项目需求。设置本标准的目的是为了描述项目及场地的选择经过了充分的场地风险论证，并证明确定的方案是在项目所处边界条件下的最佳决策。*

**E. 选址时是否专门避免已知场地灾害？**

*有证据证明，项目团队有意识地将项目的选址避开场地灾害的临近区域。证据应该包括经过认真考虑的备选场地。*

**F. 是否将项目从灾害频发区域移除或改造？**

*有文件说明将结构物以及其他相关开发项目从危险场地移除的情况，包括未来结构物可能面临未来的损坏或失败风险。有证据描述将结构物的移除或改建可以避免或减轻未来的损害或损失风险。如果用类似的存在风险的结构物替代现存结构物或其他相关开发项目，则不符合本标准。*

## 相关"ENVISION"评分项

CR2.2　评估气候变化的脆弱性

CR2.3　评估风险与韧性

CR2.5　最大限度地提高韧性

NW1.4　保护未开发土地

NW3.3　维护洪泛区功能

### 项目实例：

### "Ridgewood"景观公园水库项目

美国俄勒冈州波特兰市"Ridgewood"景观公园水库项目（"Envision"金奖，2016 年）基于大量的地质勘查工作进行选址，其目的是确保项目位于最优场地，以确保泵站及各类设施在发生地震时仍能正常运行。选址时也避开了陡坡地段：水库可以建在公园南侧一处临近季节性河流边的陡坡上；也可以建在既有水库场地上，但该场地也位于陡坡地带。这两个选项均未被选择。最后的选址方案位于公园北侧，以远离这些区域，因此避免了场地相关的风险。

气候与韧性：韧性

# CR2.2 评估气候变化的脆弱性

**20 分**

**目的**
开展气候变化脆弱性的综合评估。

**指标**
气候变化脆弱性评估的范围及综合性。

## 绩效等级

| 改进 | 增强 | 超越 | 保护 | 恢复 |
|---|---|---|---|---|
| A + B | A + B + C | A + B + C + D | A + B + C + D + E | 不适用 |
| (8) 项目脆弱性 | (14) 系统脆弱性 | (18) 社区脆弱性 | (20) 知识共享 | |

**(A)** 项目团队开展（或参考）已有的由于气候变化导致的威胁 / 灾害的全面识别研究（或评估），威胁 / 灾害的分类如下：

- 持续时间：突发事件持续数小时或数天，长期影响则持续数年或数十年。
- 影响范围：项目场地（如局部雨水溢出）、基础设施系统范围，或社区范围（如气候变化）。

评估应说明气候变化威胁 / 危害的频率、持续时间和严重程度。

**(B)** 项目团队确定在项目运营期内，由于气候变化威胁导致的项目或其绩效的脆弱性及增加的风险，包括在运营期不断变化的条件下（如天气、气候模式、自然灾害发生的频率和强度等），项目设计参数是否能满足绩效指标。

**(C)** 项目团队确定由于气候变化威胁所导致的，与基础设施系统或网络相连 / 相关的脆弱性和增加的风险，包括项目脆弱性如何影响系统性能，以及系统脆弱性如何影响项目。此外，还应包括直接和间接影响，如资源和服务的可用性。

**(D)** 项目团队确定由于气候变化威胁，导致更广泛的社区所产生的脆弱性和增加的风险，包括项目脆弱性如何影响更广泛的社区，也包括社区脆弱性如何影响项目。

**(E)** 项目团队或业主分享气候变化威胁的调查结果，为增强社区意识及其参与未来项目提供支持与便利。

## 描述

本评分项说明了项目团队对气候变化潜在影响的理解。首先需识别气候变化威胁，并确定项目脆弱性。由于 **CR2.3 评估风险与韧性** 说明所有潜在的项目风险，本评分项的评估结果可能与其有所重叠。鼓励项目团队考虑 **CR2.2** 和 **CR2.3** 两个评分项所说明内容的协同效应。

气候变化对当代和未来几代人的全球发展与安全构成严重威胁。气温升高导致冰川融化、海平面上升，许多地势低洼的沿海地区直接面临危险，其他地区则面临破坏性极大的侵蚀。依靠融雪获取淡水的内陆地区的可用水量持续下降，世界许多曾终年积雪的山脉现在已成为季节性积雪。整个永久冻土生态系统因为进入冻融循环，正在崩溃。海洋温度的变化将对全球气候系统造成影响，随着温度的升高，风暴的频率、强度和模式均发生变化，并且变得更加不可预测。气候变化的影响十分深远，目前我们还无法完全了解。此外，很多影响相互加强，例如，风暴强度的增加和海平面的上升会共同作用，使风暴潮对沿海社区造成更严重的破坏。

基础设施开发严重依赖于基于历史趋势建立的标准，但这些标准将不再能够准确预测未来的状况。依据过去 70 年的标准建设的基础设施，将无法提供未来 70 年所需的服务水平。基础设施业主和项目团队必须考虑如何进行明智的经济性投资，以确保其社区在面对长期气候变化时的繁荣、安全和经济优势。

## 绩效改进

所有绩效等级预计都要进行一个气候变化威胁与脆弱性的全面评估。本评分项的等级由评估的范围来划分，从项目（**改进**）扩展到基础设施系统（**增强**），再扩展到更广泛的社区（**超越**）。

*改进：* 本评分项遵循的识别威胁与脆弱性的标准方法，将在评分项 CR2.3 评估风险与韧性中进行更详细地解释。评估应特别阐释变更设计参数。

*增强：* 尽管项目的韧性非常重要，但是项目团队还需考虑项目与其关联系统的相互依赖性。失灵系统中的功能性/运营性孤岛可能价值有限。基础设施系统通常依赖于相互关联的网络或资源及服务才能正常工作。气候变化可能不会直接影响项目，但可能会影响项目有效运转所需的资源和服务链。

*超越：* 韧性最好应用于社区层面。基础设施与大量物质的（其他基础设施）或非物质的（社会经济的）系统有着内在联系，韧性基础设施的目的是支持更广泛社区整体化的卫生、安全和功能。

*保护：* 气候变化影响评估、基础设施对气候变化的脆弱性评估，以及如何将气候变化的考量纳入基础设施项目交付中，仍属于相对较新的、应用不稳定的概念。项目团队分享他们的知识和经验，以便将气候变化的考量纳入未来的项目中，这是非常重要的。

*适用范围：* 本评分项适用于所有可能受到气候变化潜在影响的项目，即绝大多数的基础设施。

## 评估标准和文件指南

### A. 项目团队是否已确定气候变化将对项目及其周边造成威胁？

*1. 有文件说明，项目团队已开展了气候变化威胁的评估或者社区已有气候变化影响分析研究。*

*2. 有文件说明，气候变化威胁分析不仅限于对项目的直接影响，还包括对关联的基础设施系统或相关基础设施网络的影响。例如，当海平面上升引起风暴潮时，位于受灾范围内泵站的损坏将对受灾范围外的水处理设施造成影响。*

*3. 有文件说明，气候变化威胁分析不仅限于基础设施系统，还拓展到包括对更广泛社区的威胁。例如，在一个面临干旱风险的地区，需要耗水的基础设施将与社区争夺有限的水资源。*

### B. 项目团队是否确定了项目对于气候变化威胁的脆弱性？

*1. 识别在标准 A 中说明的项目对于气候变化威胁的脆弱性。*

*2. 有文件说明，对项目关键的设计与绩效指标进行了审查，以确定其是否会因为气候变化导致运营条件改变而受到影响。*

### C. 项目团队是否确定了基础设施系统对于气候变化威胁的脆弱性？

*1. 描绘出项目相连接的基础设施系统之间的相互依赖性。如，轻轨站和与其连接的车站和铁路线网络，泵站和与其连接的水处理系统。*

*2. 识别在标准 A 中报告的系统对于气候变化威胁的脆弱性。*

*3. 有文件说明，已考虑了对资源或服务的依赖，例如，材料、能源、水、交通进出通道等，以及未来受气候变化影响的这些资源的可靠性或成本。*

### D. 项目团队是否确定了社区对气候变化威胁的脆弱性？

*1. 描绘项目和社区之间相互依赖关系，既包括物质系统，如能源、水、交通、通信、废弃物处理以及食品供应，也包括非物质系统，如应急服务、资金、法规、劳动力和/或社区/政治支持。*

*2. 识别在标准 A 中说明的社区对气候变化威胁的脆弱性。*

### E. 项目团队或业主是否分享了气候变化威胁方面的调查结果？

有文件说明，项目团队或项目业主与更广泛的受众群体共享或将要共享其在气候变化威胁方面获得的经验。信息共享是为了增加公众对气候威胁的知识，提高认识，有利于支持或促进将气候威胁纳入未来的项目。

## 相关"ENVISION"评分项

LD1.2　促进协作与团队合作

LD2.2　可持续社区计划

LD3.3　开展项目全生命周期经济评估

RA3.1　保护水资源

NW1.2　提供湿地与地表水缓冲区

NW2.2　管理雨水

CR2.3　评估风险与韧性

气候与韧性：韧性

# CR2.3　评估风险与韧性

**26 分**

**目的**
开展全面的、多灾害的风险和韧性评估。

**指标**
风险和韧性评估的范围和全面性。

## 绩效等级

| 改进 | 增强 | 超越 | 保护 | 恢复 |
|---|---|---|---|---|
| A + B + C + D + E | A + B + C + D + E | A + B + C + D + E | A + B + C + D + E + F | 不适用 |
| **(11) 项目评估** | **(18) 系统评估** | **(24) 社区评估** | **(26) 整合和包容性方法** | |
| (A) 项目团队围绕项目及场地设置后续标准（B、C、D 和 E）的边界条件。 | (A) 项目团队围绕项目和与其相关 / 连接的系统或网络的相互依赖关系，设置后续标准（B、C、D 和 E）的边界条件。 | (A) 项目团队围绕项目、与其相关 / 连接的系统或网络和更广泛社区的相互依赖关系，设置后续标准（B、C、D 和 E）的边界条件。 | | |
| (B) 掌握资产特性：项目团队确定项目和相关系统的总体目标及绩效目标，同时确定实现总体目标和绩效目标的关键资产、系统和网络，包括系统内部的关联依赖性及相互依赖性。 ||||  |
| (C) 识别威胁 / 灾害：项目团队识别威胁 / 灾害（自然灾害和人为威胁）。项目团队可参考与项目及其背景有关的既有研究或评估。威胁应包括突发事件和长期影响。 ||||  |
| (D) 识别脆弱性：项目团队识别标准 B 所确定的基础设施资产及其主要组成部分的关键功能和依存关系，对标准 C 所确定的威胁 / 危害的脆弱性。 ||||  |
| (E) 评估风险：项目团队通过确定威胁 / 危害发生的概率以及相关后果和影响来评估项目风险。后果和影响应分为社会、环境、经济或财务等方面。 ||||  |
| | | | (F) 项目团队与业主和其他利益相关方共同进行风险评估。 | |

## 描述

本评分项需要对风险进行全面的评估，以了解潜在的灾害 / 威胁和项目的脆弱性。由于气候变化是许多项目的首要威胁，本评分项对所有潜在风险进行了更为广泛的阐释，**CR2.2 评估气候变化的脆弱性**可被视为本评分项的次级组成部分。相应地，**CR2.3 评估风险与韧性**可作为 **CR2.4 建立韧性目标与策略**和 **CR2.5 最大限度地提高韧性**的基础。

虽然不同的学科和不同的行业在讨论风险时经常使用不同的术语，但原理和过程在很大程度上是相似的。

• "威胁 / 灾害"是指有可能造成损害的事件，无论是自然发生的 ( 灾害 ) 还是人为的 ( 威胁 )。

• 脆弱性指某种威胁可能损害项目或系统的情况。

• 风险是造成脆弱性及相关影响和后果的概率。

例如，洪水可能会对项目造成威胁，关键系统位于洪水水位以下则意味着很容易受到这种威胁。如果关键系统被洪水淹没，洪水事件作为相关损失原因，风险则是对其发生概率和严重程度的评估。

下表列出了一些常见的灾害/威胁，分为突发事件和长期影响。

| 突发事件<br>(持续时间短，较低可预测性) | 长期影响<br>(持续时间长，较高可预测性) |
|---|---|
| 飓风 | 人口老龄化 |
| 地震 | 环境退化 |
| 火灾 | 海平面上升 |
| 热浪 | 干旱/水资源短缺 |
| 暴风雪 | 物种灭绝 |
| 流行病 | 基础设施老化 |
| 洪水 | 人口增长变缓或过快 |
| 龙卷风 | 全球变暖 |
| 恐怖袭击 | 污染增加 |
| 基础设施失效/垮塌 | 食物短缺 |
| 沉降和液化 | 税赋过重/基础设施不足 |
| 化学品泄漏 | 资金短缺 |

### 风险评估步骤

**1. 设置边界条件：** 设置评估的边界条件和范围（标准 A）。

- 项目层面（评估包含项目的风险）（**改进**）。

- 系统层面（评估包括项目和与其连接系统的相互依存性的有关风险）（**增强**）。

- 社区层面（评估包括项目和与其连接的基础设施系统的相互依存性的相关风险，以及项目和与其连接的基础设施系统，对其外部系统网络的相互依存性的相关风险）（**超越**和**保护**）。

**2. 掌握资产特性**（标准 B）：

- 确定项目和相关系统的总体目标和绩效目标。

- 确定实现总体目标和绩效目标的关键资产、系统和网络。

- 确定系统内部相关的依存关系和相互依存关系。

**3. 识别威胁/灾害：** 识别可能对项目、系统或社区产生影响的潜在的自然灾害或人为威胁（标准 C）。

- 识别短期威胁（突发事件）。

- 长期压力。

**4. 识别脆弱性：** 确定从根本上满足总体目标和绩效目标重要资产、系统和/或网络，它们容易受到已识别的威胁/灾害的影响（标准 D）。

**5. 评估风险：** 风险是威胁/灾害利用脆弱性导致损失及损害的可能性，是发生可能性与相关后果的产物（标准 E）。

- 确定威胁/灾害发生的可能性/概率。

- 在每个类别中确定相关后果/发生的影响，类别包括社会（人、社区）、环境（污染，破坏）、经济（维修费用，财务损失）。

## 绩效改进

*改进：* 本评分项的全部绩效等级都需要一个综合全面的风险评估。划分等级的主要依据是范围边界的评估，这要从项目和场地开始。

*增强：* 将评估范围扩大到整合的基础设施系统。

*超越：* 将评估范围扩大到整个社区内更为广泛的相互依存的系统网络。

*保护：* 如果是通过一个完整和多样化的过程进行风险评估，则可获得**保护**等级的加分。一般而言，具有不同背景、观点或专业技能的人员可以通过关注可能被忽视的威胁和脆弱性，来增加风险评估的价值。

*适用范围：* 所有项目均可受益于对潜在风险的全面调查，因此，很难证明本评分项与追求"Envision"奖项的项目无关或不适用。风险并不总是重大的灾难性事件，不论是小型项目还是大型项目，犯罪、故意破坏或人身伤害也属于具有相关影响的潜在风险。

## 评估标准和文件指南

**A. 项目团队在多大程度上针对项目、系统或社区开展风险评估？**

*有证据证明，根据标准 B、C、D 和 E 记录的文件足以说明绩效等级所需要的范围：项目层面（**改进**）、基础设施系统层面（**增强**）、社区层面（**超越**和**保护**）。*

**B. 项目团队是否确定了基础设施资产及其主要组成部分的关键功能及相关依赖关系？**

*1. 有文件说明，项目团队对确定基础设施资产及其主要组成部分关键功能和依存性进行了审核。需要注意的是，根据标准 B、C、D 和 E 记录的文件可以一并提交，作为综合风险评估的一部分。*

*2. 描绘项目和与其连接的基础设施系统之间的相互依赖关系，（例如，一个轻轨站和与其连接的车站与铁路线网络，或一个泵站和与其相连的水处理系统）（**增强**和以上等级）。*

*3. 描绘项目和社区系统之间相互依存关系，包括物质系统，如能源、水、交通、通信、废弃物处理和/或食品供应；也可包括非物理系统，如应急服务、资金、法规、劳动力以及社区/政治支持（**超越**和**保护**）。*

**C. 项目团队是否识别了项目及其周边的威胁或灾害？**

*有文件说明，项目团队已经对威胁/灾害进行了识别，或可获得既有的威胁/灾害方面的研究，且研究对于项目而言足够全面。追求 **CR2.1** 评分项的项目可能需提供气候威胁方面的文件，但是，本评分项下的文件不仅限于气候威胁。*

*需要注意的是，如果这些研究未能全面捕捉到项目的所有潜在威胁，项目团队可以，也应该补充现有的威胁/灾害研究。*

**D. 项目团队是否确定了基础设施资产的相互依存性及其关键功能的脆弱性？**

*项目团队确定了在标准 B 中确认的基础设施资产，及其主要组成部分的关键功能和依存关系对于威胁/灾害的脆弱性，这种威胁/灾害已在标准 C 中进行了确认。*

**E. 项目团队是否通过确定一种威胁/灾害发生的概率及相关影响对风险进行了评估？**

*有文件说明，威胁和灾害（已在标准 C 中确认）利用脆弱性（已在标准 D 中确认）导致的损失和损害的可能性，作为一种发生可能性与相关后果的产物。后果和影响应分为社会的、环境的和/或经济的/财务的。*

**F. 项目进行的风险评估，是否有包括业主以及由关键利益相关方组成的一个多元化的综合团队共同参与？**

*有文件说明，业主及主要利益相关方参与了风险评估。申请人应解释参与评估的利益相关方如何体现了与项目范围相适应的多元化的洞察力。*

### 相关"ENVISION"评分项

LD2.2　可持续社区计划
LD3.3　开展项目全生命周期经济评估
CR2.2　评估气候变化的脆弱性
CR2.4　建立韧性目标与策略
CR2.5　最大限度地提高韧性

---

**项目实例：**

**俄亥俄河大桥 — 东端连接项目**

美国俄亥俄河大桥— 东端连接项目（"Envision"白金奖，2016 年）是印第安纳州和肯塔基州长期合作的项目。大桥的设计用于解决路易斯维尔都会区跨河交通的棘手问题，提高安全性，减少交通拥堵，促进当地经济发展，并与现有高速公路连为一体。 项目在设计时也考虑了潜在重大气候变化风险下的"韧性"，包括热浪强度和洪水，这两种风险在该地区的气候变化评估和适应计划中已被确定为风险。

# 马歇尔敦发电站项目
# 马歇尔敦，爱荷华州

联合能源公司（Alliant Energy）开发的位于美国爱荷华州的马歇尔敦发电站项目（"Envision"白金奖，2017年），为客户和社区提供清洁能源，同时显著减少了其环境影响。项目为容量为650兆瓦的天然气联合循环电厂，可为爱荷华州50万个家庭和企业提供足够的电力。与传统的燃煤发电相比，马歇尔敦发电站排放的二氧化碳不到前者的一半，氮氧化物减少了约三分之二，硫和汞减少了约99%。项目团队追求"Envision"的评分项，以帮助其在项目中设计和加入更多的可持续发展与经济效益。

根据"Envision"分类，马歇尔敦发电站取得的显著成果包括：

**生活质量：** 该项目为当地社区提供了许多额外的利益。包括为当地商业、工业和公众改善了现有的电网质量和天然气供应量。新建天然气管道与北部边境电力公司的管道相连，电站的设计能力可以满足马歇尔敦地区未来的人口增长和对天然气需求的增长。此外，改善市区天然气输送系统可降低向社区输送天然气的长期成本，预计每年可为居民和企业节约100万美元。

**领导力：** 马歇尔敦发电站在设计、施工和运营阶段提供了大量就业机会。施工期间，平均创造了650个工作岗位，其中近40%的工人来自于马歇尔敦，其余工人来自于附近城镇。这些新的就业机会给当地酒店、餐饮和其他商业带来了巨大的收入。项目建成后，发电站正式员工约20人。

作为马歇尔敦20多年来最大的开发项目，这一投资7亿美元的发电站预计将为马歇尔县和爱荷华州带来数百万美元的税收。

**自然界：** 联合能源公司与项目团队及当地利益相关方一起，恢复了大部分的项目场地，新建了自然步道，在项目附近构造了自然栖息地。以草原和传粉者栖息地取代以前种植的农作物。这些栖息地对公众开放，新建公共空间为游客提供了了解草原和传粉者栖息地的机会。一条建有教育标示的步道每天向游客开放。

**气候与韧性：** 联合能源公司开展了若干项详细研究，以了解该项目可能面临的气候变化和其他风险。例如，与原计划在该地区建造的燃煤电厂相比，公司详细分析了马歇尔敦发电站将在多大程度上减少温室气体排放。温室气体评估报告显示，与原计划相比，该项目预计在25年内可减少40%以上的排放量。

此外，联合能源公司针对项目对资源的需求与供应，以及资源与基础设施的脆弱性进行了评估。公司事先识别出7个与项目相关的具体风险，并在设计时通过一系列方法缓解了风险问题。这些风险包括燃料和水资源的潜在短缺，洪水和污染泄漏，以及高温、雪量和风速的变化等。最终，发电站设计使项目在全生命周期内对其运行环境可能发生的变化具备韧性和适应力。

气候与韧性：韧性

# CR2.4 建立韧性目标与策略

| | |
|---|---|
| **20 分** | **目的** 通过制定清晰的总体目标和具体目标加强项目和社区的韧性。 |
| | **指标** 韧性目标实现的程度从初始承诺扩展到可量化项目目标、长期运营期计划以及社区范围发展规划。 |

## 绩效等级

| 改进 | 增强 | 超越 | 保护 | 恢复 |
|---|---|---|---|---|
| 不适用 | A + B | A + B + C | A + B + C + D | 不适用 |
| | (8) 策略制定 | (14) 利益相关方投入 | (20) 分享社区目标 | |

**(A)** 项目团队确定项目的绩效目标以及业主可接受的风险水平。

**(B)** 项目团队利用全面风险评估结果（例如 **CR2.3**）制定满足项目绩效目标和预算的风险管理策略，并增加项目韧性。项目团队优先考虑在项目成本约束范围内最大限度地降低风险的策略。

**(C)** 项目团队让业主和关键利益相关方参与到项目韧性目标的制定与评审过程中。

**(D)** 项目团队将项目韧性目标与更广泛的社区或区域范围的韧性目标和计划相结合。

或

当社区未设立韧性目标时，项目团队将其韧性目标共享，以支持制定更广泛的社区目标。

## 描述

本评分项说明将韧性目标从最初的承诺扩展到可量化项目目标、长期运营计划和社区范围发展规划。如果项目业主、设计师、承包商和项目涉及所有团队建立了清晰和可量化的绩效目标，则项目可以更好地实现韧性目标。相反地，如果目标不统一、不协调，增强韧性将难以实现。尽管每个项目都会为基础设施系统的整体韧性做出贡献，但最终目标是一个整体上更有韧性的社区，这就需要在项目边界之外进行协调与合作。

增强韧性的效益包括可以避免生命、健康、资产和/或运营时间及其相关成本的损失。大量研究表明，在防备和预防措施上支出 1 美元相当于可节省用于恢复和救济的 4 美元。当前，全球人口不断增长，开发规模不断扩大，与此同时，极端天气事件的频率和强度也不断增加，这些都意味着人类将面临更大的风险。瑞士再保险公司的研究表明，在过去四十年中，全球由于自然灾害造成的保险损失急剧增加。基础设施业主应该考虑开发更有韧性的系统以带来成本节约与效益。

根据洛克菲勒基金会的韧性城市框架体系，韧性体系的特征包括多智性、包容性、集成性、坚固性、灵活性、冗余性和响应性。最终的目标是尽可能地增强韧性和尽可能地提高资源使用效率（多智性）。这就需要一个兼具包容性（考虑到人的因素）和集成性（考虑到系统的因素）的方法。风险是综合考虑威胁/灾害发生的概率、项目的脆弱性和相关影响/后果的一个因素（$R = T \cdot V \cdot I$）。

有很多方法可以对韧性策略进行分类，以下是其中一种分类方法。

- **降低脆弱性**
  - 消除 / 避免：项目可以消除或避免潜在威胁。
  - 适应：项目设计成如何克服威胁。
    - 耐久性 / 坚固性。
    - 适应性 / 灵活性。

- **减少影响与后果**
  - 最小化：项目设计成最大限度地减少失败的影响。
    - 冗余性 / 多样性。
    - 防备措施。
  - 恢复：项目设计成可以从损失中迅速或更容易恢复。
    - 恢复 / 响应。

- **不采取措施**
  - 可接受：风险发生的概率和造成的影响被认为是可接受的风险。

## 绩效改进

*增强：* 开展全面彻底的风险评估是获得本评分项绩效等级的先决条件。没有首先了解风险就不能建立韧性目标。本评分项的等级按目标设定过程的包容性来划分。

*超越：* 在建立目标和策略的过程中不仅依靠项目团队，还包括了项目业主和关键利益相关方（如运营方、承包商、关联设施或社区的利益相关方）。

*保护：* 虽然项目可以采取措施提高项目自身韧性，但在社区、城市或区域范围内统一考虑韧性是最有效的。因此，项目团队应考虑与利益相关方共同参与的优势，以使项目目标与更广泛的社区的目标保持一致。

*适用范围：* 所有暴露于风险的项目均可受益于建立韧性目标和策略，因此，很难证明本评分项与追求"Envision"奖项的项目无关或不适用。

## 评估标准和文件指南

**A. 项目团队是否确定了项目绩效目标和业主可接受的风险水平？**

*1. 有文件说明，识别项目关键绩效目标将构成风险评估的基础。*

*2. 有文件解释业主进行项目风险管理的方法，指导将"可接受风险"从需要减轻和管理的风险中分离出来。*

**B. 项目团队是否基于全面风险评估制定了风险管理策略？**

*1. 有文件说明，项目团队进行了风险评估，应至少包括：*

- *确定项目和关联系统的总体目标和绩效目标。*
- *确定从根本上实现绩效目标所需要的关键资产、系统和网络。*
- *识别威胁 / 灾害。*
- *开展脆弱性评估。*
- *确定威胁 / 灾害发生的可能性 / 概率。*
- *确定事件的后果 / 影响。*

*2. 可能采取的风险管理策略的清单或矩阵，这些策略的实施可减少项目风险，增加项目韧性。各项策略应根据其降低风险的潜力和任何可减轻的因素（成本、可用性、可靠性、有效性等），进行优先排序。*

**C. 关键利益相关方是否参与制定韧性目标？**

*有证据证明，业主和主要利益相关方参与制定或评审韧性目标。申请人应解释利益相关方如何展示了适合项目范围的多样化的洞察力。此外还应描述，利益相关方的参与是有意义的，而且在韧性目标的建立和优先排序方面产生了有用的反馈。*

**D. 该项目是否从属于，或支持更大范围社区的韧性目标或气候变化适应目标？**

*1. 有文件说明存在更大范围社区或地区的韧性目标（例如，现有的韧性、气候变化适应性或防备性的计划）。文件可以是独立于项目预先制定的计划，也可以是由项目制定并与有关政府机构共享的计划。*

*2. 有文件说明项目和与其所支持的更广泛社区的韧性目标之间的联系。有文件说明项目如何有助于或支持这些目标。*

*或*

*如果缺乏社区（或地区）范围的韧性目标，项目团队可以提交与公众分享项目韧性目标的文件作为替代，以支持社区制定更广泛的韧性目标。*

## 相关"ENVISION"评分项

QL1.2　加强公众卫生与安全
LD1.1　提供有效的领导力与承诺
LD2.2　可持续社区计划
LD3.3　开展项目全生命周期经济评估
CR2.2　评估气候变化的脆弱性
CR2.3　评估风险与韧性
CR2.5　最大限度地提高韧性

**气候与韧性：韧性**

# CR2.5 最大限度地提高韧性

**26 分**

**目的**
通过最大限度地提高耐用性，提高韧性、系统全生命周期的绩效和抵御灾害的能力。

**指标**
项目融入提高耐用性、抵御风险能力和延长使用寿命元素的程度。

## 绩效等级

| 改进 | 增强 | 超越 | 保护 | 恢复 |
|---|---|---|---|---|
| A + B | A + B + C | A + B + C + D | A + B + C + D + E | 不适用 |
| (11) 提高项目韧性绩效 | (15) 全面实施 | (20) 持续韧性监测 | (26) 量化改进 | |
| **(A)** 项目团队根据项目的全面风险评估（例如，**CR2.3**）制定韧性目标与策略（例如，CR2.4）。 | | | | |
| **(B)** 项目团队采取综合措施实施韧性策略。 | | | | |
| | **(C)** 项目团队定期监测韧性策略执行情况，并在项目开发的全过程审核其应对项目风险的有效性。 | | | |
| | | **(D)** 韧性策略纳入项目的运营和维护。负责项目持续运营的机构建立系统，以维护、增长、学习和持续提高韧性的能力（即 PDCA 循环，计划—实施—检查—行动）。 | | |
| | | | **(E)** 项目团队建立了衡量和量化韧性策略实施效果的方法（例如，通过避免损害或服务损失、缩短修复时间来节约资金）。 | |

## 描述

本评分项说明执行策略和运行系统以提高项目的韧性。尽管该评分项可以独立评估，但应该被认为是前述相关韧性评分项的一个延续。在确定脆弱性和风险后（**CR2.2 评估气候变化的脆弱性**、**CR2.3 评估风险与韧性**），以及**建立韧性目标与策略（CR2.4）**，到了执行项目策略的时候。本评分项是独立的，因为成功而且有效的实施需要一系列的行动，而不仅仅局限于韧性策略本身。

## 绩效改进

*改进：* 韧性对于项目的长期成功至关重要，片面或局部的成绩并不能实现项目韧性。因此，本评分项起始于全面实施足以应对认定风险的韧性策略。本评分项的等级根据执行策略的难度来划分。

*增强：* 韧性考量不能仅局限于早期的概念设计阶段。项目会在开发过程中发生变化，因此应定期监测并重新审查韧性策略的实施情况，以确保其持续有效，同时抓住可以提升的机会。

*超越：* 韧性策略的实施不应该在项目交付时停止。尽管设计更好的项目更有优势，但韧性的最终测试将发生在运营期间。因此，运营方应致力于建立可以持续学习和改进的系统。

*保护：* 韧性绩效的效益量化可以证实项目决策的有效性，为未来运营改进提供一个基础，并且可以为今后项目和整个行业积累有价值的知识。

**适用范围：** 所有暴露于风险的项目均可受益于提高韧性。因此，很难证明本评分项与追求"Envision"奖项的项目无关或不适用。

## 评估标准和文件指南

**A. 项目团队是否基于全面风险评估制定了韧性目标与策略？**

1. 有记录综合风险评估的文件。追求 **CR2.2** 和 **CR2.3** 的项目可以提交其评分项文件。申请人可参阅 **CR2.2** 和 **CR2.3** 作为指南开展风险评估和相关文件记录。

2. 有韧性目标和风险管理策略的清单和矩阵，根据降低风险的潜力和任何可减轻的因素（成本、可用性、可靠性、有效性等），排出优先顺序。

请注意对于这个标准，提供的文件必须和设定的韧性目标相对应。

**B. 项目团队实施的韧性策略是否充足以应对主要项目风险并提高项目韧性？**

有文件说明为提高项目韧性而实施的策略。项目团队应解释这些策略是如何说明韧性系统中的一个或多个核心原理，包括：

- 响应性（学习与改进）。
- 多智性（资源高效、富有创造力）。
- 包容性（共同行动、共担责任）。
- 整合性（多样化的系统、机构与人员）。
- 坚固性（耐用、结构完善）。
- 冗余性（多样化、容错性）。
- 适应性（灵活性、可更改）。

**C. 项目团队是否定期监测项目韧性策略的实施情况，并在整个项目交付过程中审查其持续有效性？**

1. 有项目特别报告或会议记录，详细描述项目将如何通过施工实施韧性策略，以及哪些关键绩效指标将用于衡量和管理计划。

2. 有项目可持续发展特别报告或会议记录，详细描述项目团队如何重新审视韧性策略，以确保其在项目设计或参数发生变化时仍持续有效。

**D. 韧性目标与策略是否纳入项目的持续运营和维护？**

1. 有文件说明提供运营管理计划，或与负责项目运营的机构协同工作，建立计划—实施—检查—处理系统，学习并持续改进项目的韧性能力。

2. 有文件说明，任何相关韧性特点都可以提供充分的运营与维护指导，以确保其在运营期间的有效性。

需要注意的是，对于这个标准，提供的文件必须与设定的韧性目标相关。鼓励项目团队分享其韧性策略，以及其在整个运营过程中的绩效和效果。此外，采取的措施和承诺也可能满足 **CR0.0 创新或超过评分项要求** 的创新分值。

**E. 项目是否包含衡量或量化韧性业绩目标的方法？**

有文件说明，项目团队用于量化韧性目标和结果的计算和方法。许多风险管理策略通过定性评估来证明，或者不需要证明。然而，在可能的情况下，通过客观标准量化韧性增加带来的效益（例如，节约成本、改善服务），可以支持其实施项目，并有益于对更广泛韧性社区的了解与理解。

## 相关"ENVISION"评分项

LD2.3　长期监测与维护计划

LD2.1　建立可持续发展管理计划

LD3.1　促进经济繁荣与发展

LD1.4　追求副产品协同效应

QL1.1　提高社区生活质量

QL1.2　加强公共卫生与安全

CR2.2　评估气候变化的脆弱性

CR2.3　评估风险与韧性

CR2.4　建立韧性目标与策略

气候与韧性：韧性

# CR2.6　增强基础设施一体化

**18 分**

**目的**
提升运营关系，加强项目的功能一体化，使项目融入相互关联的、高效的和多样化的基础设施系统中。

**指标**
为了提高韧性和系统绩效，在可获益及适当情况下，将项目集成到其他互连系统的程度。

## 绩效等级

| 改进 | 增强 | 超越 | 保护 | 恢复 |
|---|---|---|---|---|
| A | A + B | A + B + C | A + B + C + D | A + B + C + D + E |
| (1) 内部整合 | (4) 降低风险 | (8) 系统整合 | (14) 社区/网络整合 | (18) 信息整合 |

**(A)** 为实现效率和系统多样性，项目提高了内部系统的整合。

**(B)** 整合策略增强了韧性，降低了系统性或级连失效的风险。

**(C)** 该项目利用其在更大的基础设施系统中的关系，来实现效率或系统多样性。

**(D)** 该项目集成了基础设施系统网络（例如，水和交通），以实现效率或系统多样性。在某些情况下，项目可以替代非物质社会或经济系统的社区一体化。

**(E)** 项目将数据或监测系统与报告或防灾系统相结合，以便长期学习和提高绩效。

## 描述

本评分项说明项目整合到其他互连系统的程度，在可获益及适当情况下，以增加韧性和系统绩效。最佳基础设施绩效可以在社区水平整合所有基础设施元素。因此，在理想情况下，新建或改建基础设施时，其设计和施工均应考虑其要素与既有或规划实施的基础设施要素之间的相互联系与支持，以及行动上的协调一致。过去的基础设施开发关注"一个问题，一个解决方案"模式，目前越来越多的社区正在通过分层和集成基础设施目标来实现成本节约和绩效改进。

智能技术以及数据无处不在的可用性和可获取性展示出设施集成的新机遇。项目团队应避免"引入"脆弱性，更确切地说，通过整合系统与技术，以增强韧性，减少系统性和重复性失败的风险。集成的系统可提供多种利益，包括但不限于：

- 效率——一个集成的系统方法可以识别冲突，实现更高效率，或利用共同效益。
- 多样性——集成的系统通常可在各种方式、各种条件或多种配置情况下正常工作，从而增加韧性，并可以减少冗余备份的需求。

## 绩效改进

**改进：** 项目团队关注项目内的内部系统整合。

**增强：** 项目团队关注于确保整合措施可以增强韧性，并且不会引入脆弱性，例如，系统性失效或"级连失效"。

***超越：*** 项目团队考虑项目在更广泛的基础设施系统中所发挥的作用，包括水处理、交通、中转、能源、固体废弃物、园区等的系统网络。

***保护：*** 该项目有利于多个基础设施系统的有益整合。例如，改进的雨水系统设计如何能降低交通事故发生率，设施之间的联络通道如何能增加社区的流动性，或者交通设计如何能有利于和提高废弃物分流和回收的速度。基础设施系统相互支持以获得更高绩效。

***恢复：*** 除了交付项目，项目团队集成数据或监测系统，以便实现更优绩效。集成的系统不仅仅是建立物理连接，因为集成系统通常只在按照预期计划进行监测、维护和运营时才有效。

***适用范围：*** 所有基础设施项目将会而且应该从系统集成的方法应用中受益。因此，很难证明本评分项与追求"Envision"奖项的项目无关或不适用。

## 评估标准和文件指南

**A. 项目是否提高了内部系统的整合？**
*有文件说明，如何整合或协调项目内部系统，以实现效率、冗余性或系统多样性。*

**B. 基础设施一体化是否降低了系统性风险或"级连失效"风险？**
*1. 有文件说明，项目团队掌握关键故障点，整合内部和外部系统的努力，将减少而不是增加了系统性风险或者"级连失效"风险。*

**C. 项目团队是否增强了外部系统的整合？**
*有文件说明，项目超越其边界，改进更大的基础设施系统中的效率、冗余性或系统多样性。*

**D. 项目是否整合基础设施系统网络？**
*有文件说明，项目团队努力确认和利用机会整合基础设施系统网络，以提高效率、冗余性和系统多样性。项目可以证明其是一个更大的计划、政策或倡议的一部分，以提高跨部门的绩效和可持续性。*

**E. 为了提高绩效，项目是否整合数据或监测系统？**
*有文件说明，项目包括整合监测或数据收集系统，以改进运营期间的绩效。*

## 相关"ENVISION"评分项

QL2.2　鼓励可持续交通
LD2.2　可持续社区计划
NW1.4　保护未开发土地
LD1.4　追求副产品协同效应

气候与韧性：创新

## CR0.0　创新或超过评分项要求

**+10 分**

**目的**
奖励超越系统期望的卓越绩效，以及推进最先进可持续基础设施的创新应用。

**指标**
项目的可持续发展绩效是否符合创新、卓越绩效或者不被现有评分项所认可。

### 绩效等级

| 创新 |
|---|
| A 或 B 或 C |
| **(+1~10) 创新或超过评分项要求** |
| **(A)** 实施在使用和应用方面或当地法规或文化背景下的创新方法、技术或措施。 |
| 或 |
| **(B)** 实施一个或多个措施超过"气候与韧性"评分项标准的最高要求的措施。 |
| 或 |
| **(C)** 解决"Envision"框架体系中目前尚未认可的可持续发展的其他方面的问题。 |

### 描述

本评分项适用于以下项目情况：

1. 采用了创新的方法、资源、技术或流程，这些方法、技术或流程在其应用或当地法规及文化背景下均属于创新成果。

2. 超出一个或多个评分项的要求；和/或

3. 解决"Envision"框架体系目前还未认可的可持续发展的其他方面的问题。

本评分项的分值不计算在总体适用分值内，属于奖励加分。鉴于该评分项的性质，可以用不同形式的文件说明，旨在鼓励创造性的基础设施的解决方案，需要完整的文件。项目团队在申请本评分项时，可以选择以上三个方面的一个或多个进行说明，也可以在同一选项做出多项选择。奖励分值最高为 10 分。

### 绩效改进

**创新：**为了获得本评分项，项目需采用创新的方法、资源、技术或流程（例如，将创新方法用于既有技术，或在现有政策、法规或普遍意见尚不支持的地区，成功地应用了新的技术或方法）。在这种情况下，必须证明该技术的应用在现在和未来都将持续满足项目绩效的预期，且不会对当地或全球环境、经济或社区产生相应的负面影响。

项目可以通过以下几种方式展示其实施创新的方法、技术或流程：

· 该项目是某项新技术或新方法最早的使用者，这些新技术或方法可以在没有负面影响权衡的情况下显著提高项目绩效。

· 该项目使用的技术或方法可能是世界其他地方或地区的通用做法，但在本项目的范围内（气候、法规、政策、政治支持、公众舆论等）尚未获得认可。在这一背景下，项目团队将付出巨大的努力以证明技术或方法的有效性，并为将来广泛采用提供先例。

· 项目团队采取重要步骤，在执行项目过程中制定了相应的研究目标，与大学或研究机构合作，以提高该专业领域的基础知识水平。尚未公开的专利研究不能获得该评分项。

项目团队还须证明创新是有目的的。可以通过以下两种方式来证明：

· 解决重大问题、克服障碍或消除限制——项目团队证明以前未能在项目上采用的新方法、技术或流程，可以通过在本项目上的使用，解决了重大问题、克服了障碍或者消除了某些限制。

- 制定可扩展的，和／或可转让的解决方案——项目团队证明了在项目中实行的新方法、技术或流程可在各种规模的项目中进行推广，和／或在多个领域的多种基础设施项目中应用和转让。

***卓越绩效：*** 要获得卓越绩效分值，项目必须达到一个或多个"气候与韧性"评分项的最高水准的绩效等级。例如，在 **CR1.1 减少净隐**含碳排放的评分项中申请获得本奖励分值的项目，在全生命周期中，至少要实现 50% 的净隐含碳排放减少。在这种情况下，如果项目的设计和运营达到的百分比大大高于恢复要求的标准，并且是项目的主要目标，这些项目可能会追求卓越绩效。仅仅满足需要的基本主要功能的项目（例如，已停止运营的项目），则难以追求卓越绩效。

在"气候与韧性"类别获得卓越绩效可能包括，但不限于：

- 净隐含碳排放量减少 50% 以上的项目。
- 超越碳负效应成为温室气体排放大规模"碳汇"的项目。
- 提高气候变化应对能力至关重要，包括保护公共安全、保障服务供应或保障项目范围以外的长期社区财政能力（如针对保护社区堤坝的长期天气预报）。

***解决可持续发展的其他方面：***
要想在这种途径下获得奖励分，项目团队必须证明他们正在解决一个或多个方面的可持续发展问题，而这些方面目前尚未得到"Envision"框架体系的认可。可持续发展绩效必须和"气候与韧性"有关。对于目前"Envision"框架体系未涉及的可持续发展问题，可被认为是新的，在这种情况下，可能会遵循创新路径的要求。例如，一个项目可能会获得以下奖励分值：

- 通过遮阳系统管理城市热岛效应，或按"SRI"要求进行垂直和水平的景观铺装。
- 预测和解决量子计算带来的安全风险。

## 评估标准和文件指南

**A 该项目在多大程度上运用了创新方法、技术或流程来解决重大问题，克服障碍或限制，或提供具有推广和可转让的解决方案？**

*1. 有文件说明创新技术和方法的应用情况。详细描述关于此应用将如何在全球范围内，或在该项目独特背景下，提高现有的常规应用，提供理由说明为什么该应用，不管是作为一种技术或方法，还是在该项目的背景下（气候、政治、文化等）都是创新性的。*

*2. 有文件说明，以前未能在项目上采用的新方法、技术或流程，通过在本项目上的使用，解决了重大问题，克服了障碍或者消除了某些限制。或者有文件说明，在项目上实现的新方法、技术或流程是可推广的，能在不同规模或者多个行业的基础设施项目中应用和转让。*

**B. 该项目在多大程度上超过了所给评分项的最高绩效等级？**

*有详细文件说明，项目超过了"气候与韧性"评分项所给出的现有要求。*

**C. 该项目在多大程度上解决了"Envision"框架体系当前尚未解决的可持续发展问题？**

*1. 有详细文件指出该项目解决了"Envision"体系当前不能解决的可持续发展问题。*

*2. 有文件说明该方面如何与"气候与韧性"类别相关。*

# 术语

**主动修复**
从现场捕获和清除污染物的方法。例如土壤气相抽提或"泵送处理"方法。

**适应**
为应对气候变化和多变性而采取的一整套集体行动。这些行动包括行为的改变，以及资源使用和技术应用的改变。

**受影响的社区**
任何可能经由项目的设计、规划、施工、运营或拆除，而受到积极或消极影响的社区，可能包括当地社区或受益社区以外的社区。

**含水层**
渗透性地质地层、地层群或地层的一部分，其含有足够的饱和渗透性材料，可向井和泉提供大量的水。

**ASHRAE（American Society of Heating, Refrigerating and Air-Conditioning Engineers）**
一个全球建筑技术学会。"ASHRAE"的前身是"美国采暖、制冷和空调工程师学会"。

**倒退**
由于未能遵循维持绩效所需的特定运营和维护程序，而使用传统但更熟悉的程序，导致给定系统的可持续发展绩效降级的过程。

**基准**
衡量或判断事物的标准。对于"Envision"，指导手册在前面部分提供了辨识"基准"的说明。

**最佳管理实践 (BMP)**
一种用于减少雨水排放污染物含量的技术、过程、活动或体系。它们包括简单的非结构性方法，例如，良好的房屋保护和预防性维护，也可能包括架构改造，例如安装生物滞留设施。最佳管理实践在相互结合使用，并进行定制以满足指定运营的特定需求（排水、材料、活动等）时最为有效。最佳管理实践也可以作为处理控制措施发挥作用。

**生物可用度**
存在于环境中的一种物质的一部分，可以到达生命系统并被吸收。"生物可用度"是指生命系统接触到的药物、草药或化学品等物质的一定剂量与生命系统可以吸收的实际剂量之间的差异。生物可用度解释了接触剂量和吸收剂量之间的差异。

**生物多样性**
生命形式在生态系统或生物群落等环境中的变异程度。生物多样性是衡量生态系统健康状况的一种指标。生物多样性可以包括物种多样性、生态系统多样性和遗传多样性。

**生物群落**
由生命有机体产生或形成的一种重要区域性或全球性群落，例如草原或沙漠，主要以植物生命的主要形式和常见的气候为特征。

**生物滞留**
从雨水径流中去除污染物和沉淀物的过程。雨水被收集到处理区，该处理区由草缓冲带、沙床、蓄水区、有机层或覆盖层、种植土壤和植被构成。

**BMP**
参见"最佳管理实践"。

**BPS**
参见"副产品协同效应"。

**棕地**
通常含有危险废弃物或工业副产品等低水平环境污染物的前工业和商业场地。棕地场地一旦被清理干净，就有可能被重新利用，但清理污染可能会带来监管和资金方面的挑战。棕地通常位于现有基础设施和/或交通运输区域，这使得它们成为比绿地更可持续发展的场地。

**缓冲区**
位于两个或多个其他区域之间的区域，用于将其隔离以加强对管理区域的保护，通常是为了其重要的生物多样性。缓冲区可能环绕着一个区域的外围，也可能连接两个或多个保护区。缓冲区旨在减轻对生态价值更高区域的负面环境或人类影响。

**副产品协同效应 (BPS)**
将一个设施中被低估的废弃物或副产品流，匹配到另一个设施，以创造具有潜在社会和环境效益的新效益或节省成本。

由此产生的协作网络创造了新的效益、节省成本、节约能源、减少原始材料需求以及减少废弃物和污染,这包括潜在的气候变化与排放。这些是对环境、经济和社区的可量化收益。

**二氧化碳当量 (CO₂e)**
一种用于根据全球变暖潜力值比较不同温室气体排放量的度量单位。

**碳封存**
二氧化碳的捕获,包括将其从大气中去除并储存在容器中。二氧化碳的这种长期储存有助于缓解或延缓全球变暖,避免气候变化,并减缓大气和海洋的温室气体积累。

**设计变量变化**
交付项目所依据的设计标准和方法,与不断变化的环境或运营条件或其他问题不一致。

**循环经济**
传统线性经济(制造、使用、处置)的替代方案,其中资源尽可能长期使用,使用时从资源中提取最大化的价值,然后在每次服务寿命结束时回收并生产为新的产品和材料。

**气候**
平均天气或一段时间内相关数量的平均值和变化的统计描述。相关量通常是地表变量,例如温度、降水和风。

**气候变化**
气候状态的变化持续很长一段时间,通常是几十年或更长时间。气候变化可能由自然因素引起,例如,太阳强度的变化或地球绕行太阳轨道的缓慢变化;气候系统内的自然过程(例如,海洋环流的变化);可能改变大气成分的人类活动(例如,通过燃烧化石燃料);以及地表(例如,森林砍伐、重新造林、城市化、荒漠化等)。

**社区**
参见"东道主社区",包括"受影响的社区"。

**混凝土可持续发展委员会 (CSC)**
混凝土可持续发展委员会 (CSC) 是一个全球倡议,运行一种对混凝土、水泥和骨料的负责任的采购认证系统。CSC 系统可洞悉一家公司以对环境、社会和经济负责的方式运营所能达到的程度。CSC 认证涵盖原材料及其来源或原产地、混凝土制造过程和一系列社会和环境问题。

证书持有者被证明进行负责任的采购。独立的认证体系授予混凝土**铜**、**银**、**金**和**白金**等级。证书也适用于骨料、水泥和胶凝材料。具体证书评分是生产商在供应链中和混凝土生产商自身范围中的加权平均得分。认证范围为混凝土厂、水泥厂、采石场和骨料采集场。认证的产品是从工厂供应的混凝土。

**配置陷阱**
基础设施项目内置的特征,会导致配置极易受到极端天气事件、自然灾害或经济条件的影响。

**成本效益分析**
用于评估投资或政策的净经济影响的一种被广泛使用的、有据可查的方法。

**暗天**
没有人造光污染的夜空。

**解构**
选择性拆除建筑组件,通常用于重复利用、回收利用和废品管理。与"拆除"不同,"拆除"是指以最方便的方式清理场地,这会产生大量浪费,并且不会重新获取建筑构件的价值。

**拆卸**
拆卸或拆解某物。就此而言,类似于"解构",意味着对后续零件进行维护,以便通过重复利用或回收利用来实现价值提取。不同于"解构",在"解构"中,建筑和施工没有设计成可以拆解。当系统、建筑或施工设计成可以拆解时,使用拆卸一词。

**耐用性**
抵抗磨损和腐烂衰退的能力。意味着更长的生命周期,减少更换新物品的需求和对旧物品的浪费。

**经济发展**
通过创造和/或保留工作岗位以及支持或增加收入和税基,来寻求改善社区经济福祉和生活质量的努力。

**生态系统**

涵盖一个地区所有生物（生物要素）及其物质环境（非生物要素），并作为一个整体发挥作用的系统。生态系统的非生物成分包括矿物质、气候、土壤、水、阳光和所有其他非生命元素；生态系统的生物成分由其所有的生物成员构成。

**隐性碳排放**

在生产一种材料或产品的过程中使用材料或产品的温室气体排放总量，包括原材料提取、运输、制造以及所有进行的加工过程，直到该材料或产品完工并准备就绪。

**ESCP**

侵蚀和沉积控制计划。

**灵活性**

一个系统适应新环境的能力，能够轻松重新配置和翻新，增加未来替代用途的可能性，从而延长系统的使用寿命。

**洪泛区**

与溪流或河流相邻的平坦或接近平坦的土地，在高流量期间会发生洪水。洪泛区是由溪流和河流的自然蜿蜒和泛滥形成的，代表着可能经常发生洪水的地区。

**全球变暖**

全球变暖是邻近地球表面和对流层（即大气的最底层）大气温度的平均升高。全球变暖可以由多种自然因素引起，也可能是由于人为因素引起。全球变暖是气候变化的一个方面。

**全球变暖潜力值 (GWP)**

基于充分混合的温室气体的辐射特性的指数；表示这些气体在不同时间内在大气中保持综合影响及其吸收外逸热红外辐射的相对作用。

**"绿地"**

正在考虑用于城市发展的城市或农村地区的未开发土地。可能包含自然景观、自然便利设施或农业用地。

**温室气体**

温室气体是地球大气中吸收和释放辐射的化合物，辐射会导致温室效应，从而影响地球温度的调节。水蒸气 ($H_2O$)、二氧化碳 ($CO_2$)、一氧化二氮 ($N_2O$)、甲烷 ($CH_4$) 和含氟气体。

**温室效应**

地球表面吸收太阳辐射并发出红外辐射。一些红外辐射穿过大气层，一些被温室气体吸收并重新向各个方向辐射。这种效应调节地球表面和低层大气的温度，而这些气体的增加，增加了地球表面和大气中滞留的热量。

**"灰地"**

以前开发的土地。与"棕地"的不同之处在于，它们通常不需要进行修复来重新开发，而是通过现有的基础设施和最大限度地减少对"绿地"的环境影响来提供价值。

**栖息地**

特定种类的动物、植物或其他生物栖息的生态或环境区域。它是生物体赖以生存或是一个物种种群影响和利用的自然环境。

**热岛（热岛效应）**

由于材料导致热量积聚和缺乏具有蒸发冷却作用的植被，比周围农村地区温度明显高的地区。它可能会增加对空调和其他需要能源的制冷形式的需求。

**东道主社区**

项目所在的社区。

**水文循环**

水在地球表面、之上和之下，以及遍及液态、气态和固态各种状态的连续运动。

**行业规范**

针对特定行业活动的现行行业规范和/或运营（操作）标准。

**基础设施**

基础设施项目提供支持社区经济和促进社区福祉所需的技术和物质结构（道路、桥梁、供水和处理工程、水坝等）。通常，它们的使用寿命为 30~70 年，具体取决于结构类型以及维护方式。基础设施绩效的效率和有效性在很大程度上取决于它们与基础设施其他要素的匹配和协调，以及它们适应变化的共同能力。

**基础设施陷阱**

基础设施项目中的内置特征可能会在已建工程的生命周期中造成一些困难状况，例如过度消耗资金、能源，或对于不断变化的条件而增加脆弱性。基础设施陷阱的三种类型是资源陷阱、配置陷阱和标准陷阱。

**综合虫害管理 (IPM)**

一种有效且对环境敏感的虫害管理方法，依赖于常识性实践的结合。综合虫害管理计划使用关于害虫生命周期及其与环境相互作用的综合信息。这些信息，结合现有的虫害防治方法，用于以最经济的方式和对人员、财产和环境的危害最小的方式来管理虫害。

**集成项目交付**

一种项目交付方法，将人员、系统、业务结构和实践相结合，在项目的概念化和设计早期协同利用所有参与者的才能，以优化结果并最大限度地提高效率。

**喀斯特地貌**
一种由基岩层溶解形成的地质构造，如石灰岩或白云岩。喀斯特地貌地区通常展示出独特的地表特征，例如天坑或洞穴，并且由于有地下水系，可能会有有限的地表水。

**关键利益相关方**
那些对项目结果有直接影响或将直接受其影响的人，如果需要考虑项目过程的完整性和透明性，那么必须考虑到他们的参与。

**生命周期评估 (LCA)**
一种评估与产品生命周期所有阶段相关的环境影响的技术，从原材料提取到处置或回收。

**生命周期成本分析 (LCCA)**
常用的几种评估技术之一，用于比较和评估各种设计备选方案在假定服务生命周期条件下的财务可行性，主要包括主要初始资本成本以及运营和维护成本。

**低影响开发 (LID)**
一种管理雨水径流的方法，强调保护和利用现场自然特征来保护水质。低影响开发使用小规模控制，通过渗透、过滤、储存、蒸发和截留靠近其源头的径流，再造开发前流域的水文状况。

**缓解层级**
一种指导用户尽可能按先后顺序限制项目开发负面影响的结构。

**有管辖权的官员**
在受项目影响的位置或系统中，具有授权的官员。

**一水（ONEWATER）**
认识到所有水都有价值，并且是自然水循环的一部分。

**被动修复**
促进或针对土地自然衰减的方法和改进措施。

**持久性**
通过化学、生物和光解过程来衡量杀虫剂和其他污染物的耐降解性。

**"害虫"（有害生物）**
导致作物或牲畜出现问题的生物，会与人类争夺食物和纤维，或以其他方式给人类造成经济或其他问题。"害虫"（有害生物）包括昆虫、线虫、螨虫、植物病原体、脊椎动物害虫和杂草。它们的分布和经济影响取决于一系列广泛的因素，包括农业模式的变化，以及农业气候和生态条件的变化。

**计划—实施—检查—行动（PDCA）**
随着"事实管理"或科学方式方法的不断改进，"计划—实施—检查—行动"创建了一个以流程为中心的环境，涉及研究当前流程，收集和分析数据以确定问题的原因，改进规划，以及如何衡量改进的决策（计划）。如果可能的话，该计划将在小范围内实施（实施）。下一步是确定发生了什么（检查）。如果试验成功，计划将得到全面实施（行动）。然后使用从上一个周期学到的知识重复该周期。

**主要利益相关方**
直接受项目影响的个人或团体，例如，社区由一条新道路贯穿和服务。这应包括在项目生命周期内可能受到项目影响或干扰的利益相关方。

**基本农田**
具有生产食物、饲料、草料、纤维和油籽作物的最佳物理和化学特性组合的土地，以及可用于这些用途的土地。

**主要栖息地**
最理想的保护野生动物生物多样性的栖息地，"多样性"取决于其规模、位置、栖息地类型的多样性，也可以是代表特定动植物物种的栖息地。

**项目团队**
参与项目的主要决策者，以及那些代表决策者的主要顾问、咨询工程师或专家。其几乎总是包括项目业主、发挥牵头作用的设计方（工程师、建筑设计师、景观设计师等）、项目施工期间的管理和执行方，但理想的情况下也应包括负责融资、运营、监管、分包咨询的人员，或利用项目的其他人员（例如：社区团体）。有责任和权力实施可持续发展的人员应相互协调，以确保其工作的有效性。"Envision"用户应该花费时间审查项目的组织层级，以便确定与项目可持续发展相关的关键决策是由哪个层级做出。这将构成确定项目团队的起点。

**公共空间**
向公众开放的社会空间，例如，公共用地、城市广场或公共公园等。

**雨水收集**
在雨水到达含水层之前，将其收集和储存起来以供再利用。雨水可用于灌溉、冲厕和其他用途，具体取决于处理水平。直接从屋顶收集的雨水称为"雨水收集"；从地面收集的水被称为"雨洪水收集"。

**可再生能源**
来自阳光、风、雨、潮汐和地热等自然资源的能源，其来源可以在短时间内自然补充，并且不会减少。

**韧性**
能够成功地适应严重破坏，和/或很容易地从其中迅速恢复过来的能力。

**资源可用性（风险）**
基础设施项目中内含的特点，增加社区对稀缺和昂贵资源的依赖。

**次要利益相关方**
受项目间接影响的个人或团体，例如，不直接参与项目的国家和地方政府、公用事业机构、许可和检验机构。

**社会资本**
使个人能够维持和发展人力资本的架构、机构、网络和关系；包括家庭、社区、企业、教育和志愿组织以及法律和政治制度。

**石油泄漏预防、控制和应对措施（SPCC）**
包括石油泄漏的预防、防备和响应的要求，以防止石油泄漏排放到通航水域和邻近岸线。

**太阳能反射指数（SRI）**
一种测量材料反射太阳热能的方法，它将太阳反射率和发射率合并为一个值。标准黑色（太阳能反射率 0.05，发射率 0.90）的太阳能反射指数被定义为"0"，标准白色（太阳能反射率 0.80，发射率 0.90）为"100"。

**利益相关方**
与组织有直接或间接利害关系的个人、团体或组织，因为其可以影响组织的行动、目标和/或政策或受其影响。基础设施项目的主要利益相关方可能包括项目业主、公共工程官员、项目设计团队、联邦（中央）和地方监管者、社区团体以及直接受项目影响的社区成员。

**陡坡**
一般来说，坡度大于或等于 20% 的土地。

**雨水**
降水过程中产生的水。没有渗入地下的雨水成为地表径流。

**地表水**
在地面或溪流、河流、湖泊、湿地或海洋中收集的水，由降水自然补充，并通过蒸发和渗入地下而流失。

**可持续性 / 可持续发展**
一套环境、经济和社会条件，在这种条件下，整个社会都有能力和机会无限地维持和提高其生活质量，而不会使自然资源和生态系统的数量、质量或可用性退化。

**可持续性成本效益分析**
一种基于成本效益分析的经济评估方法，用于量化和衡量项目更广泛的财务、社会和环境效益。这也可以被认为是三重底线成本效益分析 (TBL-CBA) 或可持续投资回报分析 (SROI)。

**可持续性管理计划**
以全面和系统的方式，管理组织的环境、解决社会和经济问题、计划优先事项和项目体系。它作为一个工具来管理和改进可持续绩效。它也是组织解决其产品、过程和服务对环境和社会影响的手段。

**雨水污染预防计划 (SWPPP)**
雨水排放计划，包括预防侵蚀措施和沉积物控制，以减少土壤侵蚀和场外非点源污染。

**毒性**
一种物质对生物体的损害程度。

**三重底线**
传统上关注财务（经济）底线的商业概念，也应该关注其他绩效指标，如环境和社会的。经济—环境—社会概念通常被认为是"可持续发展的三大支柱"。

**独特的农田**
基本农田以外用于生产特定的高价值粮食和纤维作物的土地。它是具有特殊土壤质量、位置、生长季节和水分供应的特殊组合，当按照可接受的耕作方法进行处理和管理时，可以经济地持续生产高质量或高产量的特定作物。此类作物例如柑橘、坚果、橄榄、蔓越莓、水果和蔬菜。

**升级再造**
将废料或未使用的产品转化为质量更好或环境价值更高的新材料或产品的过程。

**环保署（EPA）**
美国环境保护署。

**植被和土壤保护区 (VSPZ)**
必须保护的地面区域，需要纳入被细分或开发场地的整体景观美化。

**废品流（重要废品流）**
各种类型的废品从产生地到最终处置地（即废弃物填埋场）的流动。可用于描述属于特定类型（例如，废纸流）或由特定来源（例如，施工废弃物）产生的废品材料。

**道路指引**
在物质环境中辨别个人方向，以及使用标志、地图和图形或声音方法从一个地方导航到另一个地方的方法。

**井口保护区**
根据美国环境保护署的说法，为公共供水系统供水的水井或井场周围的地表或地下区域，污染物很可能会通过该区域移向并到达此类水井或井场。

**湿地**
土壤永久或季节性地被水浸泡的土地区域。湿地通常按特征植被分类，是为动植物提供在其他生态系统中难以找到的独特生态系统。